农业企业经营与管理

主　编　杨　辉　林　佳

副主编　孙　芳　邹庆华　王　崇

哈爾濱工程大學出版社
Harbin Engineering University Press

内容简介

本书以“乡村振兴”和“精准扶贫”等国家战略为出发点，结合市场和农业企业经营与管理实践，力求详述农业企业在现代经济社会发展中的经营方法与运营手段，帮助读者提高其农业企业管理水平。

本书介绍了农业企业的类型，详述了企业管理学在农业企业管理中的运用，对农业企业经营环境、战略、决策进行了系统的剖析，阐述了人力资源管理和市场调研、预测、营销在农业企业中的应用，综合介绍了农业企业生产运作管理及质量管理，以及农业企业财务决策及分析与农业企业文化建设的相关内容。

本书可作为农业企业经营者、农民朋友学习农业企业管理知识的参考用书。

图书在版编目 (CIP) 数据

农业企业经营与管理 / 杨辉等编 .—哈尔滨 : 哈尔滨工程大学出版社，2020.2

ISBN 978-7-5661-2539-2

Ⅰ . ①农… Ⅱ . ①杨… Ⅲ . ①农业企业管理 Ⅳ . ① F306

中国版本图书馆 CIP 数据核字 (2019) 第 250098 号

选题策划 姜 珊
责任编辑 王俊一 于晓菁
封面设计 刁钰宸

出版发行 哈尔滨工程大学出版社
社　　址 哈尔滨市南岗区南通大街 145 号
邮政编码 150001
发行电话 0451-82519328
传　　真 0451-82519699
经　　销 新华书店
印　　刷 哈尔滨市石桥印务有限公司
开　　本 787 mm×1 092 mm 1/16
印　　张 18.5
字　　数 320 千字
版　　次 2020 年 2 月第 1 版
印　　次 2020 年 2 月第 1 次印刷
定　　价 48.00 元
http：//www.hrbeupress.com
E-mail：heupress@hrbeu.edu.cn

前　言

中国是世界农业的起源地之一。在几千年的发展过程中，中国农业曾经有许多领先于世界的发明创造，但也经历过漫长的停滞时期。中华人民共和国成立后，中国农村经济得到了迅速的恢复和发展，进入了新时期，农业生产条件和生产技术显著提高，农业产品产量迅速增加。中国以仅相当于世界 7% 的耕地养活了世界约 20% 的人口。改革开放以来，我国农业教育与科技事业蓬勃发展，极大地促进了我国农业生产力的提高。据中国农业科学院估算，我国农业总产量中科技进步的贡献率由 1972—1980 年的 27% 提升到 1981—1985 年的 30% ~ 40%。

随着我国农业商品化、产业化、国际化的发展，特别是科学技术的不断发展，传统农业正逐步向现代农业过渡。在这样的背景下，现代农业企业已经成为一个基于“十字形大农业”并涉及一、二、三产业的更宽泛的概念，理论范畴更大。在“社会主义新农村建设”和“乡村振兴”的新形势下，发展现代农业企业是系统地解决“农业、农村与农民”问题的一个很好的切入点。“社会主义新农村建设”在我国深入开展，使很多农民朋友能够接触到全新的、现代化的农业企业，包括生产设备、管理理念等。越来越多的农民朋友开始重视企业管理与经营知识的学习，并充分利用所学知识为中国农业企业的发展注入新鲜的力量。

本书共分为八章，包括农业企业及农业企业类型（杨辉，东北农业大学），农业企业管理概述（林佳，哈尔滨应用职业技术学院），农业企业经营环境分析（孙芳，黑龙江工程学院），农业企业经营战略与经营决策（杨辉，东北农业大学），农业企业人力资源管理（邹庆华，佳木斯大学），农业企业市场调研、预测及营销（孙芳，黑龙江工程学院），农业企业生产运作管理及质量管理（林佳，哈尔滨应用职业技术学院），以及农业企业财务决策及分析与农业企业文化（林佳，哈尔滨应用职业技术学院；王崇，黑龙江省畜牧总站）。全书由杨辉、林佳担任主编，负责完成通稿和总体设计；孙芳、邹庆华、王崇担任副主编，负责相应章节的编写工作。此外，东北农业大学产业经济学硕士研究生焦燕妮、郗茜共同参与了本书的编写工作。

编者力求编写一本具有黑龙江地域特色的农业企业经营与管理教材，能够为广大读者和农民朋友（尤其是新型职业农民）学习农业企业经营与管理的知识带来新的思路。由于编者学识、水平有限，本书不可避免会出现错误和纰漏，恳请各位读者批评指正，不吝赐教，以便我们在今后的工作中精益求精，不断地改进和提升。

编　者

2019 年仲夏于哈尔滨

目　录

第一章 农业企业概述

小故事

高贵的千里马

有个农场主得到了一匹千里马，因没有机会发挥它的特长，便将其当作普通马使用、饲养。慢慢地，千里马的特质逐渐丧失。有一天，农场主发生意外，需要千里马送他到医院，千里马却只会原地打转。为此，农场主错过了治疗时机，只好截掉了一条腿，千里马也被他下了汤锅。

对于这件事，农场主进行了深刻的反思，认为这个结果缘于自己对千里马的冷落与不够关心，于是农场主决定再养一匹千里马来弥补这个遗憾。

农场主终于又买到了一匹千里马。农场主开心极了，他下决心要细心地饲养、照料它。他请了最好的工匠制作马鞍，还镶嵌宝石，马镫、马嚼都用最好的黄铜打造，笼头、缰绳用最好的牛皮制作。同时，农场主为千里马修建了豪华的马厩，从远方买来最好的草料。

在农场主的细心照料下，千里马看上去果然更加雄健、威猛了。农场主舍不得让千里马奔跑，更舍不得骑在它的身上，他要保存千里马的体力，以便在关键时刻更好地发挥千里马的优势。于是，千里马每天待在豪华的马厩内享受着美味，过着悠闲的生活。

终于，赛马大会即将召开，农场主认为这是千里马表现的机会。他精心地为千里马洗了个澡，打扮得干净、利落，带着它去参赛，不论走到哪里都获得一片赞叹声。

比赛开始了，所有人都驱马狂奔，唯独千里马怎么也跑不起来。农场主急了，拼命地抽打千里马，它反而站在原地不动了。人群里传来阵阵哄笑。

知识要点

了解现代农业的概念和特征，深层次地理解农业企业的经营过程和具体目标，同时明确现代农业企业的含义及性质；明确传统、现代农业企业的发展过程及其创业要素的构成和作用；掌握农业企业分类中不同农业企业组织形式的特点；了解现代农业企业的经营形式。

第一节 现代农业企业

现代农业企业处于世界竞技场之中，面临各种竞争。竞争是个人、单位、公司、组织、国家与其他个人、单位、公司、组织、国家的比较，体现其所处的地位。自中国共产党第十六次全国代表大会以来，我国就开始全面推进“三农”实践创新、理论创新、制度创新。中国共产党第十八次全国代表大会进一步提出了“加快发展现代农业，增强农业综合生产能力”的要求。加快发展现代农业，进一步增强农业发展活力是再创农村改革发展新辉煌的重要举措。发展现代农业是中国共产党中央委员会的重大决策，是历史发展的必然选择，具有十分重大的现实意义。

一、现代农业的概念和特征

（一）概念

现代农业是广泛应用现代科学技术、现代工业提供的生产资料和科学管理方法进行的社会化农业。现代农业是在现代工业和现代科学技术基础上发展起来的农业，是萌发于资本主义工业化时期而在第二次世界大战以后才形成的发达农业。现代农业是一个动态的和历史的概念，它不是一个抽象的东西，而是一个具体的事物，它是农业历史上的一个重要阶段。

（二）特征

一是广泛地运用现代科学技术，由顺应自然变为自觉地利用自然和改造自然，由凭借传统经验变为依靠科学，使其建立在植物学、动物学、化学、物理学等学科高速发展的基础上，成为科学化的农业。

二是把工业部门生产的大量物资投入农业生产中，以换取大量农产品，成为工业化的农业。

三是农业生产走上区域化、专业化的道路，由自然经济变为高度发达的商品经济，成为商品化、社会化的农业。

二、现代农业企业的概念和特征

（一）概念

企业是指从事生产、流通、服务等经济活动，为满足社会需要和获取盈利，依照法定程序成立，进行自主经营，独立享受权利和承担义务的营利性经济组织。现代农业企业是指通过种植、养殖、采集、渔猎等生产经营活动而获取产品的营利性经济组织。

1. 独立性

现代农业企业必须独立经营，承担盈亏。由于现代农业企业通过市场进行运作，因此会面对市场上形式多样的需求，稍纵即逝的机会，以及优胜劣汰的竞争。现代农业企业的经营决策既强调行动的高效性，又需要有效性。现代农业企业想要获利就需要保证自己的产品在品种、质量、成本及供应时间上随时适应社会和消费者的需求。因此，现代农业企业不仅要加强内部管理，还需要对社会和市场环境的变动及时、主动地做出反应，即做到经营上的独立。权利和义务是对等的，现代农业企业有了经营自主权，就必须承担由此带来的全部后果，即自负盈亏。

2. 经济性

现代农业企业是专门从事生产经营活动并以营利为目的的经济组织。在市场上获得经济效益，追求经济性，是它的基本目的。赢利是社会对现代农业企业所生产的产品和服务能否满足社会需要的认可与报酬。一般来说，在市场价格体系理顺的情况下，为社会做出的贡献应基本等同于现代农业企业获得的合理利润。现代农业企业供应的产品和服务越能满足社会需求，则其利润越多，反之则其利润越少。亏损现代农业企业不仅没有为社会创造财富，而且消耗和浪费社会资源，导致现代农业企业自身不能扩大再生产，职工生活水平难以提高，且使国家和地方财政收入减少。

3. 社会性

在现代社会中，现代农业企业是一个向社会全面开放的系统。现代农业企业是一个社会组织，必须承担社会责任。现代农业企业的“产供销”运作过程是经济、政治、法律、道德、心理、社会等要素的综合体现。社会环境、政治环境等必然会制约和影响现代农业企业的经济性活动。现代农业企业从事生产、销售和其他服务性活动，其直接表现就是向社会提供商品或劳务，通过满足社会的需要而获利。同时，现代农业企业也是国民经济的微观基础，现代农业企业对社会发展发挥重大作用，对政治进步、文化繁荣等会产生重大影响。因此，现代农业企业的目标不仅是追求利润，还要承担一定的社会责任。另外，现代农业企业在发展中面临的诸多问题（如现代农业企业制度及模式、现代农业企业创新，特别是现代农业企业可持续发展等问题）不仅与经济效益有关，还与人和社会问题有关。

4. 合法性

现代农业企业必须依法设立，取得独立法人资格。现代农业企业在开展生产经营活动时必须具备合法性，能够独立享有法定权利和承担法定义务。

现代企业应具备以下条件。

① 依照法定程序在政府管理部门注册、登记，领取营业执照。

② 应有专门的名称、固定的工作场所和组织章程。

③ 有独立的资产，实行独立核算。

④ 能独立对外开展经营活动，行使其法定权利，履行其法定义务。

现代农业企业应具备以下条件。

① 必须正式在国家政府有关部门注册、备案，完成登记手续。

② 应有专门的名称、固定的工作地点和组织章程。

③ 应有一定的组织机构和独立的财务机构，实行独立核算。

④ 能独立承担民事责任。

（二）特征

现代农业企业应广泛应用现代科学技术、现代工业提供的生产资料和科学管理方法。现代农业企业应具备的特征包括具备较高的综合生产率，具有可持续发展的特点，具有高度商业化的特征，应用现代化的物质条件，采用先进的科学技术，采用现代的管理方式，由高素质的职业农民参与经营，采用现代经营模式，以及拥有完善的政府支持体系。

三、农业企业的目标

农业企业为了达到生存及成长目标，为了更好地经营、管理一家企业，必须分工合作，以追求利润为目标，从事各项活动。

（一）目标

1. 满足社会需要，承担社会责任

农业企业通过生产和服务来满足市场（社会）需要，也正因为有社会需要，农业企业才得以生存和发展。农业企业不仅是一个经济组织，还是一个微观的社会组织，具体表现在以下几个方面。

① 通过自身规模的维持和不断扩大，保证提供工作机会，既为社会成员提供谋生手段，也为他们提供释放体内能量的机会，维护社会稳定。

② 通过纳税和上缴利润来满足社会的共同需要。

③ 保护环境也是农业企业必须承担的社会责任，保护环境就是保护农业企业的未来。

2. 获取利润

（1）利润最大化

农业企业首先是一群人的集合体，每个成员之所以愿意参加企业的活动，是因为他们希望通过这些活动来实现自己的目的。农业企业应当具有自己独立的发展目标，追求利润和规模的发展。所以，将利润最大化作为追求的目标是这个组织自身生存和发展的内在要求，也是农业企业区别于其他社会组织的关键点。

（2）农业企业价值最大化

现代农业企业管理理论认为，农业企业是一个多边的契约关系的组合，契约各方都投入资源，并参与农业企业经营，承担经营风险，单纯强调股东的利益最大化，往往会抑制其他方面参与农业企业经营的积极性，尤其是随着人力资源在农业企业经营中的作用越来越大，忽视经营者和员工的利益将不利于农业企业最大限度地创造财富，不利于农业企业持续发展。此观点适应了环境变化的要求，兼顾各方利益，为农业企业活动提供了新的决策基础和思路，是目前最合理的经营决策目标。但是，其缺点是可衡量性较差。

（二）两者的关系

获取利润与满足社会需要是相辅相成的。只有满足社会需要，农业企业才能获取利润；同时，只有获取利润，农业企业才能更好地满足社会需要。

获取利润是满足社会需要的标志。利润的增加说明农业企业的产品和服务在市场上受欢迎，满足了购买者的某种需要。

获取利润也是农业企业满足或继续、更好地满足社会需要的一个重要前提。没有利润，农业企业就难以追加投资，难以扩大经营规模，也就不能提供更多的产品和服务来满足社会需要。

第二节　农业企业化

农业企业化是在现实中国国情条件下实现农业现代化的核心问题。简要来讲，农业企业化是在市场经济条件下，农业生产逐渐成为一种适应新形势要求的市场化、规模化和深度开发化的渐次高度化过程。作为家庭联产承包责任制之后我国农村改革出现的“第二次飞跃”，农业企业化是一场自下而上的、内生的制度变迁。制约其发展的主要障碍是企业家来源问题、土地要素流转问题、企业资金问题、农村剩余劳动力出路问题等。

一、农业企业化的含义

农业企业化是一个不断变化、发展的过程，在市场经济的实际情况和要求下，以市场为导向，以经济效益为中心，以农业资源开发为基础，在保证家庭联产承包责任制稳定不变的基础上，在现有经济发展水平和农村生产力水平基础上，把分散经营的农民组织起来，扩大新经济增长点的生产规模，调整存量，优化资源组合，全面提高农业生产力，从而解决农业生产过度分散化和非组织化这一当前我国农业问题的主要症结。

二、农业企业化的特征

一是由传统向现代转变，从自然经济发展到商品经济，实现管理对象商品化。农业商品经济的发展不仅促进了农机具、化肥、农药等生产资料产业部门的发展，而且促进了农产品加工、储藏、运输、销售等农业产后部门的蓬勃进步，从而为农业生产的专业化、社会化奠定了坚实的基础。更重要的是，农业的商品化把广大农业生产者直接推向市场，使他们必须按农业市场的要求来调整市场和品种结构，这促使生产者主动了解市场信息，讲求生产经营之道，改进农业生产技术，从而开始了向现代农业转变的进程。高度的商品化既是农业现代化的起点，也是实现农业现代化管理的重要途径。

二是家庭农场成为商品化的农业企业，实现了生产经营主体的农业企业化。它们自主经营，独立核算，以营利为根本目的，生产是为了销售，经营是为获取利润。生产经营主体的农业化要求家庭农场内部实行企业化管理，也要求对农业企业的管理应遵循价值规律，采用经济手段，通过市场加以调控。

三是农业生产实现专业化，具体表现在以下几个层次。

第一，从宏观来看，农业作为一个产业部门，其形成地区在全国范围内变得专业化。

第二，从微观来看，农业部门和农场专业化的发展把一种产品的不同部分或不同工艺阶段都分成了专项生产，推动了农业生产工艺专业化。

第三，农业生产经营的集中化、商品化，扩大了农前、农中、农后各产业部门和各类农场的分工，从而促进了部门专业化和农场专业化。

第四，随着农业生产力的发展，社会分工越来越细，农业生产的商品化、专业化和社会化程度不断提高，农业同相关产业部门相互结合，彼此依存，关系日益密切，从而出现了“产供销”或“农工商”等农业经营的一体化。在经营一体化中，农业与相关经济部门的结合是互相依存、密不可分的关系。尽管农业是核心，但推动一体化发展的却是非农经济部门。发达国家的实践表明，这是农业经营管理的有效途径。基于各地区经济和资源禀赋条件的差异，农业经营一体化的组织形式也是不尽相同的。

农业生产专业化在这四个层次上的发展，使科学、高效的组织管理方式成为可能，从而有可能实现生产要素的合理配置，进一步降低生产成本，大大提高生产效率。

三、农业企业化与家庭联产承包责任制

它们是中国农业改革与发展过程中的两次飞跃，两者相互联系又存在区别。第一，农业企业化建立在稳定家庭联产承包责任制的前提下，这是指对于基本口

粮田、水田和高产粮田仍然按家庭联产承包责任制方式管理。第二，农业企业主要包括经济作物种植业、林果业、牧业、养殖业、水产业的生产、初级加工、运输、销售等企业。第三，在经营的过程中利用荒地、坡地、山地、滩涂、海水面及少量耕地，通过投资、开发、整治、发展高附加值的经济作物是农业企业化过程中土地流转和兼并的主要来源。第四，农业企业与其所带动的农户是小部分和大多数的关系，是农业企业制与小农家庭制的关系，两者共同发展。

家庭联产承包责任制与农业企业化组成了一个制度创新和连续序列的组织创新过程：当家庭联产承包责任制对个人经济行为中自主权利的确认作为改革之初的一种新因素注入旧体制时，它曾极大地促进了农村生产力的解放，推动了农村经济的飞跃；但当它在新的市场经济制度下容不下新的经济因素的发展时，它必然会被历史所调整和改进甚至淘汰；当制度变迁的收益超过变迁所要付出的成本时，制度创新或制度变迁的过程便会得以实现。农业企业化的基本方向是农民的企业家化，市场化和商品化，农业发展的企业化，农村经济的现代化，因而制度创新的过程实质上就是利益的调整、分配及价值增值的过程。

农业企业化与农村经济发展水平密切相关。当农民人均收入为 500 ~ 1 000 元时，主要解决温饱问题；当人均收入达到 1 000 ~ 2 000 元时，农民表现出消费行为，如购买耐用消费品、建新房等；当人均收入超过 2 000 元时，农民开始具有较强的投资倾向，产生投资需求。这是农业企业化发展的根本动力。

四、农业企业化经营的必要性

农业企业化经营以市场为导向，以经济效益为中心，以农业资源开发为基础，使农业从传统的自给自足或半自给自足的一家一户的小农经营方式向高度商品化的、面向市场的农业企业化经营方式转变，使农民从传统的农业生产者向具有市场意识、风险意识、投资意识、科技意识的农业企业家方向转变，从而解决当前我国农业生产过于分散化、组织化程度低等问题。

农业问题是从农业产业化上延伸出来的，而农业企业化应该是农业产业化的表现形式和主要载体，但在农业产业化的过程中，农业企业化的问题没有得到足够的重视。我国早期尝试的“公司农户”的方式效果不是很好，两个利益主体没有很好地结合，企业从农户那里得不到满意的原料，农户对企业缺乏足够的信任。

从我国农民的现实情况看，多年的家庭小生产使得农民的思想意识、技术水平等都相对落后，在农业现代企业制度缺失的情况下，无论是涉农企业还是农民本身，都在市场竞争中处于尴尬的地位。

在市场经济条件下，将农业作为一个产业来发展，就必须实行企业化经营。农业企业化经营是市场经济中产业发展客观要求的一种经营方式、方法和手段，是农业产业化发展客观要求的一种相关的制度安排。而且，只有实行农业企业化经营，才能有效地解决小农经济的各种矛盾，才能实现农业增效和农民增收，从而有效地解决“三农”问题。

第三节　农业企业的形成与发展

农业企业是一个历史范畴，是生产力发展到一定水平的产物，是商品经济的必然结果，随着商品经济的发展而发展。

一、农业企业形成的背景

进入21世纪以来，我国农村劳动力持续大量转移，至2019年年末，我国城镇化率已经达到60.6%，农村进城务工者数量已经达到2.9亿。在一些地方，转移出去的农村进城务工者70%以上是“80后”“90后”的青壮年劳动力，其中70%以上表示不愿意回乡务农。我们应该超前行动，主动作为，把培育新型职业农民作为一项基本国策，形成和推广一整套建立在现代自然科学基础上的农业科学技术，使农业生产由经验转向科学，使农业生产技术得到迅速提高和广泛应用。

现代机械体系的形成和农业机器的广泛应用，使农业由手工畜力农具生产转变为机器生产，投入农业的能源显著增加，电子、原子能、激光、遥感技术、人造卫星等也开始被运用于农业，良好的、高效能的生态农业逐步形成。

农业生产的社会化程度有很大提升，如农业企业规模不断扩大，农业生产的地区分工、企业分工日益完善，“小而全”的自给自足生产被高度专业化、商品化的生产所代替，农业生产过程同加工、销售及生产资料的制造和供应紧密结合，形成了“农工商”一体化。现代农业的产生和发展大幅度地提高了农业劳动生产率、土地生产率及农产品商品率，使农业生产、农村面貌和农户行为发生了重大变化。

二、企业的发展

企业既是社会生产力发展到一定历史阶段的产物，又是一个动态变化的经济单位，它随着人类社会的进步、生产力的发展、科学技术水平的提高而不断发展、进步。

（一）手工业生产时期（从封建社会的家庭手工业到资本主义社会初期的工场手工业时期）

16 世纪到 17 世纪，西方一些国家的封建社会制度向资本主义制度转变，主要表现为资本主义原始积累的加快，向海外殖民的扩张，大规模地剥夺农民土地，使家庭手工业急剧瓦解，向资本主义工场手工业过渡。它们生产的产品虽然也被拿到市场上去交换，但其主要目的是换取自己所需的生产资料和生活必需品，而不是换取货币。它们是家庭和企业之间的一种中介组织。它们保留着家庭经济的基本特征，此时的工场手工业工场实际上已具有企业的雏形。

（二）工厂生产时期

随着资本主义制度的发展，西方各国相继进入工业革命，工场手工业逐步发展到建立工厂制度，真正意义上的企业产生了。在工业革命中，一系列新技术的出现，大机器的普遍运用，特别是动力机的使用，为工厂制度的建立奠定了基础。19 世纪 50 年代，资产阶级革命完成，西方各国出现了工业化高潮，工厂大工业迅速发展，工厂制度在采掘、煤炭、机器制造、运输、冶金等行业相继建立。工厂制度的建立是工场手工业发展的质的飞跃，它标志着企业的真正形成。工厂生产时期有如下特征。

① 工厂资本雄厚，小型生产者很难与之竞争。

② 机械化生产，节省人力，生产效率显著提高。

③ 形成了一批掌握生产技术和生产工艺的产业队伍。

④ 工厂内部分工深化，生产走向社会化。

（三）企业生产时期

从工厂生产时期过渡到企业生产时期，企业作为一个基本经济单位得到了最后确立和形成，这个时期也是企业成熟化的重要阶段。工厂制度的建立顺应了商品经济发展的潮流，促进了生产力的大发展。19 世纪末至 20 世纪初，随着自由资本主义向垄断资本主义的过渡，工厂的发展十分迅猛，并产生了以下变化。

①生产规模空前扩大，产生的垄断组织（如托拉斯、康采恩、辛迪加等）不断采用新技术、新设备，使生产有了飞速的发展。

② 建立了一系列科学管理制度，并产生了一系列科学管理理论。

③ 企业的管理权和所有权分离。

④ 企业之间竞争激烈。

三、农业企业的发展

（一）传统农业企业

传统农业即我们常说的农业，是狭义的农业概念，指通过培育动植物来生产食品及工业原料的产业。在传统意义上，农业单纯指培育有生命的动植物，并直接从有生命的动植物身上获取农业产品。另外，传统农业主要存在于第一产业，是利用动植物等生物的生长发育规律，通过人工培育获得产品的部门。

传统农业企业主要以市场为导向，以营利为目的，结合当今产品市场的发展趋势进行专业分工协作，从事商品性农业生产及与农产品直接相关的活动，它包括传统农作物的种植和畜牧的养殖，以及产品的生产、加工、包装、销售、流通等环节。

根据农产品的生产运作流程，农业企业主要可分为以下类型。

1. 农产品生产企业

农产品生产企业是指涉及农、林、牧、渔等产业，以生产农产品为主要目的，以有生命的动植物为主要产品生产对象，采取多种方式对产品进行环境分析、组织规划的企业。

2. 农产品加工企业

农产品加工企业是指运用多种科学手段对农产品加工制造从而生产市场所需产品的企业。它以现代方法及规模作业，既包括原料的加工、储存、运输等基础环节，又包括产品的设计、研制、包装等技术环节。

3. 农产品流通企业

农产品流通企业是指促使农产品进行商品流通（商品买卖）的农业企业，按照农业企业规模可分为代理销售农业企业、分销农业企业、批发零售农业企业等。它的主要特点为对交通条件、地理位置要求高；对农业市场需求信息敏感，对市场变化反应迅速；有巨大的存储空间；有健全的运输分销网络。

（二）现代农业企业

随着中国数十年的改革与发展，农业经济和农业企业形式及规模无论是从政府层面、村级层面还是从农民层面都已发生巨大转变，不断向集约化、工程化、生态化、智能化、绿色化、高效化等先进化方向发展，并且对中国的经济发展起到了推动作用。

为了更好地促进“三农”的发展，各级政府对于农业企业特别是龙头农业企业给予了较多的优惠政策。截至 2004 年 9 月，我国已有超过 500 家企业获得农业产业化国家重点龙头企业称号，涉及上市公司 48 家，如顺鑫农业、双汇发展、伊利股份等。2000 年，农业部、国家发展计划委员会、国家经济贸易委员会、财政部、对外贸易经济合作部、中国人民银行、国家税务总局、中国证券监督管理委员会印发的《关于扶持农业产业化经营重点龙头企业的意见》中指出，对于重点龙头企业，将在基地建设、原料采购、设备引进和产品出口等方面给予具体的帮助和扶持；对重点龙头企业，要依据企业正常生产周期和贷款用途合理确定贷款期限，并按中国人民银行规定的利率执行，原则上不上浮；对于重点龙头企业用于基地建设和技术改造项目的贷款，农业主管部门可以向商业银行推荐，商业银行按照信贷原则和相关程序，予以优先安排；为了解决以粮食、棉花等大宗产品为原料的大型加工企业收购原料所需资金量大、占用时间长的问题，商业银行可以根据重点龙头企业与基地农户签订的合同，核定所需收购资金，根据授信授权原则，给予信贷支持；对资信好的龙头企业可以核定一定的授信额度，用于收购基地农户签订合同的农产品。

第四节　现代农业企业的经营模式

在农业市场经济的条件下，农业企业是法律上和经济上独立自主的实体。新、老农业企业都面临农业企业法律形式（农业企业的组织形式或所有制形式，或农业企业制度）选择的问题。

农业企业制度是指建立在一定财产关系基础上的企业各方面的权、责、利关系的总称。不同的权利、责任、利益的综合构成了不同的企业制度。现代农业企业的经营模式以双层经营、承包经营、租赁经营、股份合作经营、集团化经营为主。

一、双层经营体制

双层经营体制是我国农村实行家庭联产承包责任制以后形成的家庭分散经营和集体统一经营相结合的经营形式。按照这一经营形式，集体经济组织在实行联产承包、生产、经营的同时，还对一些不适合农户承包经营或农户不愿承包经营的生产项目和经济活动，由集体统一经营和统一管理，从而建立起一个统一经营层次。由于这种经营体制具有两个不同的经营层次，所以称之为双层经营体制。

在我国广大农村，以家庭为单位实行分散经营适应了现阶段农业生产力水平较低的状况，有利于克服长期存在的管理过分集中、经营方式过分单一和吃“大锅饭”的弊端，有利于扩大农民的经营自主权，调动农民的积极性。分散经营难以实现机械化耕作，抗御自然灾害的能力较弱，而集体经营能够完成分散的农户难以承担的生产活动。分散经营与统一经营相结合的双层经营责任制，可以恰当地协调集体利益与个人利益，并使集体统一经营和劳动者自主经营的积极性同时得到发挥，获得更大的经济效益。

二、承包经营

承包经营制度是中国农村土地的一种使用制度。根据农业生产的特点和生产力发展的水平及农民的愿望，集体组织将集体所有或国家所有归其使用的土地等生产资料发包给本组织的社员、农户、专业队（组），承包经营者对所承包的生产资料享有占有权、使用权、收益权，以及国家政策和本组织章程所允许的处分权，独立行使经营自主权，并按双方协议规定上缴承包金，上缴国家税金，完成农产品定购任务和其他义务，集体组织根据生产需要和实际可能提供各种服务，进行必要的管理、协调。

三、租赁经营

租赁经营是一种经营形式，包括封建地主将土地出租给农民耕种，资本主义土地所有者将土地出租给农业资本家经营。中国经济体制改革后对小型公有制企业也采用这一方式，对出租者与承租者的权利、义务在租赁合同中予以规定。租赁经营是所有者或出租人将生产资料出租给承租人使用并收取租金的经营方式。

企业的所有者与经营者通过订立合同而实现企业经营管理权的转移。租赁经营的内容涉及企业中的固定资产，也涉及对企业生产资料的占有权、使用权和收益权，以及对职工的管理指挥权。出租者有义务把企业交给承租人占有、使用和收益，同时有权规定企业的经营方向和目标。承租者作为企业的经营者，有对企业的经营管理权，按出租者规定的经营方向和目标完成企业的各项经济技术指标，对企业的经营管理承担全部责任。承租者要向出租者交纳租金，也要承担财政上缴或税收任务。

四、集团化经营

各集团成员企业在研发、采购、制造、销售、管理等环节紧密联系在一起，协同运作，称为集团化运作或集团化经营。所谓集团化是以母公司为基础，以产权关系为纽带，通过合资、合作或股权投资等方式把三个及三个以上的独立企业法人联系在一起，形成集团。集团化经营有以下特点。

（一）资源共享，节省成本和费用

统一采购可以降低采购成本；集团大制造可以利用制造资源、统一技术和研发平台研究高难度的课题；统一销售可以节约营销费用；统一结算可以节省财务费用，解决融资的难题。

（二）优势互补，提升企业的运作和管理效率

集团化运作可以用某一企业的“长板”弥补其他企业的“短板”（如融通销售渠道，借鉴人力资源管理经验，等等），使这一长项得到充分发挥，从而带动其他成员企业提高运作和管理效率。

（三）提高企业的创新能力和综合竞争能力

技术创新、营销创新和成本及费用的降低等，能够使企业及集团的综合竞争能力得到提升。

小 结

现代农业企业是指从事农产品生产、流通和服务等经济活动，为了获取盈利和满足社会需要，实行独立核算，进行自主经营、自负盈亏、自我发展、自我约束，具有法人资格的基本经济单位。社会大环境为现代农业企业提供一切农业生产经营活动所需的资源要素，然后运用一定的方式，按照预定的目标将其结合起来，向社会提供农业产品或服务，以满足社会需要，并获得经济和社会效益。

现代农业企业的优势是能够在生产和技术方面进行有效分工与协作，具有创造协作生产力。但是，由于现代农业企业内部的协调和管理需要成本，一旦市场交易由现代农业企业内部交易所替代，现代农业企业作为一种金字塔式的等级组织会产生许多效率损失，因此现代农业企业规模并不能无限扩大。

现代农业企业的创业过程就是创业者、创业机会、组织和资源相互作用、相互匹配以创造价值的动态过程。

在市场经济的条件下，现代农业企业是法律上和经济上独立自主的实体。新、老现代农业企业都面临现代农业企业的法律形式选择问题。不同的权利、责任、利益的综合构成了不同的现代农业企业制度，各有其优、缺点，同时具有不同的法律约定。

现代农业企业制度是适应社会主义市场经济要求，以完善的企业法人制度为基础，以有限责任为保证，以公司为主要形态，以产权明晰、责任明确、政企分开、管理科学为特征的新型企业制度。从法律上讲，现代农业企业主要是法人农业而非自然人企业，应当是依法成立、依法享有民事权利和承担民事义务的法人组织。公司制是现代农业企业制度的典型形式。

思考题

1. 如何理解现代农业企业的概念？
2. 农业企业利润是不是越多越好？
3. 农业企业作为利农的一种表现形式，它的现实意义有哪些？
4. 如何有效地评价农民创业机会？
5. 社会责任和经济效益的关系如何？

案例分析

透析一个成功的“中国模式”

平度市明村镇被山东省政府命名为“特色产业镇”，是全国一村一品示范村镇、全国环境优美乡镇、国家智慧城市试点镇和山东省西瓜产业第一品牌名镇。近年来，明村镇依据得天独厚的自然资源和已初具规模的高效农业基础，加快提升现代农业发展水平，使原有的传统农业形态向现代农业形态“华丽转身”。

随着青岛明村西瓜节（以下简称西瓜节）的开幕，被誉为“胶东西瓜第一镇”的平度市明村镇日渐热闹起来：来自青岛市的游客和各界宾朋会聚在田间地头，赏瓜田美景，看瓜农打擂，购新鲜西瓜，欢声笑语伴随着夏日的微风飘荡。

西瓜节只是明村镇现代高端特色名牌农业的其中一张名片。沿603省道明村段而行，路边田地里遍布西瓜，樱桃番茄大棚鳞次栉比，藤架上的葡萄长势喜人，一畦畦生姜叶郁郁葱葱，露天种植的蓝莓正待收获，这些景象无不展现着该镇现代农业发展的勃勃生机和独特魅力……

走高端特色品牌发展之路，引导农民树立质量市场意识

品牌农业是现代农业内涵的重要组成部分，是农业生产与市场经济有机融合的关键标志。明村镇现代农业的发展始于1993年，其经历了设施农业初步形成、品牌农业飞跃式发展和产业化、信息化农业的提升三个阶段。在现代农业发展中，该镇始终把农业标准化生产、创建农产品品牌和农业信息化工作作为现代农业发展的“牛鼻子”，初步走出了一条高端特色品牌农业发展之路。

为确保西瓜、樱桃番茄等农产品质量安全，明村镇建立了一套安全生产管理

档案，依托“企业 + 基地 + 合作社 + 农户”的模式，实行统一生产资料供应、统一技术指导、统一组织生产、统一质量检测、统一收购销售的“五统一”管理模式，既能提高农民组织化程度，较好地解决农产品分散供应的小生产方式与大市场集中需求之间的矛盾，又能引导农民树立质量市场意识，为实施标准化生产、创建高端品牌农业提供强有力的载体。

良好的生态环境是明村镇的美丽之源，更是明村镇的核心竞争力所在。创设于 2006 年的青岛明村西瓜节已连续举办多届，节庆农业逐步扩大了明村西瓜的知名度和美誉度，带动农民年均增收 20% ~ 30%。明村镇发展高端特色品牌农业的经验做法经中央电视台《新闻联播》《焦点访谈》报道后，在全国引起强烈反响。

强化科技支撑，提升现代农业产业化、信息化水平

农业科技创新是推动农业发展方式转变和农业现代化的强大动力，也是支撑和引领现代农业发展的重要保障。该镇依靠科技兴农，促进现代农业不断提质、增效。

该镇积极引进、培育“名特优”新品种，通过与山东省农业科学院、青岛市农业科学研究所合作，引进了“抗病苏蜜”“京欣一号”“小兰”等西瓜新品种，西瓜品种发展到 30 多个。该镇有重达 90 斤（45 千克）的西瓜，也有全国最小的“拇指”西瓜。同时，该镇注重开展技术攻关和技术推广。近年来，该镇推广的包括设施西瓜高产绿色栽培集成技术、节水灌溉及水肥一体化等在内的新技术多达 15 项，大幅度提高了西瓜的品质和产量。西瓜定蔓定向整枝宽行密植技术被相关专家称为设施西瓜栽培的一次技术革命，该技术使西瓜增产 30% 左右，每亩（1 亩约等于 666.67 平方米）增加经济效益 2 000 元以上。

在信息化、网络化、科技化时代的推动下，高效、环保的智慧管理机制越来越受到果蔬种植等行业的高度重视。明村镇因势利导，积极引进高端农产品，依托黄埠万亩现代农业示范园和蓝莓园区，将现代农业发展的方向对准智慧农业，不断加快“12316”科技服务平台的构建，推广“二维码”的应用，引入物联网技术，采用先进的数控视频技术，进一步规范农业管理，为快速、准确地追踪溯源提供坚实基础。现代化育苗工厂、北纬 38° 现代农副产品展示大棚（智能温室）

是该镇不断延伸农业产业链条、占据发展制高点的重要标杆。

以工业化思维谋划农业发展，建立产业化经营模式

在市场经济条件下，一家一户的小农经营模式生产效率低下，不能满足市场化的需求。针对这种情况，明村镇党委、政府以工业化思维谋划农业发展，走产业化道路，推动农业经济实现可持续发展。

明村镇坚持在龙头企业的参与及带动下，走规模化发展、集约化经营的路子，即通过引进、培育一批产业特色鲜明、运作管理规范、社会效益较好的家庭农场、农业合作社、现代产业园、种植大户等，大力实施从传统农业向现代农业的根本性转变，以提高农业经营效益。截至 2015 年底，该镇家庭农场发展到 12 个，农业合作社有 141 个，土地流转面积达 2 万多亩，注册商标 12 个，其中“大黄埠”牌西瓜及樱桃番茄先后通过我国农产品地理标志登记保护和有机食品认证。

在明村镇域内，古文化遗址——韩村遗址彰显着源远流长的历史；以胶河战役而闻名遐迩的三合山成为红色旅游胜地。该镇正探索将农业观光、休闲采摘和旅游业结合起来，依托三合山进行综合开发，向生态休闲观光农业领域进军。

讨论：

1. 请简述该镇成功发展现代农业的主要原因。

2. 农业企业经营与管理可以借鉴该镇西瓜节的哪些经验？

3. 该镇的农业企业经营模式有哪些科学之处？

第二章　农业企业管理概述

小故事

祖先们的管理

炎帝就是中国古代传说中农业的鼻祖“神农氏”，他是远古时期的帝王，也是“三皇”之一。因为他的家族生活在姜水边，所以他们姓“姜”；他发明了农业的耕种法，所以他又被称为“神农”；他重视火（古代五行之一，五行包括金、木、水、火、土），而火的性质是炎热，所以又被称为“炎帝”。

炎帝教人们学会了种地、收获，所以他是农业的发明人，是农业神。除了农业，他还教人们灌溉，发明许多农具，如斧头、锄头；他还发明了五弦琴，让大家累的时候弹唱娱乐；他还是桑麻、陶器的发明人，指导人们种桑树和麻，然后用蚕丝和麻线织布，做衣服。

为了给人们治病，找到治病的草，神农还亲自品尝野草，所以他经常中毒，他这种献身精神受到人们的崇敬，现在民俗把他称为“药王”，所以中国第一部药物学著作就用他的名字命名——《神农本草经》。传说炎帝后来因为劳累病死了，也有传言说他是在尝野草时中毒死的。

炎帝和黄帝后来联合打败了蚩尤，组成了一个大的部落联盟，这就是现在中国汉族人的祖先，很多中国人经常称自己是“炎黄子孙”。

知识要点

了解各种农业经营的思想理论；掌握现代农业企业的发展趋势；掌握农业企业管理原理的有机构成和农业企业管理的内涵，尤其是对农业企业管理的方法要有较为深刻的认知，知道如何更好地管理农业企业，高质量地进行农业企业管理的基础性工作。

第一节　农业企业经营管理的产生和发展

农业企业经营管理是适应现代农业企业经营管理的需要，在实践中不断地总结经验，分析其中包含的自然规律，汲取相关自然科学、社会科学的成果而逐步产生和发展起来的。究其渊源可追溯到古代经营思想，直到20世纪初，它才从农学中分离出来，成为经济学、管理学的一门分支学科。

一、古代农业经营思想

农业是最古老的生产部门，前人留下的中外历史典籍中有很多关于农业经营思想的记载。

（一）《吕氏春秋》中关于农业经营制约因素的内容

《吕氏春秋》是中国战国末期的杂家著作，又名《吕览》，由秦国丞相吕不韦组织其门客集体编撰而成，约成书于公元前239年。此书兼收并蓄了战国诸子百家的主张，大抵以儒、道为主，兼采墨、法、兵、农和阴阳家之言，分为十二纪、八览、六论三个部分。六论中最后一论为《士容》，共有六篇，其中第三篇至第六篇为《上农》《任地》《辨土》《审时》。由于各篇字数有一定限制，编写者取材时往往有所剪裁、割裂，因而这四篇只保存了先秦“农家”学说的片段，但已具有系统的理论，可以称得上是中国现存最早的农学著作。它们反映了战国时期及其之前时期的农学水平，以及一些地区的农业生产和社会政治情况，为研究先秦农业历史提供了较为可靠、详细的资料。

《上农》篇着重讲重农政策，反映了先秦统治者的农本观念，论述了重农的目的及保证农民专心、尽力从事农业生产的措施。其他三篇则总结了当时的农业技术知识。《任地》篇讲土壤耕作和土地利用原则，首先提出了农业生产上的十个重要课题；接着指出土壤性质的几对矛盾，即“力、柔”“息、劳”“棘、肥”“急、缓”“湿、燥”等，要求设法使这些矛盾向相对方向转化；然后谈到上田弃亩、下田弃甽的土地利用方法，以及耕种操作和物候条件等；最后总结农作之要在于“无失民时，无使之治下”，即既要耕种及时又要有优良的耕作技术。《辨土》

篇对《任地》篇所提要求做了具体的回答，指出要改变土壤性状，首先要对不同的土壤在耕作时间上做不同的安排；谈到因耕作不良而引起的“三窃”，即地窃(播种过稀)、苗窃(缺苗)和草窃(杂草妨苗)；指出了耕种不及时和不得法之弊，以及播种疏密、禾苗行列对禾苗生长的影响等。《审时》篇主要论述了禾、黍、稻、麻、菽、麦六种作物的生产操作及时与否对植株生长、子实大小、产量和品质的影响等。

《上农》等四篇在2 000多年的流传过程中，经多次抄写刻印，加上字体由篆而隶而楷的变化和错简等原因，讹误较多，不易读懂。清代有些学者从文字上做过不少考证工作。近人夏纬瑛、王毓瑚对其从文字和农学两个方面做了进一步的研究。

（二）《齐民要术》中关于农业集约经营的内容

《齐民要术》是一部综合性农书，为中国古代五大农书之首。该书记述了黄河流域下游地区（今山西东南部、河北中南部、河南东北部和山东中北部）的农业生产，概述了农、林、牧、渔、副等部门的生产技术知识。《齐民要术》大约成书于北魏末年（公元533—544年），是中国杰出农学家贾思勰所著的一部综合性农学著作，也是世界农学史上最早的专著之一，是中国现存最早的一部完整的农书。全书共10卷92篇，系统地总结了6世纪以前黄河中下游地区劳动人民的农牧业生产经验、食品的加工与储藏、野生植物的利用，以及治荒的方法，详细地介绍了季节、气候、土壤与不同农作物的关系，被誉为“中国古代农业百科全书”。

《齐民要术》很重视对农业生产、科学技术与经济效益的综合分析，描述了多种经营的可行性，以及如何使农民的收入有所增加。书中种白杨一节预算了可得收入：1亩3垄，1垄720穴，1穴屈折插1杨枝，两头出土，1亩可得4 320株，3年可为蚕架的横档木，5年可做屋椽，10年能充栋梁，以售卖蚕架横档木计算，1根5钱，1亩岁收21 600文，1年若种10亩，3年一轮，那么收入将相当可观。书中还介绍了许多种以小本钱赚大钱的方法。

（三）《陈旉农书》中关于生产劳动管理的内容

《陈旉农书》中提到，农业经营规模取决于人力、物力条件，认为“农之治田，不在连阡跨陌之多，唯其财力相称，则丰穰可期”；土地利用只要做到“相继以生成，相资以利用，种无虚日，收无虚月”，就可以“一岁所资，绵绵相继”。

（四）《氾胜之书》中关于农业经营效益考核的内容

《氾胜之书》是西汉晚期的一部重要农学著作，一般被认为是我国最早的一部农书。《汉书·艺文志》著录作“《氾胜之》十八篇”，《氾胜之书》是后世的通称。该书作者为氾胜之，汉成帝时人，曾为议郎，在今陕西关中平原地区教民耕种，获得丰收。该书是他对西汉黄河流域的农业生产经验和操作技术的总结，主要内容包括耕作的基本原则，播种日期的选择，种子的处理方法，个别作物的栽培、收获、留种和储藏技术，以及区种法，等等。就现存文字来看，该书对个别作物的栽培技术的记载较为详细。这些作物有禾、黍、麦、稻、稗、大豆、小豆、枲、麻、瓜、瓠、芋、桑等十三种。区种法（区田法）在该书中占有重要地位。此外，书中提到的溲种法、耕田法、种麦法、种瓜法、种瓠法、穗选法、调节稻田水温法、桑苗截乾法等，都不同程度地体现了科学的精神。

（五）经商十八则

范蠡（公元前 536—公元前 448 年），字少伯，华夏族，楚国宛地三户（今河南淅川县滔河乡）人，春秋末期政治家、军事家、经济学家和道家学者，曾献策扶助越王勾践复国，后隐去，著《范蠡》二篇，今佚。

范蠡为中国早期商业理论家，楚学开拓者之一，被后人尊称为“商圣”，是“南阳五圣”之一。他虽出身贫贱，但博学多才，与楚宛令文种相识，相交甚深，因不满当时楚国政治黑暗、非贵族不得入仕而一起投奔越国，辅佐越国勾践。传说他帮助勾践兴越国，灭吴国，一雪会稽之耻。他功成名就之后急流勇退，化名姓为鸱夷子皮，遨游于七十二峰之间，期间三次经商成巨富，三散家财，后定居于宋国陶丘（今山东省菏泽市定陶区南），自号“陶朱公”。

世人誉之：“忠以为国；智以保身；商以致富，成名天下。”后代许多生意人皆供奉他的塑像，尊之为财神。范蠡是范姓始祖范武子的玄孙，并被视为顺阳范氏之先祖。由于他经营有方，家富百万，因此其经商十八则为后代所推崇，具体内容如下：

生意要勤快，懒惰百事废。
用度要节俭，奢华钱财竭。
价格要证明，含糊争执多。
赊欠要证人，滥欠血本亏。
货物要面验，滥入质价减。
出入要谦慎，潦草错误多。
用人要方正，歪斜托付难。
优劣要细分，混淆耗用大。
货物要修正，散漫查点难。
期限要约定，马虎失信用。
买卖要随时，拖延失良机。
钱财要明慎，糊涂弊端生。
临事要尽责，委托受害大
账目要稽查，懈怠资本滞。
接纳要谦和，暴躁交易少。
主心要宁静，妄动误事多。
说话要规矩，浮躁失事多。
工作要精细，粗糙出劣品。

（六）《货殖列传》中关于市场的内容

《货殖列传》是西汉史学家司马迁创作的一篇文言文，收录于《史记》中。这是专门记叙从事“货殖”活动的杰出人物的类传，也是反映司马迁经济思想和物质观的重要篇章。“货殖”是指谋求“滋生资货财利”以致富，即利用货物的生产与交换进行商业活动，从中生财、求利。司马迁所指的货殖还包括各种手工业，以及农、牧、渔、矿山、冶炼等行业的经营。

西汉初年，中国第一次全方位应用道家理论治国，产生了大汉第一盛世——文景之治。《货殖列传》中记叙了道家的“低流之水”的市场机制，其有关理论和实践情况主要记述在《淮南子》《史记》《汉书》等道家书籍与史书中。司马迁在《货殖列传》第一篇就讲述了市场自我调节的例子：东、南、西、北方的物产各不一样，北有牦牛，西有畜牧，东有渔盐，南有木材，这些东西都是人民的生活必需品，北方也要用木材，南方也要用皮毛，那怎么办呢？司马迁提到，这难道还需要官府发布政令，征发百姓限期会集吗？人们能各凭其能，各竭其力，各满其欲。所以，贱货能贵卖，贵物能贱买。人们各经其业，各从其事，就像水往低处流那样，日夜无休，不招自来买卖，不求自出交易。这符合大道，也是自然调节的证明。

二、农业企业制度的演变过程

农业企业制度是由国家特定法令和条件所规范与约束的企业内部、外部关系的行为准则，它本身有一个发展和形成的过程。农业企业的组织形态经历了单个业主制（独资企业）到合伙人企业再到公司企业的过程，而每个公司的发展历史是农业企业发展史或企业制度史中的重要部分。要研究农业企业制度，就有必要了解公司制度的发展过程，即了解在一定历史条件下形成的企业形态及其组织管理制度。

（一）家庭手工业制度

家庭手工业制度是农业企业制度形成和发展的一种前期特定的制度形态，是在封建社会发展的后半期，随着生产力的发展和社会分工的不断深化而渐渐发展起来的，采用的是个体和私营相结合的农业企业形式。其具体形态因发展地域不同而不同。在发展过程中，农业企业多以小工业和小地产相结合的形式出现。它的主要生产目的是换取自己需要的生产资料和生活必需品，而不是盈利。因此，他们还不是典型的农业企业，而是介于家庭和农业企业之间的一种过渡的组织形式，既保留了家庭经济的最基本特征，又初步具备了企业的某些特性。

（二）工场手工业制度

1. 含义

工场手工业是资本主义时期资本家雇佣劳动者的生产形式。资本家雇佣劳动者人数的多少由资本主义性质、生产力发展状况和民族历史条件而定。由家庭手工业向工场手工业过渡是一个复杂的过程。在这个过程中，小行会、小作坊一点点地从家庭经营变为真正的企业经营，行东和小手工业者变成资本家，其中起到决定性作用的依旧是靠原始积累形成的高利贷资本和商人资本。

2. 主要形式

手工工场包括分散和集中两种形式，在工场手工业时期之初以分散的手工工场为主要形式。在生产过程中，生产者仍分散在各自的家庭中劳作，但是他们在农业企业家的组织下形成一个生产集体，有一定的劳动分工。生产者获得的报酬实质上就是工资。这已是资本主义的雇佣关系，但又不彻底，因为加工的工具大多是受雇者自己的，劳动过程也是工人在各自家里分散进行的，每种产品是依次经过不同的家庭工人的劳动制造出来的。

分散的手工工场经过一步步发展，就形成了集中的手工工场，工人阶层一无所有，集中在资本家的厂房内，使用资本家所提供的劳动工具，在资本家的指挥下工作，工人成为完全出卖劳动力的被雇佣劳动者，他们与资本家是彻底的雇佣关系。在集中的手工工场，分工越来越细，一件产品的制成要经过许多道工序。

工场手工业创造了比家庭手工业高得多的劳动生产率，但是由于其技术基础仍然是手工劳动和手工工具，因此它对劳动生产率的提高非常有限。为了获取更多的剩余价值，资本家必须进一步改革生产的组织形式，建立和形成新的农业企业制度。

（三）工厂制度

工厂制度是企业的一个发展阶段和一种具体的组织形式，它与工场手工业制度在制度的内涵表现和运作方式方面有很多不同。

1. 制度运作的物质基础不同

工厂制度多数是以蒸汽和电能等为企业机器生产的原动力，采用机器和机器体系相结合的方式进行大规模生产。

2. 制度依托的技术手段不同

随着科学技术的发展及其在工厂中的广泛运用，农业企业的生产过程、生产方法也发生了很大的变革，一些新兴材料在生产中开始被大量使用，如合金、聚合物等，这在手工工场中是没有的。

3. 劳动的分工协作形式不同

工场手工业的劳动分工大多数以工人为起点，劳动资料的运用也以工人为起点，在分工方面是纯粹主观的。在机械化的大工厂中，生产以机器为主体，工人其实是机器的附属物；机器完全根据生产工艺布局，并按一定比例配备，劳动分工则围绕机器而进行；生产过程中，各部分之间的联系主要表现为机器之间的联系，受机器设备的运转规律支配，工人之间的协作关系也受机器和机器体系的制约。

4. 管理活动的复杂程度不同

在工场手工业中，一般情况下采用直线式的个人等级管理，也就是由工厂主、监工、工头层层对工人的生产活动等进行直接式的监督管理。而在工厂中，一般按照产品或工艺要求形成若干车间、工段、生产小组，自下而上地形成一个相对完整的管理系统。

（四）公司制度

公司制度是适应了市场经济发展和社会化大生产的需求而逐步形成的，它的物质基础是生产社会化和经营专业化的趋势，其直接动因是资本联合带来的出资者多元化。

公司制度的出现是生产社会化的必然产物。在 20 世纪的时代背景里，要从事大规模的跨国航海贸易或者建立工厂，很多资本家是很难迅速办到的，他们需要经过长时间的建设、投资，而且获利也是漫长的过程。激烈的市场竞争加剧了一些中小资本家的合资公司的形成，他们联合起来，加强农业企业的综合实力，共同应对大企业。此外，跨部门企业的出现要求建立新的企业制度和相应的组织形式。

三、农业企业的发展趋势

农业企业经营的多样化不仅是一个已存在的事实，而且是一个未来的大趋势。许多农业企业竭尽全力地涉足那些原本不属于自己经营范围的领域，多样化是伴随着经济的发展、资本的集中而逐渐发展起来的。许多原来规模较小的农业企业通过大量的不同形式的合并，把许多有关联的部门甚至没有关联的部门的农业企业联合在一起，形成一个垄断资本的联合公司。

一个农业企业的资本集中总有一定的限额，各个农业企业的利润水平也有差别，资本的本能驱使少数垄断资本集团千方百计地介入多个行业部门，获取更大范围的利润垄断，积累更多的资本，以谋求垄断资本统治。随着科学技术的进步，部门、行业结构有了巨大的变化。

第二节　农业企业管理学的学科性质及研究方法

一、农业企业管理学概述

现代化的农业企业一般规模较大，管理的内容广泛，管理的层次繁多，农业生产技术和产品相当复杂，劳动分工日益精细，农业生产的社会化程度越来越高，农业市场的需求千变万化。农业企业生产经营活动不仅涉及政治、经济、科学技术和文化等领域，还涉及部门之间、地区之间、企业之间以及国家、企业和个人之间的一系列的经济关系。要管好这样的农业企业，就必须以管理科学理论作为指导，以实践经验作为借鉴，需要遵循一定的原理、原则，运用一定的职能形式、管理方法和手段，需要建立一定的管理制度作为保证，等等。它是由一系列的管理原理、管理职能、管理形式、管理方法和管理制度组成，并用以指导人们从事管理活动的科学。它是一门以农业企业管理为研究对象的学科，是研究农业企业管理的客观规律的科学。

农业企业管理学是一门应用性、综合性的边缘学科。也就是说，它不是基础理论科学，而是指导管理实践的应用科学；它不是只限于某一领域、某一学科，而是涉及生产力、生产关系、上层建筑三大领域，综合运用经济科学、自然科学以及社会学、心理学、哲学等社会科学的成果而形成的多学科交叉的边缘性学科。

二、农业企业管理学的研究内容

虽然农业企业管理学的研究对象只限于农业企业管理的一般规律，但它的研究内容却比较广泛。首先，其研究生产力的合理组织，以适应社会需要，把劳动、资金、科学技术等生产要素有机地结合起来，为社会生产提供适销对路、物美价廉的各种产品及劳务。其次，其研究如何正确地处理农业企业内外的各种生产关系，包括农业企业内部人与人的关系。这些关系处理得是否合理和科学，直接关系到能否充分发挥全体人员的积极性和创造性，影响整个农业企业的生存与活力。

为了处理好这些关系，农业企业要建立和完善各项管理制度，塑造良好的企业形象。最后，其研究如何结合农业企业的实际，贯彻国家的经济政策、社会政策及有关的法规、法令等。

三、农业企业管理学学科体系研究的意义

在科学技术不断进步和农业企业管理实践不断丰富的背景下，对企业管理学学科体系的梳理和建构将是一项永无休止的研究工作。探讨农业企业管理学的学科体系，有着多方面的、重要的现实意义。

（一）有利于整体上认识和把握农业企业管理学的发展态势、趋向和研究领域

从学科的视角和场域整理并厘清已经在我国获得自主发育的农业企业管理理论，不仅有助于确认和摆正农业企业管理学在管理科学中的地位及其同其他学科的关系，而且有助于宏观把握农业企业管理学的学科生成机制和学科体系演进发展态势、趋向，展示农业企业管理学的所有研究领域的整体面貌，还可以为管理科学理论丛书的总体策划提供必要的帮助。

（二）有利于我国加速培养高层次、专业化的农业企业管理人才

可以更准确地把握农业企业管理学与管理科学中其他学科的关系，更准确地把握农业企业管理学的整体概貌及其与已有分支学科、待建分支学科的关系，从而为农业企业管理或农业企业管理学相关专业的建设提供学科场域的理论依据，使这些专业能够科学、合理地设计和确定培养目标、课程结构、培养方式、教学环节，从而针对农业企业管理实际培育各种高层次、专业化的农业企业管理人才。

（三）有利于农业企业管理理论的本土化

积极建构农业企业管理学的学科体系，无疑能够进一步推动我国对农业企业管理理论的深入研究，推进对有中国特色的农业企业管理理论的研究，推进世界农业企业管理前沿理论的本土化进程，即为我国的农业企业发展提供理论指导。

为农业企业管理实践服务的农业企业管理学，是一个充满勃勃生机、有着美好发展前景的学科。推动农业企业管理学的深入发展不仅是管理科学研究者的责任，也是广大农业企业管理者、企业家责无旁贷的历史使命。

四、农业企业管理学的学科性质

对于农业企业管理学的学科性质，可以从多种角度进行分析。就研究对象来看，农业企业管理涉及农业生产技术、农业经济活动和农业生产关系，它是一门应用科学。就其对农业企业工作成效的影响方式来看，它属于软科学。管理的科学性主要是指管理学科是由一系列反映管理客观规律的概念、原理、原则和方法构成的科学知识体系，它对指导管理实践有决定性意义。此外，管理的科学性还在于，管理作为一门学科知识，可以通过学习和传播获得。杰出的管理者必须经过系统的管理知识的学习和实践训练。成功的管理者必须在管理实践中充分发挥其积极性、主动性和创造性，因地制宜地将管理知识和具体实践相结合，并不断积累丰富的管理经验，将知识转化为技能。管理的艺术性反映的是千变万化的管理现象，而管理的科学性则反映纷繁现象中的规律，并使之上升为理论、原理和方法。

五、农业企业管理学的研究方法

（一）理论与实践相结合

研究农业企业管理学必须以农业企业管理实践为基础，理论研究要密切联系实际，防止理论脱离实际。管理实践包括现场实践、现场实验、实验室实验和社会调查等。

（二）继承与发扬相结合，借鉴与创新相结合

马克思主义辩证唯物论认为，一切事物都是相互联系和相互制约的，一切事物都是不断发展变化的，要用全面和历史的观点，依时间、地点、条件为转移去观察和分析问题。农业企业管理学研究必须全面地考察它的过去、农业现状及其发展趋势，继承和发扬过去的有效成果，借鉴国外先进管理经验，结合中国实际国情，不断创新，建立具有中国特色的农业企业管理学。

（三）系统分析和综合研究相结合

要进行有效的管理活动，必须对影响管理过程的各种因素及其关系进行总体的、系统的分析和研究，这样才能形成在管理中可行的基本理论和合理的决策活

动。要通过管理过程中管理职能的展开来系统研究管理活动的过程，而不是把各项职能分割开来，从而真正认识到作为一个管理者应该做些什么工作，怎样把工作做好，以及相关知识有哪些。

（四）定性分析与定量分析相结合

定性分析是对农业企业管理中某些现象进行方向性、规律性、原则性研究的一种方法。定量分析是将事物存在的规律和运动及发展程度用数量表示出来的方法。定性分析通过考察事物的特性及事物间的关系，从而找出事物的内部规律，而定量研究能使人们对管理客体的认识进一步精确化、准确化，更加客观、深刻。定性分析与定量分析相结合，可以克服两种方法的局限性，从而得到更为科学的结论，以便更有效地指导管理实践。

第三节　农业企业管理的方法及基础工作

一、管理

（一）含义

管理是指管理者或管理机构在一定范围内通过计划、组织、领导、控制和创新，对组织所拥有的资源（人、财、物、时间、信息等）进行合理有效的配置，以实现组织目标的过程。

（二）性质

1. 不精确性

企业可以用管理的基本原理指导实践，不过在实际运用时要具体问题具体分析。

2. 复杂性

管理的复杂性指管理所面对的环境及影响因素很复杂。

企业是一个开放的系统，他会与外部的大环境（政治、经济、技术、社会文化等）发生各种联系。企业本身的管理行为要考虑企业的所有者、员工、顾客等的利益，虽然其根本利益是一致的，但也会存在矛盾与冲突。

3. 综合性

管理是渗透在业务活动之中而实现的，由于管理的对象、过程、目的等要素很复杂，管理者必须掌握多学科的知识和技能才能胜任，因此管理者应具有较高的管理素质。

4. 科学性

管理理论也是一门科学。管理作为一个活动过程，其间存在着一系列基本的客观规律和必须遵守的相应法则，它是由概念、原理、原则和方法构成的科学体系，有其内在规律。管理理论对管理实践有很大的指导作用，能帮助管理人员从过去的经验中吸取精华，找出不同情况下的基本因果关系，并运用这种知识去解决新的问题。管理知识是可以通过学习而得到的。

5. 艺术性

管理的艺术性就是管理的实践性，是指灵活运用管理知识、技能的技巧和诀窍。管理既是科学的又是艺术的，它是一项创造性的活动，依赖于管理知识，更依赖于管理者的艺术创造。

6. 文化性

管理的主体是人，不同的人有不同的文化背景，他们在思想观念、行为方面的差异很大。

7. 二重性

管理的二重性是指管理的自然属性和管理的社会属性。

（1）管理的自然属性

管理的自然属性体现在两个方面。一是管理是社会劳动过程的一般要求。管理是社会化生产得以顺利进行的必要条件，它与生产关系、社会制度没有直接联系。二是管理是由社会分工所产生的社会劳动过程的一种特殊职能。只有管理才能把生产过程中的各种要素组合起来并发挥其作用，这与生产关系、社会制度没有直接联系。马克思说过，“一个单独的提琴手是自己指挥自己，一个乐队就需要一个乐队指挥。”随着生产力的发展，出现了劳动的分工和协作，有共同劳动的地方就必须有管理，需要有人把各个环节组织、协调起来。这是进行社会化生产所必需的。

（2）管理的社会属性

管理的社会属性是由生产关系和社会制度所决定的。管理的社会属性体现在，管理作为一种社会活动，只能在一定的社会历史条件下和一定的社会关系中进行。管理具有维护和巩固生产关系，实现特定生产目的的功能。列宁说过，“资本家所关心的是怎么为掠夺而管理，怎样借管理来掠夺。”

不同的历史阶段，不同的社会文化，都会使管理呈现出一定的差别，使管理具有特殊性和个性，这就是管理的社会属性。共同劳动过程是在一定的生产资料所有制形式下进行的，谁占有生产资料，谁就掌握管理权，并按照自己的利益和意志进行管理。

（三）管理与经营的关系

经营是指企业的经济系统在利用外部环境提供的机会和条件下，发挥自身的特长和优势，为实现企业目标而进行的综合性活动。

企业的经营活动是一个不断运动的过程，受很多因素的影响和制约，与多方面发生关系，因此应正确认识并处理好经营与效益的关系、经营与市场的关系、经营与管理的关系、经营与信息的关系、经营与政策的关系、经营与顾客的关系、经营与竞争的关系。

经营与管理从不同角度实现企业的目标。管理对经营起到“黏合剂”的作用。管理通过运用各种手段和方法，推动经营活动。经营本身是一项综合性活动，涉及企业内外的方方面面，并使之协调、统一。经营主要涉及决策，即确定企业的目标和大政方针等根本问题。企业没有目标就会失去方向，没有科学有效的管理，目标就很难实现。经营和管理是目的与手段的关系，既有一致性又有区别。

① 从生产过程来看，管理是劳动社会化的产物，而经营是商品经济的产物。

② 从应用范围来看，管理适合于一切组织，而经营只适合于企业。

③ 从要达到的目的来看，管理是在实施过程中提高作业效率，而经营是通过预测、决策谋求最大的经济效益。

④ 从研究的对象来看，经营研究的是目标、方向等重大的战略性问题，而管理研究方法、手段等战术问题。

⑤ 从地位来看，经营主要是企业最高层领导的职能，而管理主要是中下层领导的职能。

二、农业企业管理

（一）含义

农业企业管理是农业企业对生产经营活动进行计划、组织、指挥、监督和调节等的总称。对于农业企业管理而言，身为农业企业灵魂人物的企业主、CEO及高管团队具备相当水平的组织领导与管理能力是最重要的。

（二）职能

1. 计划职能

它是把农业企业的各项农业经营管理活动按照实现农业企业目标的要求纳入完整方案的全部管理活动。

2. 组织职能

它是指按照已制订的计划，把农业企业的各种资源从分工协作、部门、环节、时间、空间等方面系统地结合起来，使之形成协调、一致的有机整体，达到农业企业资源的最佳配置和有效利用。

3. 指挥职能

它是指管理者根据自己的责任和权限，借助指示、命令等权力手段和权威，有效地指导下属机构和人员履行其职责，以实现计划任务。

4. 监督职能

它是指根据农业企业的经营目标、计划、规范和农业经济原则，对农业企业的实际农业经营活动及其成果进行监督、检查和分析，纠正计划执行中的偏差，确保计划目标的实现。

5. 调节职能

它是为使农业企业各方面的关系和各种农业活动不发生矛盾，建立良好的关系，成为和谐的有机整体而进行的协调活动。

6. 用人职能

它是指选拔农业企业需要的人才，为企业创造更大的价值。

（三）原则

1. 实事求是

应根据农业企业的实际情况制定出管理规范，在实践中经过试验，证明它确实符合客观规律和本企业的实际情况，确实能取得良好的效果，再组织实施。

2. 领导与群众相结合

管理规范是由全体员工来执行的，必须反映员工的集体意志。管理规范的制定必须由领导总结员工的实践经验，充分听取员工的意见，这样才能扎根于群众，被广大员工自觉遵循、执行。

3. 系统、全面、统一

系统是指各项管理规范要配套，达到整体优化。全面是指对于涉及经营管理活动全过程的各项工作、各个岗位都要有相应的管理规范，做到有章可循。统一是指各项管理规范应当相互协调，符合统一的领导意志和目标。

4. 职务、责任、权限、利益相一致

职务是前提，责任是核心，权限是条件，利益是动力，四者缺一不可，必须相一致。

5. 繁简适度，通俗易懂

管理规范应当规定得详尽、明确，有关项目不能有遗漏和含糊之处，指标、要求应当尽可能地定量化，而且行文要做到简单、明了、通俗易懂，使执行者易于理解和掌握。

三、农业企业管理的方法

农业企业管理的方法是管理者为履行管理职能、实现管理目标所采用的各种管理方式、管理措施和手段的总和。管理方法是管理理论、原理的自然延伸、具体化和实际化，是管理原理指导管理活动的必要中介和桥梁，是实现管理目标的途径和手段。

（一）法律方法

法律方法是指农业企业运用国家制定的经济法律、法令、条例等规范性文件来处理经济活动中各种经济关系的方法。在农业市场环境中，要进行有效的现代农业企业管理，建立稳定的生产经营秩序，必须运用法律，即实行“法治”。随着我国法律体系的不断完善，这一点越来越突出。

1. 法律方法的内容与实质

法律是由国家制定或认可的，体现统治阶级的意志，以国家强制力保证实施的行为规则的总和。法律方法是指国家根据人民群众的根本利益，通过各种法律、法令、条例，以及司法和仲裁工作，调整社会经济的总体活动和各农业企业、单位在微观活动中所发生的各种关系，以保证和促进社会经济发展的管理方法。

在管理的法律方法中，既包括国家正式颁布的法律法规，也包括各级政府机构和各个管理系统所制定的具有法律效力的各种社会规范。法律方法的实质是实现全体人民的意志，并维护他们的根本利益，代表他们对社会经济、政治、文化活动实行强制性的统一管理。法律方法既要反映人民群众的利益，又要反映事物的客观规律。

2. 法律方法的特点

（1）严肃性

法律和法规的制定必须严格地按照法律规定的程序进行。

（2）规范性

法律和法规是所有组织及个人行动的统一的准则，对他们具有同等的约束力。

（3）强制性

法律和法规一经制定就要强制执行，各个企业、单位以至每个公民都必须毫无例外地遵守。

3. 法律方法的正确运用

法律方法从本质上讲是通过上层建筑的力量影响和改变社会活动的方法。如果各项法律和法规的制定与颁布符合客观规律的要求，那么它们就会促进社会、经济的发展；反之，它们就可能成为社会、经济发展的巨大阻碍。

（二）行政方法

1. 行政方法的内容与实质

行政方法是指依靠行政组织的权威，运用命令、规定、指示条例、指令性计划、规章制度等行政手段，按照行政系统和层次，以权威和服从为前提，直接指挥下属工作的管理方法。

2. 行政方法的特点

行政方法的主要特点是带有明显的强制性，以集中、统一的权威和服从为前提。

（1）权威性

行政方法所依托的基础是管理机关和管理者的权威。管理者权威越高，他所发出的指令的接受率就越高。提高各级领导的权威，是运用行政方法进行管理的前提，也是提高行政方法有效性的基础。

（2）强制性

行政权力机构和管理者所发出的命令、指示、规定等，对管理对象具有不同程度的强制性。行政方法通过这种强制性来达到指挥和控制管理活动过程的目的。这种强制性在行动的原则上高度统一，但允许人们在方法上灵活多样。

（3）垂直性

行政方法通过行政系统、行政层次来实施管理活动，属于纵向垂直管理。行政指令一般都是由上而下通过纵向直线下达的，下级组织和领导者只接受一个上级的领导与指挥。

（4）具体性

行政方法相对于其他方法而言比较具体，不仅行政指令的内容和对象是具体的，而且实施过程中的具体方法也因对象、目的和时间的变化而变化。

（5）稳定性

行政方法是特定组织行政系统范围内适用的常用管理方法。由于行政系统一般都具有严密的组织机构、统一的目标、统一的行动，以及强有力的调节和控制，对外部因素的干扰具有较强的抵抗作用，所以运用行政方法进行管理可以使组织具有较高的稳定性。

3. 行政方法的正确运用

行政方法的本质是服务。服务是行政的根本目的，这是由管理的实质、生产的社会化和市场经济的基本特征决定的。

行政方法的管理效果被领导者水平制约。管理效果取决于领导者的指挥艺术和心理，取决于领导者和执行者的知识、能力。行政方法需要一个灵敏、有效的信息管理系统。

行政方法必须和管理的其他方法有机地结合运用。行政方法具有强制性，这个特点可能会使上级忽视下属的正确意见和合理要求，容易助长官僚主义作风，不利于调动各方面的积极性。因此，要在客观规律的基础上，将行政方法和管理的其他方法有机地结合起来。

（三）哲学方法

管理哲学就是关于管理世界观及方法论、管理主客体矛盾运动规律的科学。管理哲学主要由以下几个方面构成。

1. 管理文化

管理文化是将一个组织的全体人员结合在一起的行为方式和标准，它代表该组织的目标、信念、哲学伦理及价值观，是管理精神世界中最核心、最本质的部分。

2. 管理辩证法

管理活动所涉及的诸多要素处于相互联系、相互作用的过程之中，这些联系、作用形成管理活动的特定本质和功能。

3. 管理的科学价值观

现代化管理思想是以现代管理科学发展为基础的，现代管理科学理论发展的水平直接制约着现代化管理思想的完善和成熟程度。管理科学的发展不仅直接依赖于人们的社会实践，而且更依赖于现代科学技术理论的发展。

4. 管理认识论

管理思想和理论来源于管理实践。管理思想和理论形成后，反过来又能动地指导管理实践并接受管理实践的检验。管理实践在永不停止地发展，管理思想、理论也随之而不断地深入和完善。

（四）经济方法

1. 经济方法的内容与实质

经济方法是根据客观规律，运用各种经济手段和经济方式，调节各种不同经济利益之间的关系，以获取较高的经济效益与社会效益的管理方法。

（1）利润

在市场经济条件下，利润是反映经济组织经济效益的综合指标。利用利润杠杆，总公司对分公司的管理通常都是把一定的经济责任、经济权限、经济利益和利润指标紧密结合在一起，一般根据利润指标的完成情况决定各个单位的奖金和生产发展基金总额。

（2）信贷

信贷是银行存款、贷款等信用活动的总称。信贷是最为灵活、有效的经济杠杆。银行信用活动一方面以存款和储蓄的形式集中社会闲散资金，另一方面按照社会发展需要将其以贷款形式发放给生产经营单位，通过这两个方面达到协调社会经济活动的目的。

（3）工资

工资是实现按劳取酬的一种劳动报酬形式。这一经济手段直接涉及企业和劳动者个人的物质利益。职工工资应该与企业经济效益挂钩，应该与职工个人贡献挂钩。

（4）税收

税收是国家获得经济收入的重要来源，也是国家管理社会生活的重要手段之一。合理制定不同的税种和税率，可以调节生产和流通，调节一部分企业的利润水平。如果国家要鼓励某些产业的发展，就会在税收政策上对其进行一定的倾斜，如我国对高新技术产业的税收优惠政策。

（5）奖金与罚款

奖金是根据职工对企业所做额外贡献的大小，用货币形式付给职工的奖赏。奖金的项目和条件应能表达企业领导者对职工行为的期望，应能对职工的行动方向和努力目标具有引导作用。

罚款是对职工违反规章制度，给企业群体造成危害的行为所进行的经济惩罚。它可以制约某些人的不轨行为，迫使人们努力完成劳动或工作定额。

（6）价格

价格是商品价值的货币表现，是计量和评价劳动的社会标准。价格的高、低、涨、落会直接影响农业生产企业和消费者的经济利益，从而影响他们的生产和消费行为。国家运用价格这一杠杆来调节生产与供求，调整一部分国民收入的分配，促进农业企业加强经济核算，提高其经营管理水平。农业企业在价格政策规定的范围内，根据农业市场供求情况制定产品价格。

经济方法的实质是正确贯彻物质利益原则，运用各种经济手段正确处理好国家、集体、个人三者之间的经济关系，最大限度地调动各方面的积极性、主动性、创造性和责任感，促进经济的发展与社会的进步。

2. 经济方法的特点

（1）关联性

不但各种经济手段之间的关系错综复杂，而且每种经济手段的变化都会影响到社会多方面经济关系的连锁反应。

（2）平等性

经济方法承认被管理的组织或个人在获取自己的经济利益上是平等的。社会按照统一的价值尺度来计算和分配经济成果。各种经济手段的使用对于相同情况的被管理者具有同样的效力，不允许有特殊。

（3）利益性

经济方法是通过利益机制引导被管理者去追求某种利益，从而间接影响被管理者行为的一种管理方法。

（4）灵活性

一方面，经济方法针对不同的管理对象（如企业、职工个人）可以采用不同的手段；另一方面，对于同一管理对象，在不同情况下，可以采用不同的方式进行管理，以适应形势的发展。

3. 经济方法的正确应用

人们除了物质需要以外，还有精神和社会方面的需要。经济方法的综合运用和不断完善既要发挥各种经济杠杆各自的作用，更要重视它们在整体上的协调配合。经济方法没有行政命令的强制性，而是用客观经济规律从经济利益上强制人们自觉地调节自己的生产经营活动。两种方法相辅相成，互相补充，共同作用。

（五）教育方法

1. 教育方法的实质和任务

教育是按照一定的目的、要求对受教育者从德、智、体等方面施加影响的一种有计划的活动。

管理的人本原理认为，管理中人的因素位居第一，管理最重要的任务是提高人的素质，充分调动人的积极性、创造性。

2. 教育的主要内容

（1）爱国主义和集体主义教育

进行爱国主义教育，要引导人们正确认识我国的历史和现状，了解中华民族近百年来的苦难史和革命斗争史，更加热爱和珍惜社会主义的今天，为祖国的繁荣昌盛而奋斗。集体主义是共产主义道德的基本原则，它要求人们置集体利益于个人利益之上。

（2）科学文化教育

科学技术是第一生产力，普及和提高科学文化知识是提高职工思想道德觉悟水平的重要条件，也是农业企业进行生产经营活动的重要条件。我国应当有计划、有组织地开展科学文化教育，提高职工队伍的业务素质，以适应现代化生产的要求。

（3）人生观与道德教育

要教育职工树立为人类解放和社会进步奋斗献身的远大理想，以及全心全意为人民服务的共产主义精神，自觉抵制损公肥私、损人利己、金钱至上、贪图享乐的剥削阶级腐朽思想的侵蚀。

（4）民主、法制、纪律教育

管理的人本原理告诉人们，必须全心全意依靠企业的广大职工办好企业，不仅要充分考虑本企业职工的利益，而且应当通过各种方式吸收职工参与企业管理，还要对职工进行正确行使民主权利的教育。

（5）组织文化建设

组织文化是组织员工在较长时期的生产经营实践中逐步形成的共有价值观、信念、行为准则，以及具有相应特色的行为方式、物质表现的总称。它是组织员工内在的思想观念与外在的行为方式和物质表现的统一。在组织文化建设的指导思想中，必须突出管理的人本原理，坚持“以人为本”的指导原则。

（六）数学方法

数学方法是运用数学分析经济现象之间的数量关系，揭示资源分配、利用效果及其数量界限的一种管理方法。在农业企业管理中，只有运用数学方法，通过大量的经济分析，以抽象的数量关系的形式模拟实际生产经营管理活动，建立数学模型，并对模型进行计算、分析和研究，才能更科学、有效地管理。需要注意的一点是，在农业企业管理实践中，要将定量计算与定性分析正确地结合起来。

（七）行为管理方法

行为管理方法是指企业各级领导以社会主义精神文明建设和思想政治工作为基础，通过对职工思想、行为进行分析与管理，使企业职工自觉地、和谐地、心情舒畅地从事各项工作的一种管理方法。采用行为管理方法能够遵循职工的心理、行为运动的内在规律，激发职工的积极性和创造性，增加其主人翁责任感，使企业形成一种团结、和谐的工作气氛和良好的群体环境，使管理工作有效、顺利地进行。

四、我国农业企业管理的现状

当前，我国农业企业管理正处在从传统管理向农业企业现代化管理转变的关键阶段。农业企业发展在经济社会发展中发挥着举足轻重的作用。目前，我国农业企业仍面临生产规模小、资金紧缺、设备落后、产品质量不高、竞争力不强、效益低下等突出问题与困难，严重影响和制约着我国农业企业持续、快速、健康发展。

（一）体制改革力度普遍不够

我国农业企业体制改革的目的就是通过建立、健全农业企业管理体制机制，使农业企业的资源、生产、管理、销售、服务达到最佳配置，与社会主义市场经济发展相互协调、相互促进，从而使农业企业在激烈的农业市场竞争中不断增强自主创新发展的能力。逐步建立、健全适应社会主义市场经济要求的管理体制机制，是发展现代农业企业的客观要求。当前我国农业企业管理的体制机制处在从传统向现代转变的关键阶段，改革力度依然不够，必须加强农业企业管理，促使我国农业企业不断变压力为动力，变危机为契机，不断提升生机与活力，逐步向现代农业企业管理方向迈进。

（二）管理手段普遍比较落后

目前，我国农业企业管理的很多经验和水平已经接近国际先进水平。我们必须清醒地认识到，我国农业企业管理整体依然处在从传统落后的管理方式向现代先进的管理方式转变的关键时期，我国农业企业的很多管理方法和水平依然跟不上现代农业企业建设的需要。管理方法的严重落后，致使我国农业企业的竞争能力不够强，生存、适应能力比较弱。加快转变农业企业管理理念，改变过去传统落后的农业企业管理体制机制，是我国农业企业管理当前和今后相当长时期的重要任务，必须切实抓好、抓实。要善于用发展的眼光看待农业企业管理，学习和借鉴国外先进的经验，强化吸收与创新，促进我国农业企业管理跟上时代步伐。

（三）管理规范程度普遍不够

我国农业企业管理存在很多弊端与不足，必然导致我国农业企业违规生产、违章操作、无序运行等问题的发生。农业企业管理不够规范，必然导致农业企业发展方向不明，目标不细化，定位不准确，必然导致农业企业内部各个环节之间相互脱节，推诿扯皮现象严重，势必造成我国农业企业发展后劲不足，竞争力不强，创新不够。面对这些问题，很多农业企业不是积极采取有效措施加以应对，而是手足无措。全面推动农业企业管理的规范化、科学化、合理化，既可以解决农业企业发展困难的问题，也可以使管理理念得到改善与提升。

（四）专业管理人才比较缺乏

随着经济全球化的不断加剧，人才构成、素质和活动已经呈现国际化发展趋势，人才的竞争集中体现在人才国际化程度的竞争上。企业发展能力、创新能力和竞争能力的竞争最终就是人才之间的竞争。在后危机背景下，我国农业企业普遍存在人才（特别是“高、精、尖”专业管理人才）比较缺乏的问题。我国农业企业必须吸引国际化专业管理人才，支撑农业企业的发展、扩张，不断增强农业企业的发展后劲与动力。农业企业可以通过教育培训、出外考察、学习取经等方式，不断培养和引进“高、精、尖”专业技术人才和管理人才，实现农业企业人才队伍的优化配置，不断为农业企业发展注入新鲜血液和不竭动力。

五、我国农业企业管理的应对措施

后危机时代，我国农业企业管理存在诸多问题，具体表现在农业企业管理的规范性及创新性、人才队伍建设、体制机制改革、可持续发展、企业竞争力等方面。这些问题的存在给我国农业企业的发展带来了一定的影响和阻碍，因此可以采取以下应对措施。

（一）规范、创新农业企业管理

农业企业的不断发展，规模的不断扩大，势必对农业企业管理提出更高的要求。由于我国很多农业企业创办时间不长，发展规模不够，资金相对紧缺，许多农业企业管理工作比较混乱，迫于发展与竞争的压力，加上思想认识不够且具有很大的局限性，因此规范、创新农业企业管理势在必行。在我国农业企业的发展过程中，管理跟不上农业企业发展需要是一个相当普遍的现象。要进一步规范、创新农业企业管理，就要把农业企业经营与管理有机地结合起来，促进农业企业全面、持续、有序发展。

（二）加强人才队伍建设

农业企业要想提高其核心竞争力、发展能力和创新能力，就必须不断加强人才队伍建设。我国大部分农业企业普遍存在农业专业技术人才和管理人才紧缺，以及人才队伍结构不够合理、优化等现象。近年来，随着我国经济的不断发展，农业企业的发展也随之加快，对人才、农业技术的需求逐渐增加，我国农业企业人才队伍建设的弊端也随之显现出来。

因此，农业企业必须采取积极、有效的措施，多形式、多渠道地培养和引进更多更优秀的专业技术人才和管理人才，保证人才引得进、留得住，不断推动农业企业全面发展。

（三）推动体制机制改革

体制机制不够健全、完善一直是农业企业发展的瓶颈之一，也是我国农业企业体制机制改革的老大难问题之一。目前，我国农业企业体制机制改革取得了明显的成效，很多农业企业管理层已经意识到了体制机制建设的重要作用，纷纷加快了农业企业体制机制改革的步伐，加大了农业企业兼并、重组的力度，有力地推动了我国农业企业的发展。很多农业企业处于体制机制改革的关键阶段，体制机制尚不够健全、完善，导致农业企业管理存在重视程度不够的倾向，对提高农业企业管理水平产生了一些不容忽视的消极影响。随着我国农业企业规模的不断壮大，其所需人员越来越多，农业企业组织机构越来越庞大，效益却越来越低下。因此，逐步健全、完善农业企业体制机制，促使农业企业高效运转，是我国农业企业管理的重要任务。

（四）重视可持续发展

当前，我国很多农业企业都是以牺牲环境为代价，以劳动密集为支撑的传统农业企业发展模式，忽视了与环境的和谐发展。这与构建和谐社会的宏伟目标差距比较大，与全面、协调、可持续发展的科学发展观不相符。环境污染与保护问题已经受到世界许多国家的重视，被提上了议事日程。随着世界经济自由化、全球化进程的加速，农业企业发展的内外部环境都发生了重大的变化。要使农业企业全面、协调发展，打入国际市场，就必须高度重视农业企业可持续发展的问题。这就要求我国农业企业发展必须做到既满足经济社会发展的需求，又不对环境构成危害和破坏或者影响很小；既达到农业企业发展的目的，又保护好人类赖以生存的生态环境。

（五）提升企业竞争力

竞争力作为农业企业生存与发展的基础，为农业企业长期保持战略优势和不断快速发展提供了保障。增强农业企业竞争力不是一句空话，而是一项长期且艰巨、繁杂又庞大的系统工程，几乎涉及农业企业发展的方方面面。必须从科学合理配置农业企业的人力、物力、财力方面入手，制定切合农业企业自身实际的战略目标，把握农业企业管理的发展趋势，切实把国外先进的理念、方法、技术与农业企业自身实际有机结合起来，积极探索农业企业发展新模式，不断强化管理，研究新情况，解决新问题，不断缩小与国外的差距，增强农业企业的发展创新能力和市场竞争力，使农业企业在竞争激烈的国际、国内市场中得到持续发展。

六、农业企业管理的基础工作

农业企业管理的基础工作是指为实现农业企业的经营目标和有效地履行各项管理职能，提供资料、数据、共同准则、基本手段和前提条件的工作，是组织社会化大生产和实现科学、现代化管理的客观需要，是搞好农业企业管理的前提条件。农业企业管理的基础工作的完善程度直接关系到农业企业生产经营管理水平的高低，从而影响到农业企业生产技术的发展和经济效益的好坏。农业企业管理主要包括以下基础工作。

（一）标准化工作

标准化工作是指农业企业各项技术标准和管理标准的制定、执行及管理工作。标准是对某项事物的同一尺度和必须遵守的规定。技术标准是对生产对象、生产条件、生产方法等规定的标准。管理标准是对各项经营管理工作的职责、程序和要求所做的规定，它是组织与管理农业企业生产经营活动的依据和手段。

（二）定额工作

定额工作是指农业企业各类技术经济定额的制定、执行和管理工作。定额是农业企业在一定的生产技术组织条件下，对于人、财、物的消耗、利用和占用所规定的数量界限。定额不仅是计划编制和检查的依据，也是生产、技术、劳动、物资、财务等管理的基础工作。建立健全定额管理体制，制定有科学依据、平均、先进、合理的定额，加强对定额完成情况的统计、检查和分析，把定额工作同经济责任制结合起来，保证定额的贯彻执行，是科学管理的基本手段。

农业企业定额主要有劳动定额、物资消耗和储备定额、设备利用定额、流动资金定额、管理费用定额、各项期量标准等。

（三）计量工作

计量工作是指计量检定、测试、化验分析等方面的计量技术和管理工作。它主要是用科学的方法和手段，对生产经营活动中的量和质的数值进行测定，为农业企业生产、科学试验、经营管理提供准确数据。原始记录和统计所获数据的准确性，在很大程度上依赖于计量工作。加强计量工作可以为提高农业企业管理水平提供基本条件。

（四）信息工作

信息工作是指农业企业进行生产经营活动和进行决策、计划、控制所必需的资料数据的收集、处理、传递、储存等管理工作。信息包括原始凭证、原始记录统计、经济技术情报、经济技术方案等。对信息工作的要求是全面、适用、准确、及时和经济。

（五）制定规章制度

规章制度通常是企业对企业生产经营活动所制定的各种规定、章程、程序和办法的总称，它是企业全体职工共同遵守的行为规范和准则。农业企业规章制度大体可分以下三类。

① 基本制度：根本性的企业管理制度。

② 工作制度：企业各项专业管理的具体行为规范。

③ 责任制度：根据社会化大生产分工、协作的具体情况而制定的制度，它具体规定了农业企业内部各级部门人员的工作范围、应负的责任、相应的权限和应得到的利益等。

（六）开展基础教育

基础教育是指农业企业各类人员从事本职工作、履行本岗位职责必须接受的政治思想和技术业务教育，主要包括政治思想教育、职业道德和法律教育、文化科学知识教育、生产操作技能和经营管理知识教育等。开展基础教育是使职工正常进行现代生产经营活动的前提条件。

农业企业管理的基础工作具有科学性、群众性、经常性、先行性、动态性和先进性等特点，体现农业企业生产经营的客观规律，必须由广大员工参与制定和自觉执行。农业企业管理的基础工作要保持经常性，并随管理工作的开展和科学技术的进步而不断完善与发展，保持先进、合理的水平，为各项专业管理工作打好基础。

小 结

农业企业管理理论的发展经历了一个复杂且漫长的过程。现代社会的发展与进步，激起了一些新的管理热潮，如农业企业文化管理和学习型组织等。农业企业管理理论是对管理工作的实质内容进行科学分析、总结而形成的基本真理，它是管理现象的抽象，是对各项管理制度和管理方法的高度综合与概括。

对于农业企业管理学科的性质，可以从多种角度来分析和认识。农业企业管理是科学与艺术的有机结合体，掌握正确的方法是学好农业企业管理学的关键所在。农业企业管理方法是管理者为履行管理职能、实现管理目标而采用的各种管理方式、管理措施和手段的总和，包括行政方法、经济方法、教育方法和法律方法等。以上各种方法都有各自的特点和适应的条件及范围，在实际管理活动中，应将它们有机地结合在一起，因地、因时制宜，灵活运用，防止片面性。

农业企业管理的基础工作是指为实现农业企业的经营目标和有效地履行各项管理职能，提供资料、数据、共同准则、基本手段和前提条件的工作。它是组织社会化大生产，实现科学管理、现代化管理的客观需要，是搞好农业企业管理的前提条件。

思考题

1. 什么是农业企业经营管理?
2. 古代农业企业经营管理思想有哪些值得我们借鉴的地方?
3. 我国农业企业管理的现状存在什么问题?
4. 如何解决我国农业企业在管理中出现的力度不够的问题?

案例分析

“土鸡蛋不是一年四季都有吗？他怎么说秋天应季？我家门口那家超市，土鸡蛋的价格眼看涨得就要吃不起了。”李涛登台演讲时，一直安静地在会场协助比赛的工作人员听到其发言后开始窃窃私语，互咬耳朵。

“我来讲一下养殖时间表，春季培育鸡苗，夏季苗壮成长，秋季大量产蛋，冬季卖成鸡，河南没有活鸡市场，一般是卖到南方市场，而且种鸡吃了雪水下蛋率会下降40%。从这个时间上来看，土鸡蛋真的不是全年都有，不是随时随地都能买。”李涛下台后，给粉丝现场答疑解惑。细打量，一身深色西装，眼睛不用看发言稿，腰板挺得笔直的李涛若与人相逢在十字街头，没准会被大胆的城市姑娘归类为“高富帅”，而与他擦肩而过的路人，十之八九会将他当成公司小高管。这个人真的是来借东风、筹资金的中小企业主，只不过相对于那些从基层做起、白手起家的企业家，他还有个身份，就是大学生村官。他有创业者的激情，又有大学生的质朴，显得“与众不同”。

是两腿泥的村官，也是大学生心中的“创业盟主”

闭眼难见三春景，出水才看两腿泥。你能想象上面提到的“西装哥”还能穿着白大褂在三伏天潜入石棉瓦组建的鸡舍吗？他能在母鸡护崽、公鸡啄人、绒毛乱飞的环境中调试设备、分配饲料。

李涛是河南省2005年选任的大学生村官，现任济源市轵城镇良安新村党支部书记，济源市大学生村官创业联盟总经理，济源市青联副主席。

“2007年冬，我选定了散养土杂鸡的创业项目，踏上了创业之路。”李涛说。在科学饲养、走高品质特色化发展路线的作用下，公鸡和母鸡用壮实的身材与高质量的鸡蛋来回报他。鸡场收益很好，一个基地每年土鸡和鸡蛋的产值共计75.6万元，纯利润达15万元。“豫源咕咕哒土鸡蛋”这个品牌已在国家工商行政管理局注册，还是河南省的优秀农业品牌，河南省固定的销售网点已有三百多个。济源市大学生村官创业联盟于2013年8月15日筹建，它联合全市村干部及农村创业项目产品，采用网络营销方式，在挖掘、整理、包装之后，将产品推介至全国，为济源市大学生村官提供创业产品展示、创业策划、网络宣传及销售平台，并提供技能培训和专业知识讲座。该联盟以集团公司化模式运营，已辐射带动了16个镇900余名农民朋友走上了创业致富之路。

借东风，农业电商还想“创奇迹”

“2014—2015年底，为农户销售土鸡蛋50余万斤，价值400万元，销售土蜂蜜3 000多斤，价值70万元，销售高档优质干果4 000斤，价值120万元，为农户带来了明显的经济增收。”闲言碎语不多讲，李涛用“经济效益”借东风。

济源市大学生村官创业联盟抢抓机遇，承办了济源市电子商务创业园，通过微信平台、电子商务等先进手段积极开展市区范围内的连锁业务，将土鸡蛋、土粗布、冬凌茶、土模、黄金杂粮、薄皮核桃、土蜂蜜等优质农副产品，通过搭建起来的渠道和平台从农户家里流向市场，为农户创造了更多的利益。下一步，他想将济源市大学生村官创业联盟打造成河南省乃至全国最大的农副产品深加工基地，将济源市电子商务创业园发展成河南省乃至全国大学生村官和有志青年实现梦想的广阔舞台，通过济源市大学生村官创业联盟的努力，利用农业电商的先进理念和手段，带动农民致富，带动农村发展，推动农业腾飞。

讨论：

1. 你认为本案例中农业企业管理者最大的成功之处是什么？

2. 你认为案例中的农业企业还有哪些可以改进的地方？

3. 请简要地评价一下该农业企业。

第三章　农业企业经营环境分析

小故事

企业家的烦恼

有位企业家在酒店的一个角落里喝闷酒，愁眉不展，他的举动被一位心理学家看得一清二楚。于是，心理学家就走上前去对这位企业家说：“你一定有什么难解的问题吧，让我来帮你好吗？”

企业家的双眼慢慢地睁开了，上下打量了一下这位心理学家，然后冷冷地说：“我的问题太多了，没有人能帮我的忙。”心理学家从兜里掏出名片递给他然后离开了。企业家看到名片后知道自己今天遇到了一位高人——大名鼎鼎的心理学家。于是，企业家次日便去了心理学家的工作室。但是，心理学家并没有像人们想象的那样对他进行诊断、分析，只是要求他一起去一个地方。企业家当时也不知道心理学家葫芦里卖的什么药，只好心理学家怎么说，他就怎么做。

心理学家用车把他带到一个荒郊野岭。下车以后，心理学家指着前面的坟场对企业家说：“只有躺在坟墓里的人才没有问题，不管你的问题多么多，只要有问题，就表明你是一个有生命的人，就有解决问题的希望。”

听了心理学家的话，企业家恍然大悟，心悦诚服地接受心理学家的诊断与辅导。

有问题是必然的，没有问题反倒是不现实的，也是不可能的。但应该看到，办法总比要解决的问题多，只要有问题，就有存活的希望，只要敢于正视问题，就可以解决问题。

知识要点

了解农业企业经营环境的内涵，重点把握农业企业经营环境的不确定性；对农业企业宏观环境要有总体的把握与理解，尤其是了解经济与物资环境是制约企业发展的重要因素；掌握农业企业微观环境的具体特点，它能够直接地给企业提供更为有用的情报信息；了解主要竞争者的竞争态势，对其进行必要的战略分析；对经营机会和风险要有清醒的认识，以求充分发挥企业自身的优势和长处，使企业得以顺利地发展。

第一节　农业企业经营环境概述

农业企业作为一个相对独立的农业商品生产者，必须按照自身的技能和目标进行生产经营活动。农业企业又是整个社会经济和世界经济体系中的一个子系统，它的农业经营活动必须受到客观环境的控制和影响。要把握环境的现状和将来的变化趋势，利用有利于农业企业发展的机会，使农业企业的经营目标与外部环境和内部条件之间实现动态的平衡。农业企业经营环境包括外部环境和内部环境两个方面。

一、农业企业经营环境

（一）含义

农业企业经营环境是影响农业企业生产经营活动的外部条件，是制约农业企业生存和发展的重要因素。农业企业经营环境包括以下两方面因素。

1. 市场因素

市场因素包括居民的购买行为与消费特点，主要原材料、动力等物资资源的货源及价格，竞争对手的经济实力及发展动向，以及新技术、新材料、新工艺、新产品等对企业产品的影响，等等。

2. 非市场因素

非市场因素包括国内外政治环境、经济环境、技术环境、社会环境等。

（二）内外部环境

1. 外部环境

影响农业企业经营的外在因素可分为政治、经济、社会和技术四类。农业企业经营外部环境一般是由一系列层次构成的：外层是企业的一般环境，或称宏观环境；内层是企业的具体环境，或称任务环境、微观环境。内层环境直接与企业相互联系、相互作用，外层环境则通常需要通过内层环境对企业产生间接影响，如图 3.1 所示。从农业企业经营外部环境看，一直以来，农业企业并没有与国有企业处于平等地位，在多方面存在很多的限制。

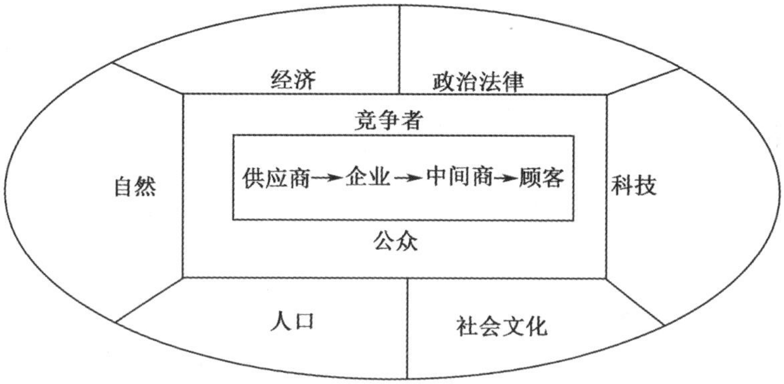

图 3.1　农业企业经营外部环境

2. 内部环境

农业企业经营内部环境包括农业企业内部功能系统和内部组织机构。农业企业内部功能系统由供、产、销、研四个子系统构成。农业企业内部组织机构主要有直线职能组织和事业部组织，其中直线职能组织主要适用于中小型农业企业，事业部组织主要适用于大型农业企业。从农业企业经营内部环境看，农业企业相对于国有企业更为灵活，更加注重效率与效益。

二、农业企业界限

任何农业企业都不是孤立地存在于社会之中的，它始终处于一个动态、复杂的环境中，其生存及发展在很大程度上取决于农业企业与其变化的外部环境相互适应的程度。一个农业企业与其外部环境由农业企业界限予以分开，在农业企业界限的作用下，一个农业企业成为相对独立的整体。

农业企业界限是维持农业企业相对独立性的物质和非物质的障碍。农业企业的围墙、门卫、企业文化、管理制度等都是农业企业界限的组成部分。

一个农业企业设置界限的首要目的就是把农业企业与外部环境隔离开来，尽量避免外部环境可能给农业企业带来的各种干扰，保证农业企业的管理和生产经营活动得以正常、持续地进行。

农业企业界限可以筛选农业企业的投入和产出。任何农业企业都需要从外部获得投入并把实现的产出输送到外部环境中，同时必须利用农业企业界限的作用将其投入和产出标准化，使之符合企业目标的要求。

三、农业企业环境的特征

农业企业环境的总体特征表现为不确定性。任何农业企业的运行都要受到一般环境和具体环境多方面的影响。农业企业环境具有不确定性，这种不确定性是指农业企业决策者没有关于环境因素的足够信息，而且他们难以预测外部的变化。不确定性增加了农业企业对环境反应失败的风险。随着农业企业环境不确定性程度的加大，企业经营的难度也会增加。农业企业环境的不确定性主要体现在以下几个方面。

（一）农业企业环境的可变性

它是指农业企业环境因素是不断变化的，有渐变也有突变，如自然地理环境变化较慢，而经济环境特别是市场变化却很快。

农业企业环境的可变性既可给农业企业的经营带来困难，也可给农业企业带来发展机会，关键在于农业企业是否善于把握。

（二）农业企业环境的复杂性

它是指农业企业环境因素是由多方面组成的，这些因素可能单独影响农业企业，也可能共同对农业企业产生综合影响。

将农业企业环境的稳定程度和复杂程度结合起来分析，会出现以下四种类型，如图 3.2 所示。

环境的稳定程度	简单	复杂
稳定	简单+稳定=低不确定性 1. 少数外部因素，而且这些因素是类似的。 2. 因素保持相同或变化缓慢。 举例：软饮料瓶 啤酒分销商 容器制造商 食品加工者	复杂+稳定=中低度不确定性 1. 大量外部因素，而且这些因素不相似。 2. 因素保持相同或变化缓慢。 举例：大学 用具制造商 化学公司 保险公司
不稳定	简单+不稳定=中高度不确定性 1. 少数外部因素，而且这些因素是类似的。 2. 因素变化频繁而且不可预见。 举例：化妆品 流行服装 音乐行业 玩具制造商	复杂+不稳定=高度不确定性 1. 大量外部因素，而且这些因素不相似。 2. 因素变化频繁而且不可预见。 举例：计算机企业 航空企业 电信企业 民航

环境的复杂程度

图 3.2　农业企业环境类型

1. 相对稳定和简单的环境

这种环境中的农业企业面临的不确定性很低，可以通过制定纪律、规章制度、标准化作业程序进行控制和管理。

2. 相对稳定但复杂的环境

这种环境中的农业企业面临许多不同的环境因素，这些因素可能在发生变化，但变化只是渐进的，是可以预见的，因而具有中等偏低的不确定性。

3. 不稳定而简单的环境

这种环境虽然只有少数几个不同质的因素，但往往在供求方面发生无常的变化，因而具有中等偏高的不确定性。

4. 不稳定而复杂的环境

农业企业的经营环境有时会因为一般环境因素和具体环境因素的相互作用而形成极度动荡且复杂的状态。这种动荡变化的环境是一种最难应对的情况，具有高度的不确定性。

（三）农业企业环境的交互性

它是指构成农业企业环境的各种因素是相互依存、相互制约的，无论哪一个因素发生变化，都会直接或间接地引起其他因素的变化。

我国经济体制改革的目标是建立和发展社会主义市场经济，这是农业企业面临的最重要的社会经济环境。

第二节　农业企业宏观环境分析

企业是国民经济的基本单位，是社会有机体的细胞，任何农业企业总与社会有着千丝万缕的联系。农业企业的管理者在制定农业企业战略时必须认真分析农业企业的内部条件和外部环境。农业企业的宏观环境一般包括政治与法律环境、社会与文化环境、经济与物质环境、技术与产业结构环境和全球化环境等，下面主要从以下几个方面进行分析。

一、人口环境分析

人口环境是农业市场的第一要素。人口数量直接决定农业市场规模和潜在容量，人口的性别、年龄、民族、婚姻状况、职业、分布等也会对农业市场格局产生深刻影响，从而影响农业企业的营销活动。农业企业应重视对人口环境的研究，密切关注人口特性及其发展动向，及时地调整营销策略以适应人口环境的变化。

（一）人口数量分析

人口数量是决定市场规模的一个基本要素。如果收入水平不变，那么人口越多，农业市场就越大。农业企业营销首先要关注其所在国家或地区的人口数量及其变化。

（二）人口结构分析

1. 年龄结构

不同年龄的消费者对商品和服务的需求是不一样的。不同的年龄结构形成了具有年龄特色的市场。农业企业了解不同年龄结构所具有的需求特点，就可以决定产品的投向，寻找目标市场。

2. 性别结构

性别差异会使人们的消费需求具有显著的差别，反映到市场上就会出现男性用品市场和女性用品市场。农业企业可以针对不同性别的不同需求，生产适销对路的产品，制定有效的营销策略，开发更大的市场。

3. 教育与职业结构

人口的教育程度与职业不同，对市场需求表现出不同的倾向。随着高等教育规模的扩大，人口的受教育程度普遍提高，收入水平也逐步增加。农业企业应关注人们对报刊、书籍、电脑这类商品的需求变化。

4. 家庭结构

家庭是商品购买和消费的基本单位。一个国家或地区的家庭单位的多少及家庭平均人员的多少，可以直接影响到某些消费品的需求数量。同时，不同类型的家庭往往有不同的消费需求。

5. 社会结构

我国绝大部分人口为农业人口，农业人口占总人口的80%左右。这样的社会结构要求农业企业营销应充分考虑农村这个大市场。

6. 民族结构

我国是一个多民族的国家。民族不同，其文化传统、生活习性也不同，具体表现在饮食、居住、服饰、礼仪等方面。农业企业营销要重视民族市场的特点，开发适合民族特性且受其欢迎的商品。

（三）人口分布分析

人口有地理分布上的区别，人口在不同地区的密集程度是不同的。各地人口的密度不同，则市场大小、消费需求特性不同。

当前，我国有一个突出的现象就是农业人口向城市或工矿地区流动，内地人口向沿海经济发达地区流动。农业企业营销应注意到，这些地区的消费需求不仅在量上增加，而且在消费结构上也有一定的变化，应该提供更多的适销对路的产品来满足这些流动人口的需求，这是潜力很大的农业市场。

二、经济环境分析

经济环境是影响农业企业营销活动的主要环境因素，它包括收入因素、消费支出、产业结构、经济增长率、货币供应量、银行利率、政府支出等，其中收入因素、消费支出对农业企业营销活动的影响较大。

（一）消费者收入分析

收入因素是构成农业市场的重要因素，甚至是最重要的因素，因为农业市场规模的大小归根结底取决于消费者的购买力大小，而消费者的购买力大小取决于他们收入的多少。农业企业必须从市场营销的角度来研究消费者收入，通常从以下五个方面进行分析。

1. 国民生产总值

它是衡量一个国家经济实力与购买力的重要指标。国民生产总值增长越快，国民对商品的需求和购买力就越大，反之就越小。

2. 人均国民收入

它是国民收入总量与总人口的比值。这个指标大体反映了一个国家人民生活水平的高低，也在一定程度上决定了商品需求的构成。一般来说，人均国民收入增长，国民对商品的需求和购买力就增大，反之就减小。

3. 个人可支配收入

它是指个人收入扣除消费者个人缴纳的各种税款和交给政府的非商业性开支后剩余的部分，即可用于消费或储蓄的那部分个人收入，它构成实际购买力。个人可支配收入是影响消费者购买生活必需品的决定性因素。

4. 个人可任意支配收入

它是指个人可支配收入减去消费者购买生活必需品的费用支出（如房租、水电、食物、衣着等开支）后剩余的部分。这部分收入是消费需求变化中最活跃的因素，也是农业企业开展营销活动时需考虑的主要对象。这部分收入一般用于购买高档耐用消费品、娱乐、教育、旅游等。

5. 家庭收入

家庭收入的高低会影响很多产品的市场需求。一般来讲，家庭收入高，对消费品需求大，购买力也大；反之，则需求小，购买力也小。另外，要注意分析消费者实际收入的变化，注意区分货币收入和实际收入。

（二）消费者支出分析

随着消费者收入的变化，消费者支出会发生相应的变化，继而使一个国家或地区的消费结构也发生变化。

1. 消费结构

德国统计学家恩斯特·恩格尔于1857年发现了消费者收入变化与支出模式，即消费结构变化的规律。

2. 恩格尔系数

对于恩格尔所揭示的这种消费结构的变化，通常用恩格尔系数来表示，即

恩格尔系数＝食品支出金额 ÷ 家庭消费支出总金额

恩格尔系数小，食品支出金额所占比例小，表明生活富裕，生活质量高；恩格尔系数大，食品支出金额所占比例大，表明生活贫困，生活质量低。

恩格尔系数是衡量一个国家、地区、家庭生活水平高低的重要参数。农业企业根据恩格尔系数可以了解目前农业市场的消费水平，也可以推知今后消费变化的趋势及其对农业企业营销活动的影响。

3. 消费者储蓄分析

消费者的储蓄行为直接制约着现实购买量（市场消费量）的大小。当收入一定时，如果储蓄增多，则现实购买量减少；反之，如果储蓄减少，则现实购买量增加。

居民的储蓄倾向受到利率、物价等因素的影响。人们储蓄的目的也是不同的，有的是养老，有的是为未来的购买行为而积累，当然储蓄的最终目的主要是消费。农业企业应关注居民储蓄的增减，了解居民储蓄的不同动机，制定相应的营销策略，获取更多的商机。

4. 消费者信贷分析

消费者信贷也称信用消费，指消费者凭信用先获得商品的使用权，然后按期归还贷款，完成商品购买。

信用消费允许人们购买超过自己现实购买力的商品，创造了更多的消费需求。随着我国商品经济的日益发达，人们的消费观念大为改变，信用消费方式在我国逐渐流行起来，值得农业企业深入研究。

三、政治法律环境分析

政治法律环境是影响农业企业营销的重要宏观环境因素，包括政治环境和法律环境。政治环境引导农业企业营销活动的方向，法律环境则为农业企业规定经

营活动的行为准则。政治环境与法律环境相互联系，共同对农业企业的市场营销活动产生影响和发挥作用。

（一）政治环境分析

政治环境是指企业市场营销活动的外部政治形势。一个国家的政局稳定与否，会给农业企业营销活动带来重大的影响。农业企业在市场营销中，特别是在对外贸易活动中，一定要考虑东道国政局变动和社会稳定情况可能造成的影响。

政治环境对农业企业营销活动的影响主要表现为国家政府所制定的方针、政策（如人口政策、能源政策、物价政策、财政政策、货币政策等）都会对农业企业营销活动产生影响。在国际贸易中，不同的国家也会制定一些相应的政策来干预外国企业在本国的营销活动，主要措施有进口限制、税收政策、价格管制、外汇管制、国有化政策等。

（二）法律环境分析

法律环境是指国家或地方政府所颁布的各项法规、法令和条例等。它是农业企业营销活动的准则，农业企业只有依法进行各种营销活动，才能受到国家法律的有效保护。近年来，为适应经济体制改革和对外开放的需要，我国陆续制定和颁布了一系列法律法规。农业企业的管理者必须熟知相关法律条文，才能保证农业企业经营的合法性，运用法律武器来保护农业企业与消费者的合法权益。

从事国际营销活动的农业企业不仅要遵守本国的法律制度，还要了解和遵守国外的法律制度，以及相关国际法规、惯例和准则。只有了解、掌握了各国的相关贸易政策，才能制定有效的营销对策，在国际营销中争取主动。

四、社会文化环境分析

社会文化环境是指在一种社会形态下已经形成的价值观念、宗教信仰、风俗习惯、道德规范等的总和。

任何农业企业都处于一定的社会文化环境中，农业企业营销活动必然受到其所处社会文化环境的影响和制约。因此，农业企业应了解和分析社会文化环境，针对不同的社会文化环境制定不同的营销策略，组织不同的营销活动。

（一）教育状况分析

受教育程度的高低影响到消费者对商品要求的差异性。通常，文化教育水平高的国家或地区的消费者要求商品包装典雅、华贵，而且对商品的附加功能也有一定的要求。因此，农业企业开展的市场开发、产品定价和促销等活动都要考虑消费者所受教育程度的高低，从而采取不同的策略。

（二）宗教信仰分析

宗教是构成社会文化的重要因素，宗教对人们的消费需求和购买行为的影响很大。不同的宗教有自己独特的对节日礼仪、商品使用的要求和禁忌。农业企业可以把影响力大的宗教组织作为自己的重要公共关系对象，在营销活动中也要考虑不同的宗教信仰，以避免矛盾和冲突给农业企业营销活动带来的损失。

（三）价值观念分析

价值观念是指人们对社会生活中各种事物的态度和看法。不同文化背景下，人们的价值观念往往有很大的差异，消费者对商品的色彩、标识、式样及促销方式等都有自己褒贬不一的意见和态度。农业企业必须根据消费者不同的价值观念设计产品，提供服务。

（四）消费习俗分析

消费习俗是指人们在长期经济、社会活动中形成的一种消费方式与习惯。研究消费习俗不仅有利于组织好消费用品的生产与销售，而且有利于正确、主动地引导健康的消费。了解目标农业市场消费者的禁忌、习惯、避讳等是农业企业进行市场营销的重要前提。

五、自然环境分析

自然环境是指自然界提供给人类的各种形式的物质资料。随着人类社会的进步和科学技术的发展，世界各国都加速了工业化进程，创造了丰富的物质财富，满足了人们日益增长的需求，但是世界也同时面临着资源短缺、环境污染等问题。世界各国开始关注经济发展对自然环境的影响，成立了许多环境保护组织，促使国家政府加强环境保护的立法。营销管理者应该关注自然环境变化的以下趋势，并从中分析农业企业营销的机会和威胁，制定相应的对策。

（一）自然资源日益短缺

自然资源可分为两类：一类为可再生资源（如森林、农作物等），这类资源是有限的，可以被再次生产出来，但必须防止过度采伐森林和侵占耕地；另一类为不可再生资源（如石油、煤炭、银、锡、铀等），这种资源储藏量有限，随着人类的大量开采，有的资源已处于枯竭的边缘。自然资源短缺使许多农业企业面临原材料价格大幅度上涨、生产成本大幅度上升的威胁，同时迫使农业企业研究更合理地利用资源的方法，开发新的资源和代用品，为农业企业提供新的资源和营销机会。

（二）环境污染日趋严重

工业化、城镇化的发展对自然环境造成了很大的影响，尤其是环境污染问题日趋严重，许多地区的污染已严重影响到人们的身体健康和自然环境的生态平衡。环境污染问题已引起各国政府和公众的密切关注，这对农业企业的发展是一种压力和约束，要求农业企业为治理环境污染付出一定的代价，同时也为农业企业提供了新的营销机会，促使农业企业研究防治污染技术，兴建绿色工程，生产绿色产品，开发环保包装。

（三）政府干预不断加强

自然资源短缺和环境污染加重等问题使各国政府加强了对环境保护的干预，颁布了一系列有关环保的政策、法规，这将制约一些农业企业的营销活动。农业企业必须以大局为重，要对社会负责，对子孙后代负责，加强环保意识，在营销过程中自觉遵守环保法令，担负起环境保护的社会责任。农业企业也要制定有效的营销策略，既要消化环境保护所需的必要成本，也要在营销活动中挖掘潜力，保证营销目标的实现。

六、科技环境分析

科学技术（科技）环境是社会生产力中最活跃的因素，它影响着人类社会的历史进程和社会生活的方方面面，对农业企业营销活动的影响更是显而易见，主要体现在以下方面。

（一）科技发展促进社会经济结构的调整

每种新技术的发现、推广都会给有些企业带来新的市场机会，导致新行业的出现，同时也会给某些行业、企业造成威胁，使这些行业、企业受到冲击甚至被淘汰。

（二）科技发展促使消费者购买行为的改变

随着多媒体和网络技术的发展，电视购物、网上购物等新型购买方式逐渐流行。农业企业可以利用这些平台进行广告宣传、营销调研和商品推销。随着新技术革命的深入，“在家便捷购买、享受服务”的方式还会继续发展。

（三）科技发展影响农业企业营销组合策略的创新

科技发展使新产品不断涌现，产品寿命周期明显缩短，要求农业企业必须关注新产品的开发，加速产品的更新换代；科技发展降低了产品成本，要求农业企业及时做好价格调整工作；科技发展促进了流通方式的现代化，要求农业企业采用顾客自我服务和各种直销方式；科技发展使广告媒体多样化，信息传播快速化，农业市场范围更具广阔性，促销方式更具灵活性，要求农业企业不断分析科技的新发展，创新营销组合策略，适应市场营销的新变化。

（四）科技发展促进农业企业营销管理的现代化

科技发展为农业企业营销管理的现代化提供了必要的装备（如电脑、传真机、电子扫描装置、光纤通信等设备），它们的广泛运用对改善农业企业营销管理从而实现现代化起到了重要的作用。同时，科技发展也对农业企业营销管理人员提出了更高的要求，促使其更新观念，掌握现代化管理理论和方法，不断提高营销管理水平。

第三节　农业企业微观环境分析

微观环境是直接制约和影响农业企业营销活动的力量及因素。农业企业必须对微观环境进行分析，特别是对某一特定农业企业构成影响的那些环境因素进行分析，因为它们能够直接地给农业企业提供更为有用的情报信息。此外，农业企业还应该考虑公共关系等其他因素。在这些因素中，最为关键的是行业内的农业市场分割和企业竞争位置的确定。

一、供应商分析

（一）供应商分析的必要性

供应商是指为农业企业的生产提供特定的原材料、辅助材料、设备、能源、劳务、资金等资源的供货单位。这些资源的变化直接影响农业企业产品的产量、质量及利润，从而影响农业企业营销计划和营销目标的完成。

（二）供应商对农业企业营销的影响

1. 供应的及时性和稳定性

原材料、零部件、能源及机器设备等生产资料的保证供应，是农业企业营销活动顺利进行的前提。农业企业为了确保货源供应的及时性和稳定性，就必须和供应商保持良好的关系，必须及时了解和掌握供应商的情况，分析其状况和变化。

2. 供货的价格变化

供货的价格变动会直接影响农业企业产品的成本。如果供应商提高原材料价格，则必然会使农业企业生产的产品成本上升，农业企业若提高产品价格，则会影响市场销路，若保持价格不变，则会减少农业企业的利润。因此，农业企业必须密切关注和分析供货的价格变动趋势，从而应变自如，早做准备，积极应对。

3. 供货的质量保证

供应商能否供应质量有保证的生产资料直接影响到农业企业产品的质量，进而会影响销售量、利润及农业企业信誉。例如，劣质葡萄难以生产优质葡萄酒，劣质建筑材料难以保证建筑物的百年大计。因此，农业企业必须了解供应商的产品，分析其产品的质量标准，从而保证自己产品的质量，赢得消费者，赢得市场。

二、农业企业内部分析

农业企业开展营销活动应充分考虑农业企业内部的环境力量和因素。农业企业是组织生产和经营的经济单位，是一个系统组织。农业企业内部各职能部门的工作及其协调关系直接影响企业的整个营销活动。

营销部门既与农业企业的其他部门有多方面的合作，也经常与生产、技术、财务等部门发生矛盾。由于各部门的工作重点不同，因此有些矛盾往往难以协调。所以，农业企业在制订营销计划、开展营销活动时，必须协调和处理好各部门之间的矛盾及关系。这就要求农业企业各部门进行有效的沟通，协调、处理好各部门的关系，营造良好的企业内部环境，更好地实现营销目标。

三、营销中介分析

（一）营销中介分析的必要性

营销中介是为企业营销活动提供各种服务的企业或部门的总称。营销中介对企业营销产生直接的、重大的影响，只有通过有关营销中介提供的服务，企业才能把产品顺利地送到目标消费者手中。营销中介的主要功能是帮助企业推广和分销产品。

（二）营销中介分析的主要对象

1. 中间商

中间商是把产品从生产商流向消费者的中间环节或渠道，主要包括批发商和零售商两大类。中间商对农业企业营销具有极其重要的作用，它能帮助农业企业寻找目标顾客，为产品打开销路，为顾客创造地点效用、时间效用和持有效用。农业企业要选择适合自己的合格中间商，与中间商建立良好的合作关系，了解和分析其经营活动，并采取一些激励性措施来推动其业务和活动的开展。

2. 营销服务机构

营销服务机构是在农业企业营销活动中提供专业服务的机构。这些机构对农业企业的营销活动会产生直接的影响，它们的主要任务是协助农业企业确立农业市场定位，进行农业市场推广，提供活动所需的便利条件。一些大型农业企业或公司往往有自己的广告和市场调研部门，但大多数农业企业则以签订合同的方式委托这些专业机构办理相关事务。因此，农业企业需要关注、分析这些机构，选择最能为自己提供有效服务的机构。

3. 物资分销机构

物资分销机构是帮助农业企业进行保管、储存、运输的物流机构，包括仓储公司、运输公司等。物资分销机构的主要任务是协助农业企业将产品实体运往销售目的地，完成产品空间位置的移动。产品实体到达目的地之后，还有一段待售时间，物资分销机构还要协助保管和储存。这些物资分销机构是否安全、便利、经济将直接影响企业的营销效果。因此，在营销活动中，农业企业必须了解和研究物资分销机构的情况及其业务变化动态。

4. 金融机构

金融机构是在农业企业营销活动中进行资金融通的机构。金融机构的主要功能是为农业企业营销活动提供融资及保险服务。在现代化社会中，任何农业企业都要通过金融机构开展经营业务往来，金融机构业务的变化还会影响农业企业的营销活动。因此，农业企业应与金融机构保持良好的关系，以保证融资及信贷业务的稳定和渠道的畅通。

四、顾客分析

（一）顾客分析的必要性

顾客是使用进入消费领域的最终农业产品或劳务的消费者和生产者，也是农业企业营销活动的最终目标农业市场。顾客对农业企业营销的影响程度远远超过前述的环境因素。顾客是市场的主体，任何农业企业的产品和服务只有得到了顾客的认可才能赢得市场。现代营销强调，把满足顾客需要作为农业企业营销管理的核心。

（二）顾客分析的市场类型

1. 消费者市场

它是指为满足个人或家庭消费需求而购买产品或服务的个人和家庭。

2. 生产者市场

它是指为生产其他产品或服务以赚取利润而购买产品或服务的组织。

3. 中间商市场

它是指购买产品或服务以转售，从中盈利的组织。

4. 政府市场

它是指购买产品或服务以提供公共服务，或把这些产品及服务转让给其他需要的人的政府机构。

5. 国际市场

它是指国外购买产品或服务的个人及组织，包括外国消费者、生产商、中间商及政府。

（三）顾客分析的要求

上述五类市场的顾客需求各不相同，要求农业企业以不同的方式提供产品或服务，它们的需求、欲望和偏好直接影响农业企业营销目标的实现。因此，农业企业要注重对顾客进行研究，分析顾客的需求规模、需求结构、需求心理和购买特点，这是农业企业营销活动的起点和前提。

五、社会公众分析

（一）社会公众分析的必要性

社会公众是农业企业营销活动中与营销活动发生关系的各种群体的总称。社会公众对农业企业的态度会对其营销活动产生巨大的影响，它既可以有助于农业企业树立良好的形象，也可能破坏农业企业的形象。因此，农业企业必须处理好与主要社会公众的关系，争取社会公众的支持和偏爱，为自己营造和谐、宽松的社会环境。

（二）社会公众分析的对象

1. 金融公众

金融公众主要包括银行、投资公司、证券公司、股东等。他们对农业企业的融资能力有很大的影响。

2. 媒介公众

媒介公众主要包括报纸、杂志、电台、电视台等传播媒介。他们掌握传媒工具，有着广泛的社会联系，能直接影响社会舆论对农业企业的认识和评价。

3. 政府公众

政府公众主要指与农业企业营销活动有关的各级政府机构。他们所制定的方针、政策对农业企业营销活动的开展或是限制，或是机遇。

4. 社团公众

社团公众主要指与农业企业营销活动有关的非政府机构。农业企业营销活动涉及社会各方面的利益，这些社团公众的意见、建议往往对农业企业营销决策有十分重要的影响作用。

5. 社区公众

社区公众主要指农业企业所在地附近的居民和社区团体。社区是农业企业的邻里，农业企业与社区保持良好的关系，为社区的发展做一定的贡献，会受到社区公众的好评，他们的口碑能帮助农业企业在社会上树立良好的形象。

6. 内部公众

内部公众指农业企业内部的管理人员及一般员工。农业企业的营销活动离不开内部公众的支持，农业企业应该处理好与广大员工的关系，调动他们开展农业市场营销活动的积极性和创造性。

六、竞争者分析

（一）竞争者分析的必要性

竞争是商品经济的必然现象。在商品经济条件下，任何农业企业在目标农业市场进行营销活动时，都会不可避免地会遇到竞争对手的挑战。即使在某个农业市场上只有一个农业企业在提供产品或服务，也很难断定这个农业市场上没有潜在的竞争企业。

农业企业竞争者的状况将直接影响农业企业的营销活动。农业企业在制定营销策略前必须弄清竞争者特别是同行业竞争者的生产经营状况，做到知己知彼，从而有效地开展营销活动。

（二）竞争者分析的内容

一般来说，农业企业在营销活动中需要了解、分析竞争者的以下情况。

① 竞争者的数量有多少。

② 竞争者的规模大小和能力强弱。

③ 竞争者对竞争产品的依赖程度。

④ 竞争者所采取的营销策略及其对其他企业策略的反应程度。

⑤ 竞争者能够获得优势的特殊材料来源及供应渠道。

第四节　农业企业市场机会与经营风险分析

与自然界生存竞争的规律极其相似，农业企业的生存和发展也与其适应环境、捕捉机会的能力息息相关。农业经营（市场）机会虽然常常伴随着经营风险，但一旦被捕捉在手，便会给农业企业带来丰厚的收益。对于农业企业来说，市场机会与风险分析是农业企业经营环境分析的重要内容。

一、市场机会

（一）含义

市场机会就是农业市场上存在的尚未被满足或尚未被完全满足的显性或隐性的需求。农业市场机会存在于社会生活的各个方面，是多种多样的。

为了做好农业市场机会的发现和分析工作，有效地抓住和利用某些有利的市场机会，农业企业的市场营销人员需要了解农业市场机会的类型和特性。

（二）类型

1. 表面的市场机会与潜在的市场机会

在市场上，明显地没有被满足的现实需求就是表面的市场机会；现有的产品种类未能满足的或尚未安全被人们意识到的隐而未见的需求就是潜在的市场机会。表面的农业市场机会易于被人们发现和识别，而且利用这种机会的农业企业较多，因而难以获得机会效益。潜在的农业市场机会虽然不易于被人们发现和识别，但同时抓住和利用这种机会的农业企业较少，因此机会效益比较高。农业企业应注意发现和利用潜在的市场机会。

2. 目前市场机会与未来市场机会

在目前的环境变化中，市场上出现的未被满足的需求称为目前市场机会。在目前的农业市场上仅表现为一部分人的消费意向或少数人的需求，但随着环境的变化和时间的推移，在未来的市场上将发展为大多数人的消费意向和大量的需求，这种需求称为未来市场机会。重视未来农业市场机会并不意味着可以轻视目前农业市场机会，否则农业企业将失去经营的现实基础，而对未来农业市场机会缺乏预见性和迎接的准备，对农业企业今后的发展也很不利。因此，农业企业应将这两种市场机会的寻找和分析工作结合起来进行。

3. 环境机会与企业机会

随着环境的变化而客观形成的各种未被满足的需求，就是环境机会；环境机会中那些符合农业企业战略计划的要求，有利于发挥农业企业优势的可以利用的农业市场机会才是企业机会。农业企业的市场营销管理部门应通过分析和评价环境机会选择出合适的企业机会，并采取有效的对策加以利用。

4. 全面市场机会与局部市场机会

在大范围市场上出现的未被满足的需要为全面市场机会；在小范围市场上出现的未被满足的需要为局部市场机会。前者意味着整个农业市场环境变化的一种普遍趋势；后者则意味着局部农业市场环境的变化有别于其他市场部分的特殊发展趋势。区分这两种市场机会，对于农业企业具体地测定市场规模，了解需求特点，从而有针对性地开展市场营销活动来说是必要的。

5. 行业性市场机会与边缘性市场机会

在企业所处的行业或经营领域中出现的市场机会称为行业性市场机会；在不同行业的交叉或结合部分出现的市场机会称为边缘性市场机会。由于自身生产经营条件的限制，农业企业一船都较为重视行业性市场机会并将其作为寻找和利用的重点，但农业行业内部企业之间的竞争往往会使机会效益减弱甚至丧失，而农业企业利用农业行业外出现的农业市场机会，通常又会遇到一定的困难或较大的阻碍。因为边缘性市场机会可以发挥企业的部分优势，而且较为隐蔽，难以被大多数农业企业重视和发现，所以利用这种机会的农业企业易于获得机会效益。寻找和识别边缘性市场机会的难度较大，需要农业企业的营销人员具有丰富的想象力和较强的开拓精神。

6. 大类产品市场机会与项目产品市场机会

市场上对某一大类产品未被满足的需求为大类产品市场机会；市场上对某一大类产品中某些具体品种的未被满足的需求为项目产品市场机会。大类产品市场机会体现市场上对某一大类产品市场需求发展的一般趋势，而项目产品市场机会则表明社会上对某一大类产品市场需求的具体指向。

（三）农业企业应如何面对市场机会

农业企业寻找和发现农业市场机会的根本措施是建立完善的农业市场营销信息系统，开展经常性的调查研究工作。

1. 农业企业寻找和发现农业市场机会的具体方法

第一，农业企业的市场营销人员可以通过阅读报刊资料、进行市场现场观察、召开各种类型的调查会议、征集有关方面的意见及建议、分析竞争者的产品等形式寻找和发现农业市场机会。

第二，农业企业的市场营销人员也可以以农业产品或业务的战略规划中所使用的分析评价方法为工具，或以发展新业务的战略方法为思路，结合实际寻找和发现农业产品或业务增长与发展的机会。

第三，农业企业的市场营销人员还可以利用农业市场细分的方法寻找和发现未被满足的需要与有利的农业市场机会。

农业企业往往可以寻找到许多农业市场机会，但并非每种市场机会都能够成为农业企业可以利用的有利可图的机会，因此必须在对发现的农业市场机会进行认真分析与评价的基础上决定取舍。这项工作可以使一个农业企业走向繁荣，否则便会使农业企业错失良机，甚至导致农业企业营销的失败。

2. 农业企业在分析、评价与选择农业市场机会的过程中应重点考虑的问题

（1）分析和评价其是否与农业企业的任务、目标及发展战略相一致

如果某一市场机会的潜在吸引力很大便可以考虑利用，不过这会涉及农业企业战略计划及有关方面的适当调整等问题。

（2）分析和评价差别利益

某种市场机会能否成为一个农业企业的企业机会，还要看农业企业是否具备利用这一机会、经营这项事业的条件，以及是否在利用这一机会、经营这项事业上比潜在的竞争者具有更大的优势，从而可获得较大的差别利益。

（3）分析和评价销售潜力

农业企业的市场营销人员还要对拟加以利用的农业市场机会进行销售潜力方面的分析和评价。首先，要深入了解谁购买这种产品，他们愿意花多少钱购买，他们买多少，顾客分布在什么地方，需要什么样的分销渠道，有哪些竞争者，等等；其次，要分析每种市场机会的农业市场规模、市场容量及销售增长率；最后，

要对本农业企业产品可能的销售量、市场占有率等做出预测。

（4）进行财务可行性分析

对于经过上述分析、评价的市场机会，农业企业的营销、生产、财务等部门还要对其进行财务可行性分析。

总之，农业企业寻找、发现、分析和评价市场机会，就是通过开展调查研究、收集信息、分析、预测等工作，结合自身条件从环境机会中选择能够与本农业企业的战略计划相衔接并能有效地促使其实现的农业企业机会。

（四）市场机会分析

1. 显在性市场机会分析

显在性市场机会是常常可以凭即时环境感受到的一种显而易见的机会。一般地说，显在性市场机会常与某一时期的特定环境的变动相联系。某类市场机会相对于众多的追求者来说总是有限的，它只属于那些审时度势、善于随机应变、不失时机把握机会的人。判断显在性市场机会并不难，难的是能提前估算出孕育这种机会的环境何时形成，以及持续的时间、影响面和作用强度等。成功的环境调查和预测等于捕获了一半的机会。

2. 潜在性市场机会分析

潜在性市场机会是人们不易直接凭借即时的环境来判断的一种不明显的、隐含的机会。潜在性市场机会随其所依赖的环境变化呈现双向运动状态：有些会因对其有促进性作用的环境的发展、成熟、稳定而由暗转明，成为显在性市场机会；有些则因对其有抑制性作用的环境的发展、成熟、稳定而由暗转亡，萎缩消失。农业企业要想捷足先登，摘取潜在性市场机会的果实，必须去认识、把握环境运动的时空性及其他因素的变化状况，了解许多综合因素对农业企业实现经营目标的各种机会造成的影响，发掘机会，变潜在性市场机会为对己有利的显在性市场机会。

二、经营风险

（一）含义

经营风险又称营业风险，是指在农业企业的生产经营过程中，供、产、销各个环节不确定性因素的影响所导致的企业资金运动的迟滞，以及农业企业价值的变动。经营风险时刻影响着农业企业的经营活动和财务活动，农业企业必须防患于未然，对农业企业经营风险进行较为准确的计算和衡量，这是农业企业财务管理的一项重要工作。

（二）形成的原因

经营风险是农业产品流通中普遍存在的经济现象，是由农业企业在再生产中的地位与社会经济活动的复杂性及不确定性因素的增多而引起的。

1. 由农业企业所处的中介地位引起的风险

农业企业处于生产与消费的中介地位，促使农业产品交换是其基本职能。农业企业的中介地位决定了农业企业活动不只受自身内部因素的影响而存在经营风险，还受多方面因素的影响和制约而存在经营风险。

2. 由经营环境的变化引起的风险

农业企业经营都是在相关的环境下进行的。引起农业企业风险的经营环境主要是宏观外部环境。不可控的变数一旦发生某些变化，如果农业企业经营者能够及时适应这些变化的环境，往往就可以将市场机会变成自己的获利机会；否则，就可能造成巨大的损失。

3. 由商品的损失、丢失和意外事故引起的风险

在农业产品流通过程中，难免会出现被运输或保管的农业产品、店铺及其他设施受损伤或丢失等情况。另外，因水灾、风灾、火灾、地震等自然灾害与运输中的事故、高温、潮湿等引起的商品损害或变质不胜枚举，也是农业企业的一大风险。

4. 由金融市场汇率的波动引起的风险

由于当前世界的汇率实行的是浮动汇率制，加之其他原因，因此金融市场汇率的波动不但频繁，而且有时幅度还很大，这就使得交易结算过程中的货币有可能出现升值与贬值的现象，从而使农业企业主体意外获利或蒙受损失。

5. 其他因素引起的风险

农业企业主体间的不正当竞争、信用破裂与违约行为、农业企业秘密被侵犯、价格异常波动等因素引起的农业企业风险比比皆是。

（三）分类

1. 纯粹风险与投机风险

这两种风险的区别是风险所致的结果不同。纯粹风险所致的结果只有遭损和无损两种，如农业企业经营中的运输风险、财产风险、职工安全风险等。投机风险所致的结果有盈利、保本和亏损三种，如证券投资风险、外汇交易风险、营销风险等。

2. 静态风险与动态风险

这两种风险的区别是风险形成的原因不同。静态风险是由自然力量或人们的错误行为造成的；动态风险是由经济或社会结构的变动所致。前者如地震、海难事件等；后者如汇率变动、税制改革、能源危机等。

（四）经营风险分析

机会与冒险总是相互联系、相互依存的。冒险的冲动在于机会中的巨大利益，而实现机会的可能在于冒险行为的成功。构成经营风险（以下简称风险）的因素既有内部因素又有客观因素。

1. 客观条件变化的不确定性

农业企业的经营风险存在于农业企业生产经营活动过程之中，农业企业的经营活动是为其实现经营目标而产生的行为。进行决策所依据的条件是现实、客观存在的，而决策要实现的目标则是未来要达到的结果。制约农业企业经营活动的各种客观条件处于不断的变化之中。客观条件的不断变化使决策带有不确定性，这种不确定性主要是指决策所依据的客观条件的不确定性。

（1）可能影响决策后果的自然状态的不确定性

决策是以客观条件为依据的，客观条件的变化对决策的后果也必然会产生影响。对于未来客观条件将会发生怎样的变化，虽然事先可以做出大体的估计，但会呈现多种自然状态。

（2）决策的未来结果的不确定性

由于客观条件的变化会呈现多种自然状态，因此决策的结果就不可能是一个，而是一组可能的结果。

（3）决策的预期结果变化方向的不确定性

由于存在多种自然状态和一组可能的结果，因此决策者对这些可能的结果出现的概率虽然可以大体上测算出来，但对于最终会出现哪种结果，决策者却不能做出肯定的判断。客观条件的变化与决策目标的实现如果发生同方向的运动，就会对农业企业的生产经营活动产生有利的影响，从而就会推动决策目标的实现；反之，未来实际出现的结果就会与要实现的目标发生偏离，风险就可能发生。

2. 预见的局限性

在不确定性因素存在的条件下，是否会发生风险取决于人们对客观事物发展变化的认识和预见的能力。分析风险的形成，不仅要分析客观条件的变化，还要把人的主观因素引入对风险的分析，才能全面了解风险形成的原因。

风险是通过比较未来实际出现的结果与决策规定的目标而被预见的。人们却不能完全做到这一点，其原因就在于人们对客观事物发展变化的预见有很大的局限性，使未来实际出现的结果与人们的主观判断存在差异。

预见是指人们基于对客观规律的认识而对事物未来发展变化的趋势做出的主观判断。对事物未来发展变化的预见，只能指出事物发展变化的大体趋势和基本方向，却不能对这个发展趋势在其变化过程中出现的一切情况做出准确的判断。

预见是以对客观规律的认识为前提的，预见的能力取决于人们对客观规律的认识程度。人们对客观规律不可能一下子认识得十分清楚，总会带有一定的片面性，这就决定了人们对未来的预见也必然会存在一定的局限性，不可能对未来的一切变化都能预见到而且预见得十分准确。

客观世界是一个庞大的、复杂的系统，同时又在不断地发生着变化，而人们本身都是局限在一定的范围内从事活动的，观察问题的范围和掌握的信息量也是有限的，很难从总体上完全把握客观世界的变化规律。

3. 控制能力的有限性

风险作为一种可能性而存在，如果人们对客观存在的风险完全能做到有效控制，那么风险就不会转化为现实。不可控性风险是由人们无法抗拒的因素造成的，或者是企业本身不能左右的。对于可控性风险，虽然人们可以进行控制，但控制风险要采取一定的技术经济手段，这就需要具备一定的物质技术条件。条件充分，控制风险的能力相对就强一些；条件较差，控制风险的能力相对就弱一些。由于人们的风险控制能力具有有限性，因而不能完全排除风险。

三、农业企业风险规避方法

（一）明责与完善

农业企业治理的实质就是基于一种受托责任的法律合同关系，并以此来规范各利益相关者的权利和义务，并让他们充分发挥各自的功能。有效的农业企业治理是防范农业企业经营风险，增加公司价值的组织保障。因此，控制企业经营风险不但要有完整的公司治理架构，更重要的是要有基于受托责任下的公司治理各责任主体的法律责任的有效履行。

（二）内部控制

内部控制是为实现经营效率及效果、财务报告的可信性及相关法律的遵循等组织目标而提供合理保障的过程。其实施者为农业企业董事会、经理层和其他员工。内部控制制度是农业企业为有效实现其目标而设计的内部制度安排，它是为整个农业企业而设计的系统，农业企业中不应该有任何人能脱离该系统的控制而自由运作。内部控制制度的根本就是授权和监督。农业企业的所有人的权限都是在这个系统中被授予的，并要得到有效监督。

（三）风险管理

为防范农业企业经营风险，农业企业必须建立一套有效的农业企业风险防范制度。农业企业治理和农业企业内部控制制度是从农业企业组织架构上控制因内部管理失误造成的农业企业经营风险。而在农业企业经营过程中，还可能遇到各种具体的风险（如农业企业的市场风险、信用风险、资金流动风险、作业风险、法律风险、会计风险、信息风险、策略风险等），因此还必须建立相应的具体风险防范制度进行防范。

（四）经营风险审计与评估

以农业企业经营风险为导向的审计称为经营风险审计，它通过专门的审计方法对农业企业存在的风险进行评估。区别于传统的财务审计，经营风险审计关注的重点不仅是农业企业财务错报，还通过对农业企业的公司治理、内部控制制度、企业经营策略、农业企业法律环境等方面进行测试评估农业企业的经营风险。

四、农业企业应对经营风险的策略

农业企业应对经营风险需要从农业企业战略和农业企业制度两方面着手。在威胁农业企业生存发展的危机或风险因素中，有些是可以利用保险回避的；与事业发展相关的大部分风险则无法利用保险回避，它们常伴随于事业经营。因无法预见竞争对手可能采取的竞争战略而带来的风险属于前者；因经营环境变化而导致的农业企业处于不利地位则属于后者。

1. 降低风险的方法

农业企业主要通过利用现有的经验、知识和各种经营条件，采取相应的战略和措施来减小不确定性，增强自身把握环境的能力。为应对主要来自竞争的风险，农业企业需要具备与竞争有关的知识和经验，掌握相关对手的情况，熟悉竞争规律和相关法律知识，以便及时做出反应。农业企业可以针对竞争对手的战略和可能出现的情况采取相应的对策。要应对经营环境变化带来的风险，主要是要能预见性地把握本行业的发展、变化趋势，了解本农业企业所服务的目标市场上需求变化的规律，及时捕捉相关环境变化的情报信息，从而及时调整农业企业的经营结构。

2. 转移风险的方法

对于涉及有关企业输入一方（人、财、物市场方面）的风险，可以采取转移或分担的方式解决，这是有别于上述方法的一种新方法。

除竞争、经营环境、农业企业制度外，具体的风险管理业务也是风险管理的一个重要组成部分。风险管理是对风险的识别、预警、适应和处置。风险管理的目的是避免风险或使损失减至最小。

第五节 农业企业与环境的关系

一、农业企业对环境的控制

虽然不少农业企业对于改变环境都显得无能为力，但不能认为农业企业只能被动地适应环境。某些农业企业特别是大型的有实力的农业企业能够通过各种方式对环境因素施加影响，以达到部分地控制环境。

（一）对供应商的控制

对供应商，农业企业应避免供应来源单一化，联系多家供应商可以避免停工待料的危险，而且能够促成供应商的相互竞争，为自己争取主动地位和有利条件。如果只有一家供应商，也可通过与之签订长期合同，或采取对供应商投资等办法增强对它的控制。在资金来源方面，农业企业也应注意筹资渠道、筹资方式的多样化以分散风险，搞活资金。

（二）对竞争对手的控制

对竞争对手，农业企业首先可采取价格竞争。农业企业新产品开发成功后，也可采用“渗透战略”，一开始就利用规模优势低价销售，限制其他竞争对手进入，等获取高市场占有率后再逐步提价。其次，农业企业也可以通过非价格竞争（如发布广告、促销、提供优质服务等）树立品牌形象，这是当前任何一家农业企业都不可忽视的重要手段，也是日趋激烈的竞争的发展方向。

（三）对顾客的控制

对顾客，一是要提高产品质量并做好售后服务工作；二是要不断通过市场调查及时了解顾客的需求变化及对产品的反应，开发新产品满足市场需要；三是要使产品用途多样化，为自己的产品开辟新用途；四是要通过各种途径（如广告促销等）巩固顾客的品牌忠诚度，并努力开发新市场。

（四）对政府有关部门及社会组织的影响

对有关政府部门，往往可聘请有影响力的专家或退职的前任官员作公司顾问或咨询专家，发挥他们对政府部门的沟通作用或政策咨询作用。对社会组织，要加强同新闻媒体、消费者协会等和自身密切相关的社会组织的联系，做好公关工作。

总之，农业企业对环境并非无能为力，管理者可通过上述对策改善环境，减少环境制约。然而，除规模庞大、实力雄厚的知名企业外，大多数农业企业的管理者在中短期内仍应将环境视为固定不变的制约因素，通过进行农业企业内部调整来适应外部环境。

二、农业企业对环境的适应

鉴于外部环境对农业企业的生产经营具有重大的影响和制约作用，农业企业的生存与发展就必须适应和服从外部环境。农业企业应该根据外部环境的不确定程度，不断调整农业企业内部的组织结构，使之与环境相协调，具体可采取以下策略。

（一）加强计划和预测

农业企业对不确定性的最终反应是加强计划和对环境的预测：当环境稳定时，农业企业能够集中于当前的经营问题并具有持续的效率性，随着环境不确定性的增加，计划和预测变得非常必要。计划能够减少外部环境变化的负面影响。农业企业通常会建立一个独立的计划部门，该部门的人员负责审视环境因素并分析其他农业企业的潜在行动和反向行动。计划是广泛的且能预测不同环境的偶发事件，随时间的推移，计划不断更新。当环境不确定性增加时，计划的积极作用可能会很小，因为未来很难预测。

（二）调整职位和部门

当外部环境的复杂性增加时，农业企业中的职位和部门也会增加，这样反过来又增加了内部环境的复杂性。

（三）建立缓冲

缓冲的作用是从环境中吸收不确定性。它围绕农业企业核心部门，在环境与农业企业之间交换原材料及其他资源，从而帮助农业企业核心部门有效地发挥作用。近年来，一些农业企业正试图降低缓冲，因为它们相信，与顾客和供应商的良好关系比内部的效率更重要。

（四）提高企业组织的有机化程度

当外部环境稳定时，企业内部组织的规章、程序具有明确的权力层级特点，企业被规范化，也被集权化，大多数决策由高层管理者做出，这种组织被称为机械性组织。

在迅速变化的环境中，农业企业内部组织是相当松散、自由流动和具有适应性的，权力层级是不明确的，决策权力分散化，这种组织被称为有机性组织。随着环境不确定性的增加，农业企业组织趋于更具有机性，即意味着向较低层次分散权力和责任，这样，农业企业组织更具流动性，并能适应外部环境的连续变化。

小　结

农业企业经营环境包括外部环境和内部环境。外部环境直接或间接地影响农业企业的发展。农业企业的内部环境决定了农业企业的竞争能力和应变能力。农业企业环境是指存在于农业企业组织界限之外，并可能对农业企业行为和农业企业经营管理活动产生直接或间接影响的所有因素的总和。然而，环境具有不确定性，随着农业企业环境不确定性程度的加大，农业企业经营的难度也会增加。农业企业环境的不确定性来自环境因素的变动性和复杂性。

农业企业的宏观环境或一般环境是指对某一特定社会中所有农业企业或其他组织都发生影响的环境因素，它的影响是泛指的，不是针对某一农业企业的。

农业企业微观环境分析是指对农业企业外部所处的直接经济环境的分析，特别是对某一特定农业企业构成影响的那些环境因素进行分析。

思考题

1. 农业企业在经营过程中有哪些不可规避的风险？
2. 在面临重重风险的今天，农业企业应如何应对？
3. 农业企业的外部环境对企业的影响体现在哪些方面？
4. 针对农业企业内部，应该如何改变才能提升企业的整体实力？

案例分析

乳业内部控制与风险管理

乳业是一条包括奶牛饲养及原料奶生产、加工和销售在内的完整的产业链条。人们通常习惯把奶牛饲养及原料奶生产称为奶业，把原料奶销售称为中间环节，把原料奶加工称为乳品加工业。

中国作为拥有超过 14 亿人口的大国，人均乳制品消费量对标美国、日本等国家，尚有很大增长空间。另外，随着学生饮用奶计划在全国的实施，我国奶制品的消费空间将非常巨大，如果我国近 3 亿学生中有 20% 的学生每天喝奶，那么这个消费量是不可想象的。对于农村消费市场也不可轻视。统计资料显示，近几年，我国奶粉消费量有所增长，以前出现的奶粉积压现象基本缓解，主要原因是农村的消费量增大。这也充分说明，今后较长一段时期内，我国对牛奶的需求量将持续增长，其市场前景十分广阔。

本地奶全线上涨　学生奶也扛不住了

2013 年，广州市农村义务教育学生营养改善计划率先在从化区试点，从化区 40 所乡村中小学 22 067 名学生可在课间吃上免费的牛奶和糕点。以每生每天 3 元补助标准计算，广州市两级财政投入了 1 600 多万，以改善农村学生的营养。广州市物价局已发布通知称，取消学生奶政府指导价管理，由相关生产企业自行制定销售价格。据悉，部分生产企业已经涨价。1.7 元 / 支的平价学生奶已成为历史。

乳品加工现状

据统计，2001 年，全国有乳制品加工企业 434 个（国有及年销售收入 500 万元以上非国有企业统计数），其中国有企业 162 个，集体企业 44 个，外资投资企业 51 个，乳制品产量 74.3 万吨。在产品结构上，全脂奶粉已经不再是主产品。2006 年，全国乳制品产量为 2 800 万吨，奶粉还占有较大比例。奶粉中，全脂奶粉占 23.5%，加糖奶粉占 22.3%，婴儿配方奶粉占 28%，其他奶粉占 26.2%。2006 年，液态奶产量为 1 400 多万吨，在产品结构上，液态奶生产以消毒奶为主，约占 43%，灭菌奶占 35.4%，酸奶约占 14.3%，其他奶占 7.3%。最近几年，中国乳制品消费快速增长，北京、上海、广州等大城市液态奶的消费增长率达20% ~ 30%。

中国乳业与世界乳业的差距

①奶牛品种质量不高，原料奶生产水平低。

②生产方式和饲养管理水平低。

③科技水平落后。

④乳品加工企业规模小，技术水平相对落后，产业化程度有待提高。

⑤中国乳制品的产品结构单一。

⑥乳制品消费观念与国外存在明显的差距。

⑦政府扶持力度不够，相关法律法规和标准化体系有待进一步完善。

近年来国内外乳业的问题事件

“大头娃娃”事件

农村消费市场上，婴儿奶粉良莠杂陈，代替外出打工的儿女照顾婴儿的农村老人难辨真假。在千万农村“留守家庭”中，吃不到母乳的婴儿们的生命安全曾被劣质奶粉的阴影笼罩。

从2003年开始，安徽阜阳100多名婴儿陆续患上一种怪病，脸大如盘，四肢短小，当地人称之为“大头娃娃”。2004年3月下旬，有关媒体的报道使安徽阜阳“空壳奶粉”害人事件引起社会关注。2004年4月19日，时任国务院总理温家宝做出批示，要求国家食品药品监督管理总局对这一事件进行调查，很快由我国国家食品药品监督管理总局、国家质量监督检验检疫总局、国家工商行政管理总局、卫生部（现卫生和计划生育委员会）组成的专项调查组奔赴阜阳。

对阜阳当地2003年3月1日以后出生、以奶粉喂养为主的婴儿进行的营养状况普查和免费体检显示，因食用“空壳奶粉”造成营养不良的婴儿有229人，其中轻中度营养不良的有189人，因食用“空壳奶粉”造成营养不良而死亡的婴儿有12人。

安徽阜阳“空壳奶粉”残害婴幼儿事件震惊全国。随后，重庆、江苏、甘肃、浙江、四川等地相继发现“空壳奶粉”。据记者了解，当时因“空壳奶粉”受害的儿童远不止此。

专项调查组通过卫生学调查证实，不法分子用淀粉、蔗糖等价格低廉的食品原料全部或部分替代乳粉，再用奶香精等添加剂进行调香、调味制造出劣质奶粉——婴儿生长发育所必需的蛋白质、脂肪、维生素和矿物质含量远低于国家相关标准，但没有发现铅、砷等有毒有害物质超标，也没有检出激素成分，基本排除受害婴儿受到毒性物质侵害的可能。

长期食用这种劣质奶粉会导致婴幼儿营养不良，生长停滞，免疫力下降，进而并发多种疾病甚至死亡。因为脂肪、蛋白质、碳水化合物等基本营养物质不及国家标准的三分之一，所以充斥安徽阜阳农村市场的劣质奶粉被人们称为“空壳奶粉”。由于“空壳奶粉”蛋白质含量严重不足，根本不能满足婴儿的生长需要，因此长期食用会导致婴儿患上“重度营养不良综合征”，使其在本应生长最快的时期停止生长，四肢短小，身体瘦弱，脑袋尤显偏大，被当地人称为“大头娃娃”，严重的甚至越长越轻、越小，直至心、肝、肾等器官功能衰竭而死亡。

在这次劣质奶粉事件中，立案查处涉嫌销售劣质奶粉案件 36 起，捣毁劣质奶粉制造及分装窝点 4 个，刑事拘留 42 人，留置审查 59 人，依法传讯 87 人，以徇私舞弊不移交刑事案件罪，分别判处被告人（阜阳市工商局颍泉分局周棚工商所原副所长白启祥与李亭君）有期徒刑两年零六个月和两年。

民间反响

事件进一步升级后，在中国奶制品行业网络抽样分析中，民众的信心指数降至最低点。不少大陆民众人心惶惶，许多人不敢吃大陆品牌奶制品，外国奶粉的销量开始上升，甚至以“小三通”方式到金门或马祖购买中国台湾奶制品，或者到中国香港购买奶粉。大陆不少母亲开始尝试改以母乳而非奶粉喂婴儿。奶妈业亦开始蹿红，奶妈薪水直线上升，不少人因奶妈薪水高而应征奶妈，亦有部分人担心别人家的小孩没奶喝而自愿当奶妈。重庆市一位 75 岁的市民将代言三鹿牌奶粉的两名艺人告上法庭。该市民称：“传递错误信息，代言人应对此负责。”2008 年 9 月 20 日，星巴克和肯德基宣布即日起停止供应蒙牛牛奶。肯德基称，待与蒙牛确认所有产品符合食品安全标准后，才会恢复销售。

另外，该事件亦殃及了三鹿牌奶粉原产地河北省一带的奶农，他们的生意明显大不如前，由于生产的牛奶卖不出去，许多奶农只好忍痛倒掉。亦有部分奶农表示，他们的产品没有问题，问题出在收购牛奶的公司。为保护奶农的权益，我国农业农村部要求各级农业部门督促乳品企业切实履行收购生乳协议，减少奶农的经济损失。

我国官方媒体新华社引述清华大学法学院教授张卫平的说法，认为“三鹿奶粉事件说明中国某些地方政府和企业并没有真正分开，政府职能亟待彻底转变”。他认为，政府既然要对企业进行监管，就必须和企业保持一定的距离，而不是与企业保持着千丝万缕的联系。

“毒奶粉”事件爆发的同时，网络流传有“中央国家机关特供”食品授牌仪式的配图报道，引发民间对“特供”的热议。中国新闻网记者就此民间传闻采访了国务院机关老干部活动中心负责人，该负责人称网上相关信息纯属谣传。

政府态度

2008 年 9 月 17 日，我国国家质量监督检验检疫总局宣布取消食品业的国家免检制度，所有已生产的产品和印制在包装上已使用的国家免检标志不再有效，并于几天后宣布撤销蒙牛、伊利和光明液态奶产品的“中国名牌”产品称号。我国商务部也发出通知，要求各地商务主管部门严格排查生产、出口奶制品、食品、药品、玩具、家具等的企业，杜绝存在质量安全隐患的产品出口；对责任确属中国企业的质量安全事件，要敦促企业承担出口产品质量第一责任，立即回收问题产品。

时任国务院总理温家宝于 2008 年 9 月 21 日到北京一家儿童医院探望喝“毒奶粉”而患肾结石的儿童，又到超级市场巡视。温家宝说，内地发生毒奶粉事件后，他心里感到非常不安及内疚，对不起大家。他批评部分企业没良心，欠缺社会道德，事件暴露出奶源收购检查、企业产品质量检查存在问题，要认真总结、反省，保证将来任何食物不再发生问题，令百姓吃得放心。2008 年 9 月 23 日，温家宝在出席联合国千年发展目标高级别会议和第 63 届联大一般性辩论前在午宴上说:“毒奶粉事件给消费者特别是婴幼儿的身体健康带来了极大危害，也造成了严重的社会影响。作为中国政府负责人，我感到十分痛心。”他承诺将从根本上改善中国产品质量和食品安全。

河北省工商局于 2008 年 9 月底制定、下发了《三鹿牌婴幼儿配方奶粉销毁办法》，决定由工商、环保、公安、监察等部门负责，采取集中销毁与就近销毁相结合的方式，在 2008 年 10 月 4 日前把共计 450 余吨的问题奶粉全部销毁，以防止其回流社会。

相关产品

2008 年 9 月 19 日，伊利、蒙牛及光明三品牌的液态奶被我国质量监督检验检疫总局公布含有三聚氰胺。当局抽检蒙牛的 121 批次产品中，有 11 批次被检出三聚氰胺，检出值为每千克 0.8 ~ 7 毫克；抽检伊利的 81 批次产品中，有 7 批次检出三聚氰胺，检出值为每千克 0.7 ~ 8.4 毫克；抽检光明 93 批次产品中，有 6 批次检出三聚氰胺，检出值为每千克 0.6 ~ 8.6 毫克；在三元和雀巢的产品中并未发现三聚氰胺。

随后，新加坡与中国香港发现中国产制伊利雪条和大白兔奶糖含有三聚氰胺。中国台湾则是在大陆进口的奶精中发现三聚氰胺，此事导致中国台湾使用大陆奶精的产品（包括即溶咖啡、麦片等）大规模下架。这是全球第一次发现植物性蛋白类产品掺有三聚氰胺的案例。中国香港也疑似在雀巢公司的炼乳中发现三聚氰胺。

《重庆商报》2008 年 9 月 28 日报道称，在吉百利和金帝的巧克力与糖果中也发现了微量的三聚氰胺，但该消息未得到国家检测机构和相关企业的证实。吉百利的生产厂商当时宣布，作为预防措施，公司会将北京工厂生产的巧克力和怡口莲产品从市场上撤回并回收产品。其后，英国吉百利史威士股份有限公司证实，他们在初步检测中，在其北京厂房生产的巧克力里面发现了三聚氰胺。

讨论：

1. 通过本案例你对风险有哪些认识？

2. 针对各个行业的风险，农业企业的管理者应做到什么？

第四章　农业企业经营战略与经营决策

小故事

老总挨批

两年前，一位记者朋友去一家乡镇企业采访，那位在当地小有名气的企业家、该企业的董事长正坐在办公室里生闷气。原来，上午开董事会时，他再一次提出了果汁生产项目，结果又被否决了。

聊起企业的管理问题，他连连抱怨："现在的企业越来越难管了。"他说："企业刚创立的时候，虽然规模小，员工文化素质也不高，但是干什么事都比较顺心，我如果指东边，没有人往西。现在可好了，企业规模上去了，效益也不知道翻了几倍了，又招进了大批的高学历人才，按道理来说，工作上应该越来越得心应手了啊，可是实际上呢，我的话现在越发不灵光了，常常有人跟我唱反调。就说生产果汁这个事吧，你知道，一瓶汇源果汁或如梦果汁，饭店卖十几、二十元。咱们这个地方有的是果子，这要是上了果汁生产线，你想想那利润！可几个副老总愣是不同意，说果汁眼下走俏，但从长远来看却……"

两年后，这位董事长在北京参加全国劳模表彰会，又与记者朋友见面了。闲聊时，记者朋友问他那个果汁生产项目后来是否上了，他长吁一口气，说："幸亏当初没上，如果上了的话，现在可就背包袱了。邻县上了一家，老本都搭进去了。"他感慨地说："看来企业里有人说'不'，并不见得是坏事。"

知识要点

了解农业企业经营战略及决策的含义；掌握农业企业经营战略的特征；了解农业企业经营战略的作用；学会识别不同经营决策的方法，掌握其优缺点及适用的情况；学会综合运用各种战略及决策在农业企业中进行具体实践。

第一节　农业企业经营战略概述

农业企业经营战略是农业企业为了实现自己的经营目标，为了实现长期发展而做出的全局性的经营管理计划。它对于企业的长远利益有着至关重要的作用，甚至对于企业的成败起到决定性的作用。制定经营战略是企业最高管理层的重要职责。

一、农业企业经营战略的含义和特征

（一）农业企业经营战略的含义

农业企业经营战略是农业企业面对严峻的挑战和激烈变化的环境，为了谋求长期、稳定的生存和发展而进行的总体性谋划。作为农业企业战略思想的集中体现，它是对农业企业经营范围的科学规定，也是农业企业制定规划的基础。具体而言，制定农业企业经营战略是指以符合和保证实现农业企业的使命为前提条件，充分利用环境中存在的各种机会，同时在自主创造机会的基础上确定农业企业与环境的关系，规定农业企业从事的事业范围、成长方向和竞争对策，合理地调整企业结构和分配企业的全部资源。

对于农业企业的经营战略的定义，可从广义和狭义两方面来理解。从广义上看，农业企业经营战略是指运用战略对整个农业企业进行管理，在经营战略的指导下展开经营活动，实现战略目标；从狭义上看，农业企业经营战略是指对企业经营战略的制定、实施和控制过程进行管理。

综上所述，农业企业经营战略是指在竞争环境中，农业企业为达到长期生存和发展的目标而选择相应的途径，并依据它对农业企业的重要资源进行优化组合，以对目前与将来的经营活动进行总体的谋划并制定相应的对策。

（二）农业企业经营战略的特征

1. 全局性

农业企业的经营战略是以农业企业的全局为工作对象，在了解了农业企业总体发展需要的情况下，有针对性地制定的。它的规定范围包括农业企业的总体行动，其所追求的目标是优化农业企业总体经营效果。虽然它必然包括农业企业的局部活动，但是这些局部活动是作为总体行动的组成部分在战略中出现的。这样也就使经营战略具有综合性和系统性。

2. 长远性

农业企业的经营战略既反映了农业企业谋求长远发展的要求，也通盘筹划了农业企业在未来较长时期（五年以上）内如何生存和发展的问题。虽然它制定的内容以农业企业外部环境和内部条件及当前的农业企业状况为出发点，但是这一切也都是为了谋求更长远的发展。但凡是为了适应环境条件的变化所确定的长期基本不变的行动目标和实现目标的行动方案，我们都将其称为战略。而那种针对当前的形势灵活地适应短期变化以解决局部问题的方法，我们称其为战术。

3. 抗争性

农业企业经营战略是关于农业企业在激烈的竞争中如何与竞争对手抗衡的行动方案，同时也是针对各方面的负面影响迎接重重挑战的行动方案。它与那些不考虑竞争、挑战而单纯以改善农业企业现状、增加经济效益、提高管理水平等为目的的行动方案不同，只有当这些工作与提升农业企业竞争力和迎接挑战直接相关且具有战略意义时，才能构成农业企业经营战略的内容。应当明确市场如战场，现代的农业企业市场总是与激烈的竞争密切相关的。农业企业经营战略之所以产生和发展，就是因为农业企业面临着激烈的竞争和严峻的挑战，农业企业制定经营战略就是为了获得优势地位，战胜对手，保证自己的生存和发展。

4. 纲领性

农业企业经营战略规定的是农业企业总体的长远目标、发展方向、重点和前进道路，以及将采取的基本行动方针、重大措施和基本步骤，这些都是原则性、概括性的规定，具有行动纲领的意义。它必须经过展开、分解和落实等过程，才能变为具体的行动计划。

5. 相对稳定性

农业企业经营战略的相对稳定性也是在预料之中的，因为它不能朝令夕改。但是，在处理具体问题不影响全局的情况下，农业企业经营战略也应该有一定的灵活性。

6. 方向性

农业企业经营战略是一种方向定位，具体来说有三大定位：①企业定位，即战略要确立企业在同行业或某一地域企业中所处的位置，确定企业的规模、优势和特色；②产业定位，即确定本企业的核心业务、支柱产业和支持产业；③市场定位，即确立企业的目标客户。通过战略定位，可以明确企业未来的走势，使企业的发展目标、意图、目的及主要方针措施成为全体员工的共识。

二、农业企业经营战略的作用

① 农业企业通过制定经营战略，对企业外部环境和内部条件进行调查、分析，明确企业在市场竞争中所处的地位，对于企业增强自身经营实力有明确的方向。

② 农业企业有了经营战略，就有了经营发展的总纲，就能发挥企业的整体效益，有利于调动员工的积极性。

③ 便于国家和有关部门对农业企业进行指导，有利于宏观经济和微观经济的有机结合与协调发展。

④ 有利于全面推进农业企业管理现代化。

三、农业企业经营战略的落实

在一个规范有序的市场环境当中，农业企业要想在此起彼伏的竞争中取得胜利，得到长远的发展，就必须制定一套清晰的战略。没有战略的农业企业通常只能着眼于现在，为短期的物质利益而疲于经营，最终往往销声匿迹。农业企业经营战略决定了企业的核心竞争力，使农业企业明确自身需要什么样的架构，需要建设什么样的农业企业文化，以及怎样去吸引和培养人才。农业企业经营战略源自组织的使命和远景，只有先明确组织存在的根本理由和价值之所在，预见并逐步清晰组织要达到的目标状态，才能制定出相应的战略。

农业企业经营战略本身也是一种构想，以及对现在的指导。农业企业的战略构想通常形成于农业企业的领导者，他们在理解农业企业的使命和远景的基础上，综合考虑农业企业外部的环境及企业的现状，通过一系列非因果决定的逻辑、非线性思考进行战略分析，从而确定农业企业的战略。农业企业只有合理地制定出经营战略，才能有效地落实。

四、农业企业经营战略的新特点和新趋势

面对日益复杂多变的经营环境，农业企业经营战略呈现以下新特点和新趋势。

（一）农业企业经营战略的新特点

1. 战略空间扩大

过去，农业企业决策、农业计划多解决农业产品、农业资源、农业市场某一方面的问题，或变革某一方面就能使农业企业得以生存和发展，而现代农业企业经营战略必须同时在农业产品、农业资源和农业市场三个方面进行变革，才能使农业企业得以生存和发展。过去，在农业产品、农业资源、农业市场某一方面需变革的幅度较小，而现代农业企业经营战略必须在这几个方面进行大幅度的变革。

2. 战略因素多方向交叉

战略空间的扩大必然导致战略因素的多方向交叉，这样既增加了决策的难度，又为农业企业提供了更多的发展机会。

3. 环境不连续变化增加

随着科学技术的进步，以及经济全球化、全球信息化速度的加快，农业企业外部环境的变化也在加快。其变化的不连续性也日益突出，表现在农业市场、农业资源、法律、农业政策等因素时有突发性的变化。外部环境的不连续变化往往也引起农业企业内部条件的不连续变化。

4. 人才、信息是农业企业最重要的战略因素

过去，农业技术进步和农业环境变化相对缓慢，农业企业对人才素质及信息质量的要求相对不高，而现代农业企业对人才素质及信息质量的要求越来越高，农业企业的竞争归根结底是人才的竞争，从某种意义上说，也是对信息资源的竞争，因此人才和信息是农业企业最重要的战略因素。

（二）农业企业经营战略的新趋势

现代农业企业的经营战略由其特点决定，具有以下几种新趋势。

1. 农业企业经营战略期的延展和竞争空间的扩展

如今，战略空间扩大，影响农业企业生产经营的因素增多，多因素相互作用，所以为了获得农业企业长期稳定的发展，必须对未来更长时期的农业企业发展做出决策。农业企业必须从全球、跨农业行业的角度，在无农业边界的范围内考虑配置自身的农业资源，以获得最佳的农业企业管理和农业资源整合效果。

2. 农业企业经营战略具有高度的弹性

农业企业经营战略的弹性（战略弹性）基于农业企业自身的知识系统对不断变化的不确定情况的应变能力，员工的知识结构及其组合的方式和机制是战略弹性的核心部分。因其具有难以模仿性，所以战略弹性一旦建立，就确立了农业企业的战略优势。

3. 农业商业生态系统成为参与竞争的主体

未来的竞争是不同商业群落之间的竞争，由农业企业或农业企业联盟组成的农业商业生态系统成为参与竞争的主体。对于一个单独的农业企业个体来讲，竞争更体现在加入或营造有力的、能为自己带来实际价值的农业商业生态系统，在竞争与合作的和谐环境中寻求一个更为有利的地位。此外，仅依靠农业企业内部资源很难适应环境的变化及要求。因此，现代农业企业很重视联合开发战略。例如，有丰富农业原料、人力资源的内陆农业企业与拥有农业技术、农业资本和国际市场的沿海农业企业联合，将会创造出单独发展无法比拟的成效。

4. 制定农业企业经营战略的主体趋于多元化

信息传播方式的网络化决定了每个个体在整个网络系统中都是信息传播的一个节点，高层主管不再居于信息传播的中心，普通员工可以有更多的机会参与农业企业经营战略的制定，他们既是战略制定的参与者，又是战略的执行者。

5. 农业经营的多元化、综合化、交叉化

现代农业企业环境变化快，经营品种单一的农业企业承担的风险越来越大，多元化经营是减少农业企业经营风险的重要途径。现代农业市场需求越来越多地由数量型转向质量型，多元化经营也是强化农业企业服务功能、提高农业企业适应能力和知名度的必需途径。

单一农业商品品种的经营与农业资源供应很难达到一致，因此为了有效地利用农业资源，应实行农业经营的多元化、综合化，而农业经营多向交叉是实现多元化、综合化的有效途径。

6. 农业企业经营战略的制定基础发生改变

农业企业经营战略的制定从基于农业产品或农业服务的竞争，演变为在此基础上的标准与规则的竞争。农业企业会有意识地制造变革，与行业中具有巨大影响力的对手或农业企业联盟共同合作，创造和制定指导行业的技术标准或竞争规则，以此来获取高额利润，确立优势地位。

7. 农业企业经营战略理论研究的视角趋于多元化

农业企业经营战略管理的复杂性使得人们从不同学科、不同视角去研究农业企业经营战略理论。但从研究方法来看，寻找一种普遍适用的农业企业经营战略理论几乎是不可能的，系统思考是应对复杂性和变化的最有效的手段。

8. 主动实施撤退战略

农业企业资源的稀缺性和农业品种经营、农业市场效益的差异化将越来越严重。为集中力量，开发效益最好的、发展前途最大的农业品种或农业市场，农业企业必须主动地从某些经营领域中撤退，避免事后、被动、消极的撤退。

9. 组织能力开发是现代农业企业经营战略的核心

组织能力是由人的能力构成的，在人的能力及其构成相同的情况下，组织能力取决于组织文化和人员激励，所以提高农业企业的组织能力是一件十分复杂的事情。农业企业的组织能力是战略实施的基础，因而它是现代农业企业经营战略的核心。有一定组织能力的人，是农业企业经营结构的重要组成部分。

第二节　农业企业经营战略的内容

农业企业经营战略（以下简称战略）是对农业企业各种战略的统称，其中包括的内容繁多、复杂。农业企业经营战略是层出不穷且不断变化的，如信息化就是一个全新的战略。农业企业经营战略虽然多种多样，但其基本属性是相同的，都是对农业企业的谋略，都是对农业企业整体性、长期性、基本性问题的计划。

一、战略思想

农业企业经营战略思想是指导经营战略制定和实施的基本思想，它由一系列观念或观点组成，是农业企业领导者和员工对经营中存在的各种重大关系及重大问题的认识与态度的总和。

农业企业以提高市场份额和产品竞争力为自己的目的，从而展开各项生产经营活动，而其生存和发展受多方面因素的影响和决定，因此若要在繁杂的因素中确立农业企业的目标和方向，就要用全局最优化的思想去考虑问题，要有长远和发展的观念，必须以全局战略为根本和最终的需要，酌情忽视和放弃局部及暂时的利益。

二、战略目标

（一）含义

农业企业经营战略目标是农业企业战略经营活动预期取得的主要成果的终极目标。农业企业经营战略目标的设定同时也是农业企业宗旨的展开和具体化，是农业企业宗旨中确认的农业企业经营目的、社会使命的进一步阐明和界定，也是对农业企业在既定的战略经营领域展开战略经营活动所要达到的水平的具体规定。

（二）特性

1. 宏观性

农业企业经营战略目标是一种整体上的宏观目标。它是农业企业对自身发展的一种总体设想，它的着眼点是整体。宏观性是从宏观角度对企业进行一种较为理想的设定。它所提出的，是农业企业整体发展的总任务和总要求；它所拟定的，是农业企业整体发展的根本方向。因此，人们所提出的农业企业经营战略目标总是高度概括的。

2. 长期性

农业企业经营战略目标是一种长期目标。它的着眼点是未来和长远。战略目标是关于未来的设想。它所设定的，是农业企业员工通过自己的长期努力奋斗而达到的对现实的一种根本性的改造；它所规定的，是一种长期的发展方向；它所提出的，绝不是一蹴而就的，而是要经过农业企业员工相当长的努力才能够实现。

3. 相对稳定性

农业企业经营战略目标既然是一种长期目标，那么它在所规定的时间内就是相对稳定的。农业企业经营战略目标既然是总方向、总任务，那么它就应该是相对不变的。这样，农业企业员工的行动才会有一个明确的方向，大家对目标的实现才会树立起坚定的信念。当然，强调战略目标的稳定性并不排斥根据其客观需要和情况的发展对农业企业经营战略目标做必要的修正。

4. 全面性

农业企业经营战略目标是一种整体性要求。它虽着眼于未来但也取决于当前;它虽着眼于全局但也关注着局部。科学的农业企业经营战略目标是对现实利益与长远利益、局部利益与整体利益的一个综合反映。科学的农业企业经营战略目标虽然总是概括的，但是它对人们行动的要求又总是全面的，甚至是相当具体的。

5. 可分性

农业企业经营战略目标具有宏观性、全面性本身就说明它是可分割的。农业企业经营战略目标作为一种总目标、总任务和总要求，可以分解成某些具体目标、具体任务和具体要求。这种分解既可以在空间上把总目标分解成各方面的具体目标和具体任务，又可以在时间上把长期目标分解成各阶段的具体目标和具体任务。人们只有把农业企业经营战略目标分解，才能使其成为可操作的东西。可以这样说，因为农业企业经营战略目标是可分的，所以才是可实现的。

6. 可接受性

农业企业经营战略的实施和评价是由企业内部人员与外部公众共同实现的，因此农业企业经营战略目标必须被他们理解并符合他们的利益。但是，不同的利益群体有不同的甚至相互冲突的目标，因此农业企业在制定农业企业经营战略时一定要注意彼此协调。一般地，能反映农业企业使命和功能的农业企业经营战略易于被企业成员接受。另外，农业企业经营战略的表述必须明确，必须有实际的含义，不至于产生误解，易于被农业企业成员理解的目标也易于被接受。

7. 可检验性

为了对农业企业的经营活动进行准确的衡量，农业企业经营战略目标应该是具体的和可检验的。战略目标必须明确，具体地说明将在何时达到何种效果。但是，由于许多目标难以量化，因此时间跨度越长、农业企业经营战略层次越高的目标越具有模糊性。此时，应当用定性化的术语来表达其达到的程度，一方面明确农业企业经营战略目标实现的时间，另一方面详细地说明工作的特点。

8. 可挑战性

农业企业经营战略目标本身是一种激励力量，特别是当战略目标充分地体现了农业企业成员的共同利益，使农业企业经营战略大目标和个人小目标很好地结合在一起的时候，就会极大地激发组织成员的工作热情和献身精神。

三、战略重点

农业企业经营战略重点是指那些关系到农业企业经营战略目标能否实现的重大的、关键的项目、环节或部门。在农业企业经营战略目标的基础上制定战略重点，是为了进一步保证战略目标的实现。农业企业经营战略重点需要具备以下两个基本条件。

① 它必须是实现战略目标的关键因素，对实现战略目标具有举足轻重的作用。

② 它必须是实现战略目标过程中的薄弱环节，不突破这个环节，整个企业的战略目标将无法实现。例如，农业、交通等一直是我国经济发展的制约因素，严重阻碍了经济的快速增长，不解决这些行业的落后状况，就无法把我国建成经济强国。为此，中国共产党第十二次全国代表大会明确指出，在今后20年内，一定要牢牢抓住农业、工业、交通、教育和科学这几个根本环节，把它们作为经济发展的战略重点。

四、战略方针

农业企业经营战略方针是指农业企业为贯彻战略思想和实现战略目标所确定的农业企业生产经营活动中应遵循的基本原则、指导思想和行动方略。农业企业经营战略方针是根据战略目标的要求，在对外部环境和内部条件进行认真分析的基础上制定出来的。它体现了农业企业的战略思想，具更有针对性，有助于农业企业经营战略目标的实现，是农业企业从事各种生产经营活动的指南，对农业企业的全部生产经营活动具有导向作用、指针作用和准则作用。农业企业制定战略方针时要考虑其经营领域和差别优势。

五、战略对策

农业企业经营战略对策是指为实现战略目标而采取的重要措施和手段。它是农业企业经营战略的重要组成部分，对战略目标的实现起到重要的支持和保障作用。农业企业经营战略对策具有以下特点。

（一）针对性

农业企业经营战略对策不是指农业企业采取的所有措施和手段，而是指与实现战略目标有密切关系的、重大的、关键的措施和手段。它是针对实现战略思想和战略目标的需要而制定的，其目的是保障企业战略任务的实现。

（二）预见性

实现战略目标的战略对策有的是根据已经出现的问题而采取的应急性措施，但在更多的场合下，企业依据收集到的信息，分析和预测未来可能出现的矛盾或问题，并制定出相应的防范措施和办法。这种预见性对实现战略目标意义重大。

（三）灵活性

农业企业经营战略对策与战略目标不尽相同。农业企业经营战略目标具有长期性和相对稳定性，不宜经常做较大的变动。农业企业经营战略对策则不然，它属于一种短期决策，必须随时根据综合条件，从多种对策中选择有效的方法。战略对策的灵活性具体表现为以下几点。

1. 替代

它是指当一种战略对策失败时，可以选择另一种对策来替代它。

2. 补充

它是指当一种措施或方法显得缺少力度时，可以补充其他措施或方法，以便发挥更大的效力。

3. 淘汰

它是指当战略环境发生了变化使原有对策失败时，应立即寻求新的替代对策，以免贻误战机。

（四）多重性

为实现农业企业经营战略目标，农业企业可以采取的措施和方法是多种多样的。农业企业经营战略对策是同时采用多种对策，形成一个科学的对策群体。面对错综复杂的外部环境、变化多端的市场状况和激烈对抗的竞争对手，企业如果仅仅采用单一的战略对策，往往是难以奏效的，如果采用配套的农业企业经营战略对策体系，则能够取得预期的效果。因此，那些经营成功的农业企业往往采用多种战略对策以保证战略目标的实现。

第三节 农业企业经营战略的制定

一、农业企业经营战略制定的含义

农业企业经营战略制定是指确定农业企业任务，认定农业企业的外部机会与威胁，认定农业企业内部优势与弱点，建立目标，制定多种战略，以及选择特定的实施战略，它是战略计划的形成过程。

农业企业经营战略制定是农业企业基础管理的一个组成部分，是科学化加艺术化的产物，需要不断完善。

二、农业企业经营战略制定过程中应考虑的因素

在农业企业经营战略制定过程中，必须考虑技术因素带来的机会与威胁。

（一）技术开发活动

专利信息分析能帮助农业企业充分了解相关技术领域中专利技术的现状、重点技术、技术生命周期，监测本领域的技术发展趋势、核心专利分布等。

（二）技术跟踪

农业企业在完成研发之后进行专利信息分析，可跟踪相关技术发展动态，进行技术预测，并尽早了解其专利技术是否被侵权以及侵权程度和侵权对象，尽早制定好应对策略。同时，通过跟踪相关技术领域的主要竞争对手和潜在对手，农

业企业可以规划整体专利布局，提升市场竞争力，或为侵权诉讼累积谈判筹码。

此外，及时了解本领域最新技术的发展趋势，可以激发农业企业员工的创新意识。

三、竞争战略

竞争是农业企业生存和发展永恒不变的主题，竞争战略是农业企业总体战略的核心内容。农业企业竞争战略是农业企业为了获得竞争优势，对竞争优势的种类和范围所做的决策与选择，以及制订实现竞争优势的行动方案。

（一）成本领先战略

1. 含义

成本领先战略是指农业企业强调以低单位成本为用户提供低价格的产品。这是一种先发制人的战略，它要求农业企业有持续的资本投入和融资能力，生产技能在该行业处于领先地位。

2. 具体思想内容

（1）保持竞争优势

保持竞争优势思想是成本领先战略的动因。从竞争的角度出发，不管农业企业采取何种战略，成本问题始终是农业企业战略制定、选择和实施过程中需要考虑的重点问题。如何为农业企业赢得成本优势和竞争优势，是农业企业战略管理的重要内容，也是成本领先战略的动因。

（2）节约

节约思想是成本领先战略的动力。节约可以创造更大的价值，可以使有限的资源延长使用时间。在市场经济条件下的农业企业经营环境中，节约是卖方和买方都希望达到的。正是人类的这种追求，形成了成本领先战略的原动力。

（3）全员参与

全员参与思想是成本领先战略的基础。在影响成本的因素中人的因素占据主导地位，人的素质、技能、成本意识和降低成本的主动性都会对成本产生重要影响。而且，在农业企业的经济活动中，每个人都与成本有关。因此，必须全员参与降低成本，树立起全员的成本意识，调动全员在工作中时刻注意节约成本的主动性，这是成本领先战略的基础。

（4）全过程控制

全过程控制思想是成本领先战略的保障。农业企业的成本产生于农业企业经营活动的各个环节，从产品设计、材料采购、产品制造到产品销售及售后服务的全过程中，每个环节都有资金流动，时刻都有成本发生。因此，控制成本不是控制哪一个环节的成本，尤其不能误解为只控制制造成本，而是必须全过程控制，从而使综合成本最低。只有综合成本最低，才能保障成本领先战略的实施。

3. 成本领先战略的优点

（1）显而易见

如果其农业企业的成本低于同行业的其他农业企业，那么其产品在以行业平均价格进行销售时，低成本的农业企业获得的利润就高于同行业的平均水平，由于销售价格的降低，其他农业企业的盈利降低，这时低成本的农业企业还存在盈利空间，其低成本的地位即转为高效益。如果低成本农业企业的产品销售保持行业的平均盈利率，那么其产品的市场表现则是更低的销售价格，这无形中能够增加其产品的竞争力，所以成本领先战略是企业最普遍、最通用的竞争战略之一。

（2）有效防御竞争对手的进攻

因为竞争对手无法在价格上与成本领先者进行比拼，他们会采取差异化战略与成本领先者进行较量，所以要时刻注意捕捉市场信息，制定有效的防御体系，丰富战略结构，巩固成本领先战略的市场地位。

（3）顾客的讨价还价能力对成本领先战略的影响不大

强有力的购买者可能迫使成本领先者降低价格，但其价格的下降幅度不可能低于行业内第二成本领先者。首先，如果其降价幅度低于行业内第二成本领先者，那么顾客将被大量地吸引到第一成本领先者那里，并进一步巩固其成本领先优势，也可能造成第二成本领先者退出市场，这对顾客是极为不利的；其次，如果这种情况发生的话，购买者将不得不付出更高的价格获得其所需的产品，任何购买者都不期望自己只有一种选择。因此，顾客的讨价还价能力对成本领先战略的影响不大。

（4）可以迫使供应商维持原价格

相对于成本较高者，农业企业应用成本领先战略可以有效地消耗供应商价格的上调，使农业企业比其他竞争对手赚到更多的毛利。

（5）足以对潜在进入者构成进入壁垒

新进入者由于受到技术、管理、经验等方面的限制，因此无法达到足够低的成本和足够高的效率，也就无法有效地与成本领先者进行竞争。农业企业应用成本领先战略，就会在遇到市场竞争时以较低的利润水平进行产品销售，这样对新进入者的冲击是毁灭性的。这样的成本领先者往往把“较低的毛利率和较高的周转率作为成功的秘诀”。

4. 低成本战略制定的原则

（1）领先原则

实行低成本战略的农业企业不仅要成为本行业的低成本者，而且必须成为低成本的领先者，否则低成本就不会成为一种竞争优势。

（2）全过程低成本原则

低成本战略中的成本不仅是指产品生产的成本，而且也指农业企业整个生产经营过程的成本（包括产品技术开发、服务、市场营销及其他活动的成本费用），而后者往往被农业企业忽视。

（3）总成本最低原则

低成本战略追求产品的整体成本最低。因产品某一局部成本的增加而引起整个产品总成本的大幅度的降低，这种情况是合理的。

（4）持久原则

低成本战略需要农业企业在相当长的时间内持之以恒地坚持。领先原则决定了低成本战略不是一朝一夕就能完成的，需要农业企业不断地从各个方面、各种途径降低成本。

四、差异化战略

（一）含义

差异化战略也称特色优势战略，是指农业企业力求在顾客广泛重视的一些方面，在该行业内独树一帜。它选择许多用户重视的一种或多种特质，并赋予其独特的地位，以满足顾客的要求。它既可以是先发制人的战略，也可以是后发制人的战略。

（二）基本内容

① 追求产品品质的优异化，创造独家所有，确保市场占有率低而投资回报率高。

② 追求产品可靠度的优异化，即稳定、可靠、标准化。

③ 追求产品专利权的优异化，以专利保护技术创新，以此区隔市场。

④ 追求产品创新力的优异化，技术第一的产品是最先进的产品。

⑤ 追求产品周边服务的优异化，创造特性和附属性功能。

⑥ 追求售前和售后服务的优异化。

⑦ 追求品牌的优异化，强调产品的品牌诉求。

（三）差异化战略的优势

差异化战略是增强农业企业优势的有效手段。产品差异化对市场价格、市场竞争、市场进入壁垒、市场绩效均有不同程度的影响。差异化的产品或服务能够满足某些消费群体的特殊需要，可以与竞争对手相抗衡；产品或服务差异化也将降低顾客对价格的敏感性，使其不大可能转而购买其他产品和服务，从而使农业企业避开价格竞争。差异化战略具有以下优势。

① 差异化本身可以给农业企业产品带来较高的溢价。

② 这种溢价应当补偿因差异化而增加的成本，而且可以给农业企业带来较高的利润。产品特性或功能越难以替代和模仿，顾客就越愿意为这种差异化支付较高的费用，企业获得的差异化优势都是产品差异化带来的成果。

③ 由于差异化产品和服务是竞争对手不能以同样的价格提供的，因此会明显地削弱顾客的讨价还价能力。

④ 采用差异化战略的农业企业在应对替代品竞争时将相较于其竞争对手处于更有利的地位，因为购买差异化产品的顾客不愿意接受替代品。

⑤ 产品差异化会形成一定的壁垒，在产品差异化越明显的行业，因产品差异化所形成的进入壁垒就越高。

（四）差异化战略的适用条件

1. 外部条件

① 有很多途径创造农业企业与竞争对手产品之间的差异，而且这种差异被顾客认为是有价值的。

② 顾客对产品的需求和使用要求是多种多样的，即顾客需求是有差异的。

③ 采用类似差异化战略的竞争对手很少，即能够真正保证农业企业是“差异化”的。

④ 技术变革很快，市场上的竞争主要集中在不断地推出新的特色产品。

2. 内部条件

除上述外部条件外，农业企业实施差异化战略还必须具备以下内部条件。

① 农业企业具有很强的研究、开发能力，研究人员要有创造性的眼光。

② 农业企业具有以其产品质量或技术领先的声望。

③ 农业企业在这一行业有悠久的历史或吸取其他农业企业的技能并自成一体。

④ 农业企业具有很强的市场营销能力。

⑤ 研究、开发及市场营销等职能部门之间要具有很强的协调性。

⑥ 农业企业要具备能吸引高级研究人员、创造性人才和高技能职员的物质设施。

⑦ 农业企业通过各种销售渠道进行强有力的合作。

（五）差异化战略的实施意义

① 建立起顾客对农业企业的忠诚。

② 形成强有力的产业进入障碍。

③ 增强农业企业对供应商讨价还价的能力。这主要是由于差异化战略提高了农业企业的边际收益。

④ 削弱购买商讨价还价的能力。一方面，农业企业通过采用差异化战略使购买商缺乏与之可比较的产品选择，降低购买商对价格的敏感度；另一方面，通过产品差异化使购买商具有较高的转换成本，使其依赖于农业企业。

⑤ 由于差异化战略使农业企业建立起顾客的忠诚，因此替代品无法在性能上与之竞争。

五、集中化战略

（一）含义

集中化战略也称专一化战略、目标集中战略、目标聚集战略、目标聚集性战略等。集中化战略主要针对某一特殊的客户群或某一产品线的细分区段、某一地区市场。与其他战略不同的是，它具有为某一特殊目标客户服务的特点，农业企业组织的方针、政策、职能的制定，都要先考虑这个特点。

（二）集中化战略的适用条件

① 具有完全不同的用户群。

② 在相同的目标市场群中，其他竞争对手不打算实行重点集中的战略。

③ 农业企业的资源不允许其追求广泛的细分市场。

④ 行业中各细分部分在规模、成长率、获得能力方面存在很大的差异。

（三）集中化战略的实施方法

1. 单纯集中化

单纯集中化是指农业企业不过多地考虑成本差异化，选择或创造某一种产品、技术和服务为某一特定顾客群体从而创造价值，并使农业企业获得稳定、可观的收入。

2. 成本集中化

成本集中化是指农业企业采用低成本的方法为某一特定顾客群体提供服务。集中化战略可以在细分市场上获得较领先者更强的竞争优势。绝大部分小型农业企业都是从集中化战略起步的，只是并不一定都能意识到其战略意义并采取行动。

3. 差别集中化

差别集中化是指农业企业在集中化的基础上突出自己的产品、技术和服务的特色。农业企业差别集中化战略的主要措施都应该用到集中化战略中来。不同的是，集中化战略只服务于狭窄的细分市场，而差别化战略要同时服务于较多的细分市场。此外，由于集中化战略的服务范围较小，与差别化战略相比，可以对所服务的细分市场的变化做出更为迅速的反应。

（三）集中化战略的优势

1. 特殊的服务范围增加了竞争优势

集中化战略往往利用地点、时间、对象等多种特殊性来形成农业企业的专门服务范围，以更高的专业化程度构成强于竞争对手的优势。农业企业选择适当的产品线区段或专门市场是集中化战略成功的基础。农业企业如果选择广泛市场的产品或服务进行专门化经营，反而可能导致企业失败。

2. 以低成本的特殊产品形成优势

例如，可口可乐公司就是利用其特殊配方构成的低成本在饮料市场长期保持其竞争优势。这一优势的实质是差别化优势，能同时拥有产品差别化优势和低成本优势则一定可以获得超出产业平均水平的高额利润。

3. 以攻代守

当农业企业受到强大的竞争对手的全面压迫时，采取集中化战略以攻代守，往往能形成一种竞争优势，特别是在抵抗拥有系列化产品或广泛市场的竞争对手时明显有效。

（四）集中化战略的风险

1. 容易限锚获取整体市场份额

集中化战略目标市场总具有一定的特殊性，目标市场独立性越强，与整体市场份额的差距就越大。实行集中化战略的农业企业总是处于独立性与市场份额的矛盾之中，选择不当就可能造成集中化战略的失败。

2. 农业企业对环境变化的适应能力差

实行集中化战略的农业企业往往依赖特殊市场而生存和发展，一旦出现有极强替代能力的产品或者市场发生变化，这些企业容易遭受巨大的损失。

3. 成本差增大而使集中化战略优势被抵消

当为大范围市场服务的竞争对手与集中化农业企业之间的成本差变大时，针对某一狭窄目标市场服务的农业企业会丧失成本优势，或者集中化战略产生的差别化优势会被抵消，因为这种成本差的增大将降低买方效益或者降低买方使用替代品的转移成本，而使集中化市场与广泛市场之间的渗透增大。

第四节　农业企业经营决策概述

一、农业企业经营决策的概念

农业企业经营决策是农业企业对未来经营发展的目标及实现目标的战略或手

段进行最佳选择的过程。农业企业经营决策是农业企业经营管理工作的核心内容。在农业企业的全部经营管理工作中，决策的正确与否直接关系到企业的兴衰成败和生存发展。

二、农业企业经营决策的程序

农业企业经营决策的程序即农业企业经营决策的过程。科学的决策必须遵循一定的工作程序，才能避免决策的盲目性和主观随意性，从而得到应有的效果。

（一）找出问题，确定目标

农业企业应进行调查、研究，分析问题，找出需解决问题的关键，据此确定决策目标。决策目标可分为必达目标和争取要达到的目标。根据决策实践，决策目标的确立要注意以下问题。

① 要分清主次，抓住主要目标。

② 要保持各项目标的一致性，相互配合和衔接。

③ 目标要尽可能地明确、具体，力求数量化，以便衡量。

④ 要明确、规范好决策目标的约束条件。

农业企业经营决策是为解决一定问题而进行的管理活动。管理者需要明确农业企业究竟面临什么样的问题，起因如何，以及它与其他因素之间存在什么样的关系。在提出问题的基础上，要对问题进行分析，以明确问题的性质，弄清楚它是涉及组织全局的战略性问题还是局部问题，是非程序性问题还是程序性问题，由此确定解决问题的决策层次，避免高层决策者被众多一般性问题缠绕而影响对重大问题的决策。

（二）拟订备选方案

识别问题后，农业企业要提出可供选择的有效行动方案。无论是明显的、标准的方案还是创造性、创新性的方案都是有用的。一般来说，决策越重要，对方案的关注越多。

根据农业企业决策目标的要求寻求和拟订实现目标的多种方案，拟订方案时必须注意以下问题。

① 尽可能多地提出各种不同的方案，以供分析、比较和选择。

② 拟订方案是一个创新过程，既要实事求是、讲求科学，又要勇于突破常规，敢于和善于创新。

③ 要精心设计，在技术上、经济上进行较详细的论证，考虑每个方案的积极效果和不良影响，摸清潜在的问题。

拟订备选方案的过程是设想、分析和淘汰的过程，开始时要多设想一些方案，然后按照“相对性”与“有效性”的原则淘汰掉那些现有条件下很难做到的方案。在制订备选方案时，要依靠专家或专门机构来进行，要广泛地运用智囊团技术。尽管管理者应当努力寻求创造性的解决方案，但他们也要认识到选择方案的限制，包括法律约束、道德及伦理规范、权力约束、管理者自身权力与权威的局限、技术条件、经济条件、社会规范等。

（三）评价和选择方案，做出决策判断

农业企业经营决策是为了满足特定的需求，实现一定的决策目标，因此是否符合决策目标就是行动方案好坏的标准。为了选择出最佳方案，管理人员需要通过一定的方式来比较这些备选方案。对方案的评价可以从方案的可行性、满意性和综合影响等方面进行，通过评价可行性方案来考察其实现目标的程度。在评价过程中，一定要采用统一的、客观的量化标准进行衡量，提高评价过程的科学性，防止主观臆想。经过逐层筛选，最后总有几个方案留下来，在这些方案中选出最佳者是决策的关键。第一，从选优方案的评价标准来说，越接近原定目标越好。第二，在实际工作中真正做到“最优标准”是办不到的，因此决策选定要找到一个平衡点，不是选出最优方案，而是选出一个合理的满意方案。第三，对于风险性决策，一般采用期望值标准方案。期望值是按各种状态的出现概率计算的平均值。对于风险性决策来说，具备上述标准后，还必须选好期望值，从而确立期望值标准。

在方案的评价和选择中，要注意以下问题。

① 要确定评价标准，凡是能定量化的都要制定出定量标准。

② 难于定量化的，要尽可能选出详细的定性说明。

③ 如果利用评分法作为综合评价，就要规定出评分标准和档次等。

④ 要审查方案的可靠性，即审查所提供的资料、数据是否有科学依据，是否齐全和准确。

⑤ 要注意方案之间的可比性和差异性，把不可比因素转化为可比因素，对其差异着重比较与分析。

⑥ 要从正、反两方面进行比较，考虑方案可能带来的不良影响和潜在问题，权衡利弊，做出正确的决断。

（四）方案的实施与追踪

方案一经选定，就要组织实施，将责任落实到人。在执行过程中，要了解实施状况，采取措施或调整方案，以达到预期决策目标。方案选定之后，管理者要发挥其作用，要制定具体的实施措施，并使执行者了解和接受决策。即使对方案进行了尽可能细致的评估，对其可能产生的结果也进行了充分的准备，执行决策时仍然可能出现无法预料的结果，这就需要及时把决策执行情况和变化了的客观情况反馈到决策系统。在此过程中，应及时掌握实施进度和情况。

（五）跟踪和评估结果

决策程序的最后一个步骤是评估决策的有效性，保证所选择的方案符合最初的目的。如果一个方案经过实施证明不可行，那么管理者就必须对决策方案做必要的修改和补充，或者重新做出决策，制订新的方案，使决策与环境的变化保持动态平衡。

三、农业企业经营决策的类型

1. 按决策层次划分

（1）战略决策

战略决策属于最高层次决策，往往在一个相当长的时期影响全局，涉及农业企业的生存和发展，是一类关系到全局性、方向性和根本性的决策。战略决策产生的影响是深远的。

（2）战术决策

战术决策属于基层决策，指根据战略决策的要求对实际日常生产中的执行行为方案进行选择，是局部性、暂时性的决策。战术决策一般由企业中层管理人员做出。

2. 按决策重复出现的程度划分

（1）程序化决策

程序化决策是指决策可以程序化到呈现出重复和例行的状态，可以程序化到制定出一套处理这些决策的固定程序，以至每当它出现时，不需要再进行重复处理。

（2）非程序化决策

非程序化决策则表现为决策新颖、无结构，具有不寻常的影响。处理这类问题没有灵丹妙药，因为这类问题尚未发生过，是一种例外问题，或因为其确切的性质和结构尚捉摸不定或很复杂，或因为其十分重要而需要用“现裁现做”的方式加以处理。因此，非程序化决策又被称为“结构不良”的决策。

3. 按决策问题所处的环境条件划分

（1）确定型决策

确定型决策是在稳定条件下进行的决策，每个方案的结果是已知的，管理者能做出理想而精确的决策，即决策人希望达到的一个明确目标，且只存在一个确定的自然状态。一般，确定型决策有可供选择的两个或两个以上的行动方案，不同的行动方案在确定状态下的损失或利益值可以计算出来。

（2）风险型决策

风险型决策是在每个备选方案面临两种或两种以上自然状态，决策者虽不能肯定将来出现何种状态，但能计算或估计出自然状态概率及相应损益值的条件下进行的决策。

（3）不确定型决策

不确定型决策是指决策方案面临多种自然状态，而决策者难于确定其出现的概率，需要进行综合分析以做出决策。它不像风险型决策那样可以预先知道未来可能出现的自然状态。这类决策问题常常存在多种不可控因素，决策约束条件难以确定，不存在固定的决策程序和方法，决策方案也不易拟订、评价和选优，实施结果的风险更大。对于不确定型决策一般难以进行量化分析，主要依靠决策者的经验和判断分析能力完成。

4. 按参与决策的人数划分

（1）个人决策

个人决策因个人的经验、知识、见解、主张和所采用的方法等的不同而不同。

（2）群体决策

群体决策则既受到群体的知识、观念等的影响，还受到群体的决策方式的制约。

个人决策只能通过改变个人的知识状况、观念、方法等去适应变化了的环境，进而做出有效决策；群体决策还可以通过改变决策方式、改变决策者与群体成员之间的关系以及决策机构中各部分、各决策人员之间的关系以适应变化了的环境，做出有效决策。个人决策与群体决策的比较见表 4.1。

表 4.1 个人决策与群体决策的比较

决策类型	群体决策	个人决策
果断性	差	佳
责任明确性	差	佳
决策成本	高	低
决策质量	佳	一般
一贯性	佳	差
可实施性	佳	一般
开放性	佳	差

5. 按决策的起点划分

（1）初始决策

初始决策是零起点决策，它是在有关活动尚未进行而环境未受到影响的情况下进行的。一般的决策都是从头开始的，即以“零”为起点，因为通常决策选择的方案尚未付诸实施，客观对象与环境尚未受到决策的干扰和影响。

（2）追踪决策

追踪决策是随着初始决策的实施，因组织环境可能发生变化而相应产生的。它以已经发生变化的主、客观条件为起点，又称“非零起点决策”。它所面临的问题已经不是问题的初始状态，因为原有决策已经执行了一段时间，这种执行不仅伴随着人力、财力、物力等资源的消耗，而且这种消耗的结果已经对周围环境产生了不良影响。

四、农业企业经营决策应遵循的原则

1. 系统原则

农业企业经营决策一定要坚持全面、系统地看问题，还要从联系中全面地看问题，注意事物的因果关系、从属关系和事物的发展。只有把握了系统原则，决策活动才能高瞻远瞩，从而做出科学的预见和科学的决策。

2. 优化原则

决策者在执行优化原则时主要应注意以下几点：

一是整体上的齐全性，即应把所有可能的备选方案都拟订出来，避免遗漏。

二是每个方案之间的排斥性。各备选方案因为有原则的差异而互相排斥，执行了甲方案就不能同时执行乙方案，只有这样才有可能且有必要进行选择。

三是要用同一标准进行衡量，执行较优方案。现实中，决策者难以做出最优决策，只能做出相对满意的决策。

3. 信息原则

决策者在决策时离不开信息，信息的数量和质量直接影响决策水平。这就要求决策者在决策之前及决策过程中尽可能地通过多种渠道获取大量的、准确的、全面的、系统的、有效的和及时的信息，将其作为决策的依据。决策者在决定收集什么样的信息、收集多少信息及从何处收集信息时，要进行成本－收益分析。只有在收集的信息带来的收益超过因此而付出的成本时，才应该收集信息。适量的信息是决策的依据，决策者应在占有信息的基础上，运用科学的方法和手段加工、处理、分析、评价信息，实现科学决策。

4. 环境原则

外部环境一般由以下因素构成：政治法律环境、经济环境、社会文化环境、技术环境、自然环境、特定环境。内部环境因素主要有决策者的使命、决策者的文化素质水平等。

处于垄断市场上的农业企业，通常将经营重点集中在内部生产条件的改善、生产规模的扩大及生产成本的降低；处在竞争市场上的农业企业，则需密切注视竞争对手的动向，不断推出新产品，努力改善营销方式，建立健全的销售网络。

5. 可行原则

农业企业经营决策是一个需要实践的活动过程。首先，要进行机遇研究，即研究该决策方案实施的时机是否成熟；其次，要进行初步可行性研究，即抓住主要矛盾，分析有无利用机遇而达到增加经济效益和社会效益的条件；最后，要对方案进行全面的可行性评价并给出结论，从而使方案论证更具科学性、适应性。同时，由于决策是人们确定未来活动的方向、内容和目标的行动，而人们对未来的认知能力有限，目前预测的未来状况与未来的实际状况不可能完全相符，因此组织及其决策者对待风险的不同态度会影响决策方案的选择。愿意承担风险的组织通常会在被迫对环境做出反应以前就已采取了进攻性的行动；不愿承担风险的组织通常只能对环境做出被动的反应。

6. 动态原则

决策者一定要用动态、变化的观念管理决策活动。事物永远在运动中变化，这是自然界的普遍规律。由于决策一般是在行动之前做出的，因此变化的世界、变化的内外环境条件就成为决策的不确定因素，会给决策带来风险性，这是决策者在决策时必须高度重视的问题。通常，组织决策不是进行零起点的初始决策，而是对初始决策的完善、调整或改革。组织过去的决策是目前决策过程的起点。过去选择的方案的实施不仅伴随着人力、物力、财力等资源的消耗，而且伴随着内部状况的改变，从而对外部环境产生影响。过去的决策对目前决策的制约程度受到它们与现任决策者的关系的影响。如果过去的决策是由现在的决策者制定的，那么决策者通常要对自己的选择及其后果负管理上的责任，因此会不愿对组织活动进行重大调整，而是倾向于仍把大部分资源投入到过去方案的执行中，以证明自己一贯正确。

7. 民主原则

人们所处的社会环境是复杂多变的，决策所涉及的专业领域和知识范围超出了个人能力驾驭的范围。任何决策的制定都是在某种程度上对过去的否定；任何决策的实施都会给组织带来某种程度的变化。组织成员对这种可能产生的变化会怀有“抵御”或“欢迎”两种截然不同的态度。在偏向保守、怀旧的组织中，人们总是根据过去的标准来判断现在的决策，总是担心在变化中会失去什么，从而对将要发生的变化产生怀疑、害怕和抵御的心理与行为。欢迎变化的组织成员有利于新决策的实施，而抵御变化的组织成员则可能给任何新决策的实施带来灾难性的影响。坚持决策的民主原则，不仅能够保证领导决策的正确性、有效性，而且也是领导和员工群众密切联系的生动体现。

8. 创新原则

因为事物是发展的，情况是变化的，所以任何决策目标的实施都可能面临许多新问题、新情况。决策的创新原则要求决策者在决策的内容、步骤、方法、方案和政策措施上敢于提出独到的见解，勇于创新，敢于采用新方法、新思维、新格局、新路数拟订方案，从而适应新环境的要求。

第五节　农业企业经营决策的方法

随着决策理论和实践的不断发展，人们在决策中所采用的方法也在不断地得到充实和完善。

一、定性决策方法

定性决策方法是依靠有丰富经验的专业人员，利用对直观材料的分析和逻辑推理，对备选方案做出评价和选择的方法，适用于缺乏完整历史资料的项目。

1. 德尔菲法

德尔菲法也称专家调查法，是指分别将需要解决的问题单独发送到各个专家手中，征询其意见，然后回收、汇总全部专家的意见，并整理出综合意见，随后再将该综合意见和预测问题分别反馈给专家，再次征询其意见，各专家依据综合意见修改自己原有的意见，然后再汇总。这样多次反复，逐步取得比较一致的预测结果。德尔菲法有以下实施步骤。

① 组成专家小组。按照课题需要的知识范围确定专家。专家人数的多少可根据预测课题的大小和涉及面的宽窄而定，一般不超过 20 人。

② 向所有专家提出要预测的问题及有关要求，并附上有关这个问题的所有背景材料，同时请专家提出还需要什么材料，然后由专家做书面答复。

③ 各专家根据他们收到的材料提出自己的预测意见，并说明自己是怎样利用这些材料并提出预测值的。

④ 将各位专家第一次的判断意见汇总，列成图表，进行对比，再分发给各位专家，让专家比较自己同他人的不同意见，修改自己的意见和判断。也可以把

各位专家的意见加以整理，或请更权威的其他专家加以评论，然后把这些意见再分送给各位专家，以便他们参考后修改自己的意见。

⑤ 将所有专家的修改意见收集起来，汇总后再次分发给各位专家，以便做第二次修改。逐轮收集意见并为专家反馈信息是德尔菲法的主要环节。收集意见和反馈信息一般要经过三四轮。在向专家进行反馈的时候，只给出各种意见，并不说明发表各种意见的专家的具体姓名。这一过程重复进行，直到每位专家不再改变自己的意见为止。

⑥ 对专家的意见进行综合处理。

2. 名义群体法

名义群体法是指在决策过程中对群体成员的讨论或人际沟通加以限制，但群体成员是独立思考的。像召开传统会议一样，群体成员都出席会议，但群体成员先进行个体决策。名义群体法有以下实施步骤。

① 成员集合成一个群体，但在进行任何讨论之前，每个成员独立地写下其对问题的看法。

② 经过思考后，每个成员将自己的想法提交给群体，然后一个接一个地向大家说明自己的想法，直到每个人的想法都表达完并被记录下来为止(通常记录在一张活动挂图或黑板上)。在所有想法都被记录下来之前不进行讨论。

③ 群体开始讨论，以便把每个想法搞清楚，并做出评价。

④ 每个群体成员独立地把各种想法排出名次，最后的决策是综合排名最高的想法。

3. 头脑风暴法

头脑风暴法是由被称为“风暴式思考之父”的 A.F. 奥斯本提出的，是指通过专家们的互相交流，在头脑中进行智力碰撞，产生新的智力火花，使专家的讨论不断集中和精细化。头脑风暴法有以下实施步骤。

① 会前准备：参与人、主持人和课题任务三落实，必要时可进行柔性训练。

② 设想开发：由主持人公布会议主题并介绍与主题相关的参考情况；突破思维惯性，大胆进行联想；主持人控制好时间，力争在有限的时间内获得尽可能多的创意性设想。

③ 设想的分类与整理：设想一般分为实用型和幻想型两类，前者指目前的技术工艺可以实现的设想，后者指目前的技术工艺还不能完成的设想。

④ 完善实用型设想：对实用型设想，再用脑力激荡法进行论证、二次开发，进一步扩大设想的实现范围。

⑤ 幻想型设想再开发：对幻想型设想，再用脑力激荡法进行开发，进一步开发就有可能将创意的萌芽转化为成熟的实用型设想。这是脑力激荡法的一个关键步骤，也是该方法质量高低的明显标志。

二、定量决策法

1. 决策树分析法

决策树分析法是一种运用概率与图论中的树对决策中的不同方案进行比较，从而获得最优方案的风险型决策方法。图论中的树是连通且无回路的有向图，入度为 0 的点称为树根，出度为 0 的点称为树叶，树叶以外的点称为内点。决策树由树根（决策节点）、其他内点（方案节点、状态节点）、树叶（终点）、树枝（方案枝、概率枝）、概率值、损益值组成。决策树分析法有以下实施步骤。

① 根据可替换经营方案的数目和对未来市场状况的了解，绘出决策树图。

② 计算各方案的期望值。a. 计算各概率分支的期望值，用方案在自然状态下的收益值分别乘以各自的概率；b. 将各概率分支的期望值相加，并将数字记在相应的自然状态点上；c. 考虑各方案所需的投资，比较不同方案的期望收益值；d. 剪去期望值较小的方案支（在舍去的方案枝上画上 ||），如果是期望损失值，则剪去较大的方案支，将保留下来的方案作为被选的决策方案。如果决策为多阶段或多级决策，则需重复 b、c、d 各项工作。

决策可分为单级决策和多级决策。单级决策是指在整个决策期中只进行一次决策就能得到满意方案的决策过程。

决策树分析法如图 4.1 所示。其中，□表示决策点，也称树根，由它引发的分支称为方案分支，方案节点称为树枝，n 条分支表示有 n 种供选方案；○表示策略点，其上方数字表示该方案的最优收益期望值，由其引出的 m 条线称为概率枝，表示有 m 种自然状态，其发生的概率已标明在分支上；△表示每个方案在相应自然状态的效益值；|| 表示经过比较决定删除此方案，称为剪枝。

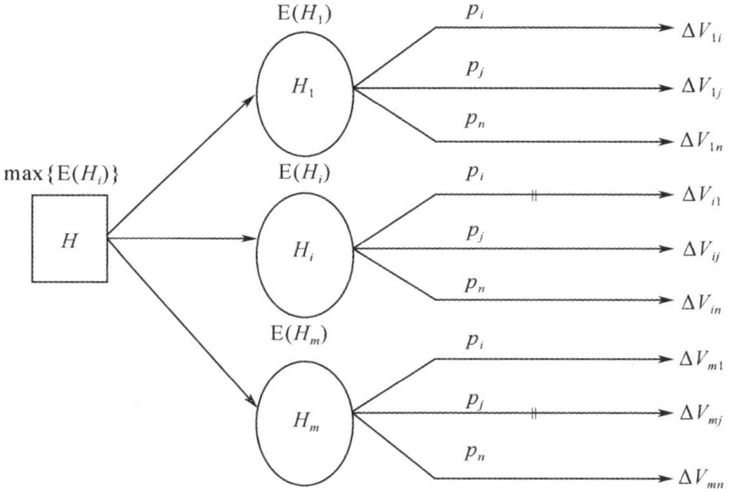

图 4.1　决策树分析法

2. 期望值法

期望值法是指通过比较和评价效益期望值选择决策方案。效益期望值因各种自然状态的不同而不同。期望值法有以下实施步骤。

① 根据不同自然状态下的效益值和各种自然状态出现的概率，求效益期望值 EMV。效益期望值＝条件效益值 × 概率，即

$$EMV_i = \sum V_{ij} p_j$$

② 比较效益期望值的大小，选择最大效益期望值所对应的方案为决策方案。

3. 折中法

决策者对未来情况比较乐观，同时也考虑到不利形势发生的影响，根据市场情况和个人经验，预先确定一个乐观系数 α 作为主观概率，然后选出每个方案的最大和最小收益值，用 α 乘以最大收益值，加上（$1-\alpha$）乘以最小收益值，作为该方案的期望收益，再比较各方案的期望收益值，大者为最佳方案。此法也称乐观系数法。α 的取值范围是 $0 \leqslant \alpha \leqslant 1$，如果取值接近 1，则比较乐观；如果取值接近 0，则比较悲观。每个备选方案的期望收益值按照以下公式计算：

$$期望收益值 = \alpha \times 最高收益值 + (1-\alpha) \times 最低收益值$$

4. 同等概率法

当决策者认为无法说明哪个事件有更多的发生机会时，只能认为它们发生的机会是均等的，这时各种自然状态的概率都是 $1/n$，以此概率去计算各方案的期望值，然后选择期望值最大的方案为最佳方案。该法也称等概率法或等可能法。

5. 直观判断法

直观判断法是指决策的因素很简明，无须复杂的计算，可以直接选择出最优方案。

6. 线性规划法

线性规划法是在一些线性等式或不等式的约束条件下求解线性目标函数的最大值或最小值的方法。运用线性规划法建立数学模型的步骤如下：首先，根据影响所需达到目的的因素找到决策变量；其次，由决策变量和所需达到目的之间的函数关系确定目标函数；再次，由决策变量所受的限制条件确定决策变量所要满足的约束条件；最后，找出使目标函数达到最优的可行解，即为该线性规划法的最优解。

线性规划法是研究在线性约束条件下，使一个线性目标函数最优化的理论和方法。线性规划法在经营决策中常用于解决利润最大、成本最低、时间最省、资源调配最合理等问题。

在农业企业的各项管理活动（如计划、生产、运输、技术等）中，线性规划可以从各种限制条件的组合中选择出最为合理的计算方法，建立线性规划模型，从而求得最佳结果。

小　结

农业企业经营战略是着眼于未来、适应农业企业内外形势而做出的总括型发展规划，它指明了农业企业在竞争环境中的生存态势和发展方向，进而决定了最重要的工作内容和竞争方式。

农业企业经营战略是指在竞争环境中，农业企业为求得长期生存和发展而选择农业企业达到这个目标的途径，并依据它对农业企业的重要资源进行优化组合，以对目前与将来的经营活动进行总体的谋划并制定相应的对策。

农业企业经营战略是由战略思想、战略目标、战略方针、战略重点和战略对策组成的一个完整的战略方案系统。农业企业的战略是由不同层次、不同方面的战略构成的，即由总体战略和各经营领域战略、各方面的职能战略构成。它们互相配合、互相制约，形成了有机的整体，使农业企业各方面的工作都能被置于总体战略的指导之下，从一般的竞争战略、不同行业阶段的战略和不同行业地位的战略三个方面，论述企业如何根据自身情况进行经营战略选择。农业企业经营战略的实施是战略管理工作的主体。

决策是一个系统分析的动态过程。决策贯穿农业企业生产经营活动的全过程，这一过程中的每个环节都离不开决策。决策并非主观武断或盲目“拍板”。科学的决策应当通过认真地研究，实事求是地分析，去粗取精，去伪存真，由此及彼，由表及里，把握住事物变化的规律，从而做出合理、可行的决断。因此，决策过程的每个阶段都要有一定的基本要求：一要把握问题的要害；二要明确决策目标；三要有两个以上可行方案；四要综合评价决策方案；五要敢冒风险。

随着决策理论和实践的不断发展，人们在决策中所采用的方法也在不断地得到充实和完善。当前，经常使用的决策方法一般可分为两大类：一类是定性决策方法；另一类是定量决策方法。前者注重于决策者本人的直觉，后者则注重于决策问题各因素之间客观的数量关系。定性决策是依靠有丰富经验的专业人员，利用对直观材料的分析和逻辑推理，对备选方案做出评价和选择的方法，适用于缺乏完整历史资料的项目。定量决策是运用现代数学方法和管理科学原理，将决策涉及的变量和决策目标之间的关系，通过建立数学模型进行分析决策的方法，适用于具备完整历史资料的项目。常用的确定型决策方法有线性规划和盈亏分析法。这类问题的解决需要靠人的知识、经验、能力和思维判断力等，不同学者、不同决策人对不确定型决策提出的决策标准不同，采用的决策方法也不同。

思考题

1. 如何理解现代农业企业的概念？
2. 农业企业利润是不是越多越好？
3. 作为利农的一种表现形式，农业企业的现实意义有哪些？
4. 如何有效地评价农民创业机会？
5. 社会责任和经济效益的关系如何？

案例分析

1955 年，当美国著名财经杂志《财富》首次推出“全球 500 强”排行榜时，它尚在孕育之中。历经数十年的风雨历程，它在 2002 年、2003 年、2004 年连续荣登《财富》“全球 500 强”之首。它就是铸就“环球商业神话”的美国沃尔玛零售连锁集团（以下简称沃尔玛）。

沃尔玛的辉煌成就令人很难相信它从无到有直至独霸一方的发展历程仅有短短数十年。1940 年，沃尔玛公司的创始人山姆 • 沃尔顿获密苏里大学经济学学士学位。第二次世界大战期间，沃尔顿服役于陆军情报团。1950 年，山姆 • 沃尔顿在美国阿肯色州本顿威尔镇开办了店名为“5 ~ 10 美分”的廉价商店，只是当地一家名不见经传的小企业。1962 年，沃尔玛公司开办了第一家连锁商店，于 1970 年建立起第一家配送中心，走上了快速发展之路。1983 年，第一家山姆俱乐部建立。1988 年，第一家沃尔玛超级购物中心开设。1991 年，沃尔玛年销售额突破 400 亿美元，成为全球大型零售企业之一。1994 年 5 月，美国《幸福》杂志公布的全美服务行业分类排行榜显示，沃尔玛 1993 年的销售额高达 673.4 亿美元，比上一年增长 118 亿多，超过了 1992 年排名第一位的西尔斯 (Sears)，雄居全美零售业榜首。1995 年，沃尔玛销售额持续增长，并创造了零售业的一项世界纪录，实现年销售额 936 亿美元，在《财富》杂志“95 美国最大企业”排行榜上名列第四。事实上，沃尔玛的年销售额相当于全美所有百货公司的总和，而且在较长时间内保持着强劲的发展势头。

截至 2001 年 4 月 15 日，该公司在国内外共有 4 249 家连锁店，分为折扣商店、购物广场、山姆会员店、家居商店四种形式，全部由该公司控股，实行直营连锁，遍布美国、墨西哥、加拿大、波多黎各、巴西、阿根廷、南非、中国、印尼等世界各地。它在短短几十年中有如此迅猛的发展，不得不说是零售业的一个奇迹。让我们看一下沃尔玛是怎样打造这一奇迹的。

以顾客为导向

沃尔玛坚信，“顾客第一”是其成功的精髓。1985 年被美国《福布斯》杂志列为首富，1992 年美国总统自由勋章获得者，沃尔玛庞大事业的缔造者山姆·沃尔顿这样说过：“我们的老板只有一个，那就是我们的顾客，是他付给我们每月的薪水，只有他有权解雇上至董事长的每一个人。道理很简单，只要他改变一下购物习惯，换到别家商店买东西就是了。”沃尔玛的营业场所总是醒目地写着其经营信条——第一条：顾客永远是对的；第二条：如有疑问，请参照第一条。

沃尔玛这种服务顾客的观念并非只停留在标记和口号上，而是深入到经营服务行动中。沃尔玛店铺内的通道、灯光设计都是为了令顾客更加舒适；店门口的欢迎者较其他同行更主动热情；收银员一律站立工作以示对顾客的尊敬；当任何一位顾客距营业员 3 m 的时候，营业员都必须面向顾客，面露微笑，主动打招呼，并问“有什么需要我效劳的吗？”沃尔玛力图让顾客在每家连锁店都感到“这是他们的商店”，都会得到“殷勤、诚恳的接待”，以确保“不打折扣地满足顾客需要”。正是这事事以顾客为先的点点滴滴为沃尔玛赢得了顾客的好感和信赖。

天天低价

沃尔玛一直特别注重价格竞争，长期奉行薄利多销的经营方针。沃尔顿的名言：“一件商品，成本 8 毛，如果标价 1 元，可是销售数量却是 1.2 元时的 3 倍，我在一件商品上所赚不多，但卖多了，我就有利可图。”所以，沃尔玛提出了一个响亮的口号：“销售的商品总是最低的价格”。在同类商品中，沃尔玛的价格要比最大的竞争对手之一凯马特的价格低 5%。然而，维持长期低价并不是一件轻而易举的事，沃尔玛之所以能长期保持价格优势还得益于其有效的成本控制。

1. 争取低廉进价

沃尔玛避开了一切中间环节直接从工厂进货，其雄厚的经济实力使之具有强大的议价能力。更重要的是，沃尔玛并不因自身规模大、实力强而以肆意损害供应商来增加自身利润，而是重视与供应商建立友好、融洽的协作关系，保护供应商的利益。沃尔玛给予供应商的优惠远超同行。美国第三大零售商凯马特对供应的商品平均45天付款，而沃尔玛仅为平均29天付款，大大激发了供应商与沃尔玛建立业务的积极性，从而保证了沃玛商品的最优进价。

2. 完善的物流管理系统

沃尔玛被称为零售配送革命的领袖。其独特的配送体系大大降低了成本，加速了存货周转，成为“天天低价”的最有力的支持。沃尔玛补充存货的方法被称为“交叉装卸法”。这套“不停留送货”的供货系统共包括以下三部分。

（1）高效率的配送中心

沃尔玛的供应商根据各分店的订单将货品送至沃尔玛的配送中心，配送中心则负责完成对商品的筛选、包装和分检工作。沃尔玛的配送中心拥有高度现代化的机械设施，送至此处的商品85%都采用机械处理，这就大大减少了人工处理商品的费用。同时，由于购进商品数量庞大，因此自动化机械设备得以充分利用，规模优势充分显示。

（2）迅速的运输系统

沃尔玛的机动运输车队是其供货系统的另一无可比拟的优势。至1996年，沃尔玛已拥有30个配送中心，2 000多辆运货卡车，保证进货从仓库到任何一家商店的时间不超过48 h，相对于其他同业商店平均两周补货一次，沃尔玛可保证分店货架平均一周补两次。快速的送货使沃尔玛各分店即使只维持极少存货也能保证正常销售，从而大大节省了存储空间和费用。由于这套快捷运输系统的有效运作，沃尔玛85%的商品通过自己的配送中心运输，而凯马特只有5%，其结果是沃尔玛的销售成本因此低于同行业平均销售成本2% ~ 3%，成为沃尔玛全年低价策略的坚实基石。

（3）先进的卫星通信网络

斥巨资建立的卫星通信网络系统使沃尔玛的供货系统更趋完美。这套系统的应用使配送中心、供应商及每个分店的每个销售点都能形成连线作业，在短短数小时内便可完成“填妥订单→各分店订单汇总→送出订单”的整个流程，大大提高了营业的高效性和准确性。

3. 营销成本的有效控制

沃尔玛对营销成本的控制非常严格。沃尔玛的广告开支仅相当于美国第二大连锁店西尔斯的三分之一，每平方英尺销售额比美国第三大连锁店凯马特高一倍。

沃尔玛的营销成本仅占销售额的 1.5%，商品损耗率仅为 1.1%，而一般美国零售商店这两项指标的平均值分别高达 5%和 2%。这些都使得沃尔玛实施低价策略的实力进一步加强。

“一站式”购物新理念

在沃尔玛，消费者可以体验“一站式购物”(one–stop shopping) 的新概念。在商品结构上，它力求富有变化和特色，以满足顾客的各种喜好。其经营项目繁多，包括食品、玩具、新款服装、化妆用品、家用电器、日用百货等。

另外，沃尔玛为方便顾客还设置了多项特殊的服务类型。

① 免费停车。例如深圳的山姆店营业面积 12 000 多平方米，有近 400 个免费停车位，而另一家营业面积达 17 800 多平方米的沃尔玛购物广场也设有约 150 个停车位。

② 沃尔玛将糕点房搬进了商场，更设有“山姆休闲廊”，所有的风味美食、新鲜糕点都给顾客在购物劳顿之余以休闲的享受。

③ 店内聘有专业人士为顾客免费介绍电脑、照相机、录像机及相关用品的有关情况，有助于减少盲目购买带来的风险。

④ 店内设有阑克施乐文件处理商务中心，可为顾客提供包括彩色文件制作及复印、工程图纸放大及缩小、高速文印在内的多项服务。

⑤ 一次性购物满 2 000 元或以上，沃尔玛皆可提供送货服务，在指定范围内每次 49 元 (因为商品价格中不含送货成本)。

⑥ 另外，深圳山姆店办理一切移动电脑售机业务，所有机型价格均比其他代办网点便宜 100 元。它还代理销售润讯的通信产品，代收各类机型的台费，各种中文机、数字机均比市面其他润讯网点便宜 50 元。

在店址选择上，沃尔玛也以方便顾客购物为首要考虑因素。在美国，它的触角伸向西尔斯、凯马特不屑一顾的偏远小乡镇。从明尼苏达到密西西比，从南加州到奥克拉荷马，沃尔玛无所不在。只要哪座乡镇缺乏廉价商店，沃尔玛就在哪里开业。

激励员工

1. 员工利益与沃尔玛紧紧相连

除了让工资、奖金与员工自身的工作业绩挂钩外，沃尔玛还实行职工入股、利润分享等制度。沃尔玛的员工为合伙人，坚持让员工从公司的成长中获得好处。沃尔玛的最大股东是员工分红信托基金组织。1977 年，该基金只有 440 万美元，到 1983 年已达 9 850 万美元，随着沃尔玛的成长，该基金也不断增加。1982 年，沃尔玛发给每位员工的红利相当于其年薪的 5.6%。此外，沃尔玛的员工可以利用扣薪的方式购买公司股票，公司补助 15%的价款。沃尔玛股票从 20 世纪 80 年代起成为纽约证券交易所的明星，从 1977 年到 1987 年，股票价格上涨了 20 倍。1992 年，沃尔玛公司董事会宣布自 1971 年以来的第 10 次一分为二的股票拆细，20 年的股票回报高达近 4 000 倍。参加股票购买方案的员工都得到了丰厚的回报。正因为沃尔玛与员工利益紧密相连，所以沃尔玛的每个基层店都挂有这样的标记牌："今天我们公司的股票价格，就靠我们的工作。"

2. 员工强烈的归属感和自豪感

沃尔玛的员工不是被称为"雇员"，而是被称为"合作者"或"同事"。从总裁到营业员，每位员工左胸前都佩戴着工作牌，除姓名外更醒目地印着"我们的员工与众不同"。为提高员工士气，沃尔玛还设有一连串奖励办法，如地区明星奖、特殊区域明星荣誉榜、销售竞赛奖、百货销售荣誉、控制损失奖等。得奖人的姓名和照片都刊登在公司刊物《Wal–Mart 世界》上。

3. 充足的职工培训

沃尔玛雇佣当地人，给予训练，并鼓励他们提出问题。公司非常重视对职工的培养和教育，在总部和各级商店开设各类培训班，利用晚间上课，并设有沃尔顿零售学校、萨姆营运学院等培训组织，专门培养高级管理人员。沃尔玛还非常注重提高分店经理的业务能力，并且在做法上别具一格。沃尔玛的最高管理层不是直接指导每家分店负责人该怎样做生意，而是创造一种环境，让分店经理们从市场、从其他分店学习这门功课。例如，沃尔玛的先进情报资讯系统为分店经理提供有关顾客行为的详细资料。此外，沃尔玛还投资购置了专机，定期载送各分店经理飞往公司总部，参观有关市场趋势及商品采购的研讨会，后随公司规模的持续扩大又装置了卫星通信系统，公司总部经常召开电话会议，分店经理无须跨出店门便能和其他分店彼此交换市场信息。沃尔玛正是通过其独特的培训方法，长此以往，迅速提高其员工的能力和业务水平。

讨论：

1. 沃尔玛在员工雇佣方面有哪些值得我们借鉴的地方？

2. 沃尔玛在经营决策过程中有何优势是值得农业企业学习和借鉴的？

第五章　农业企业人力资源管理

小故事

最优秀的草

有家大型工厂的老板是种田人出身，他闲暇时喜欢在厂区空地种草，从各地引进不同种类的草，亲自耕耘，就像他当年种庄稼那样。

第一年，一丛丛、一蓬蓬不同品种的草儿长起来了，却给人一种杂乱无章的感觉。对此，员工们打心眼里瞧不起老板，认为此人没有品位。每逢节假日等闲暇时间，老板便召集员工到草地整沟、挖墒、施肥、浇水，一同将那些长势不旺、病怏怏、乱蓬蓬的草除掉，留下那些生命力旺盛、“出类拔萃”的草继续生长。

第三年的早春，当田野里的野草刚刚发芽时，老板的草地已是芳草青绿。这时，大家明白了，老板留下的是最优秀的草。就在这年的春天，一个考察团来该老板的企业取经。他闭口不谈企业经营与管理，却把考察团带到草地上谈起种草经验，弄得人家“丈二和尚摸不着头脑”。老板说：“我在这块空地上引进了不同种类的草，让草儿自由生长，不管品种是什么，谁在咱地盘上长得最好就留下谁，反之则淘汰。我和员工都来种，结果，大家通过种草明白一个道理……”老板说到这儿卖起了关子，不说了，倒是考察团的团长接过他的话说：“明白了，这个道理是发现、留住、养好最优秀的草。这与用好人才是同一个道理啊！”

知识要点

了解人力资源在农业企业中的应用；掌握农业企业人力资源管理的发展历程以及各位学者提出的理论；了解并熟练掌握人力资源管理的主要工作内容，并将其灵活运用到工作中；学会制订人员招聘计划并进行人力资源规划；掌握人力资源需求与供给预测的方法；掌握如何对员工进行绩效考核。

第一节　农业企业人力资源管理概述

学术界一般把人力资源管理分成几个模块，其中包括人力资源规划，招聘与配置，培训与开发，绩效管理，薪酬福利管理，劳动关系管理。人力资源管理六大模块帮助农业企业管理者掌握员工管理及人力资源管理的本质。

一、人力资源

（一）人力资源概念的形成

德鲁克于1954年在其名著《管理的实践》中首先正式提出人力资源的概念并明确加以界定。人力资源是一个农业企业内所拥有的人力，农业企业依靠其制造产品或提供服务，以及从事各种功能活动，以实现组织目标。人力资源是决定农业企业是否具有竞争力的关键因素，农业企业的所有运作必须靠人，否则农业企业就无法有效运作，故每位经理人最重要的工作就是用到合适的人员，并使他们发挥最大的潜能。在现代农业企业管理体系中，人力资源管理与战略管理、资本运营管理、营销管理一样具有不可代替的重要地位。若人力资源运用不当，它就会是农业企业最大的包袱。第二次世界大战后，人力资源的观念深入人心。

（二）人力资源的含义

人力资源是在一个国家或地区中，处于劳动年龄、未到劳动年龄和超过劳动年龄但具有劳动能力的人口之和，也可以说是一个国家或地区的总人口减去丧失劳动能力的人口之后的人口。

人力资源也指一定时期内组织中的人所拥有的能够被农业企业所用，且对价值创造起贡献作用的教育、能力、技能、经验、体力等的总称，狭义讲就是企事业单位独立的经营团体所需人员具备的能力。

二、农业企业人力资源结构及人力资源结构分析

（一）农业企业人力资源结构

农业企业人力资源结构是指国家或地区的人力资源总体在不同方面的分布或构成。它可以分为自然结构、社会结构和经济结构三大方面。其中最主要的就是老板与员工的利益、分工、执行力等。

（二）农业企业人力资源结构分析

1. 人力资源数量分析

重点在于探求现有的人力资源数量是否与农业企业机构的业务量相匹配，也就是检查现有的人力资源配量是否符合一个机构在一定业务量内的标准人力资源配置，体现在人力资源配置标准的方法运用上。

2. 人员类别分析

这是一个机构业务的重心所在。按工作功能来分，一个机构内的人员可分为四类：业务人员、技术人员、生产人员和管理人员。这四类人员的数量和配置代表了农业企业内部劳力市场的结构。有了这项人员类别分析的资料，就可研究各项功能影响该结构的因素，这些因素可能包括以下几个方面：农业企业处在何种产品或市场中，农业企业运用何种技能与工作方法，劳力市场的供应状况如何，等等。按工作性质来分，农业企业内部工作人员又可分为两类：直接人员和间接人员。这两类人员的配置也随农业企业性质的不同而有所不同。最近的研究发现，一些组织中的间接人员往往不合理地膨胀，该类人员的增加与组织业务量增长并无联系，这种现象被称为“帕金森定律”。

3. 人员素质分析

人员素质分析就是分析现有工作人员的受教育程度及受培训状况。受教育与培训程度的高低可以在某种程度上显示人员工作知识的多少和工作能力的强弱，任何农业企业都希望能提高工作人员的素质，以期人员能对组织做出更大的贡献。而实际上，人员受教育与培训程度的高低应以满足工作需要为前提。因此，为了达到适才适用的目的，人员素质必须和农业企业的工作现状相匹配。管理层在提

高人员素质的同时，也应该积极提高工作人员的效率，以人员创造工作，以工作发展人员，通过人与工作的发展，促进农业企业的壮大。

4. 人员年龄结构分析

分析人员的年龄结构可在总的方面按年龄段进行，统计全公司人员的年龄分配情况，进而求出全公司的平均年龄。这项工作旨在了解组织人员是年轻化还是日趋老化，组织人员吸收新知识、新技术的能力，组织人员工作的体能负荷，工作职位或职务的性质与年龄大小的可能的匹配要求。以上四项情况均将影响组织内人员的工作效率和组织效能。

5. 职位结构分析

根据管理幅度原理，主管职位与非主管职位应有适当的比例。分析人力结构中的主管职位与非主管职位，可以显示组织中管理幅度的大小，以及部门与层次的多少。一个组织中主管职位太多可能表示职位结构不合理。

三、农业企业人力资源管理概念

人力资源管理的目标是有效地运用现有人员的技术与能力，协助农业企业组织实现目标，使农业企业组织拥有一群训练良好的工作人员。另一目标是增进农业企业内员工的工作满足感与自我实现。人力资源管理同时可以协助农业企业组织维持合乎伦理的政策与行为，并从事对个人、团体及组织均有利的变革。

要了解人力资源管理的概念，必须先了解人力资源的概念。

资源即“资财来源”。在我国综合性辞典《辞海》中，资源是指为创造物质财富而投入生产活动的一切要素。归纳起来，资源可分为两大类：一类是物力资源；另一类是人力资源。“人力资源”这一概念自20世纪60年代问世以来已被人们广泛接受。

一般看来，人力资源的概念有广义与狭义之分。

（一）广义的概念

广义的人力资源就是指社会劳动力资源，也就是从全社会的角度来说，人力资源是指社会全部人口中具有一定智力劳动与体力劳动能力，并能以合法劳动创造财富、推动社会向前发展的那部分人口，也称劳动力资源。

（二）狭义的概念

从狭义也就是从农业企业的角度来说，人力资源是指能够为农业企业直接或者间接创造价值的人才，主要指农业企业已经从社会获得的各种人才，也包括对农业企业有吸引力的各种潜在人才。

四、农业企业人力资源管理的环境

（一）外部环境因素

农业企业外部环境是对农业企业外部的政治环境、社会环境、技术环境、经济环境等的总称，由存在于组织外部、通常短期内不为农业企业高层管理人员所控制的变量构成。

（二）内部环境因素

农业企业内部环境由存在于组织内部、通常短期内不为农业企业高层管理人员所控制的变量构成，具体包括农业企业的组织结构、文化和资源。

五、农业企业人力资源管理的特点

农业企业人力资源管理的对象是农业企业的全部劳动力资源，这是其人力资源管理与其他职能管理的根本区别。换言之，农业企业人力资源管理的特点是由其管理对象的特殊性（农业企业人力资源的特点）决定的，具体有以下两大特点。

（一）人本管理

人本管理是农业企业人力资源管理最根本的特点，它体现了现代人力资源管理的精髓。人本管理的要点：以员工为本位；将人作为农业企业最宝贵的财富；确立人在管理中的主导地位；把农业企业人力资源管理的核心放在调动员工的积极性和主动性上面。

人本管理应该体现在人力资源管理的各个环节、各种具体业务的过程之中。例如，在人才招聘、培训、配置、晋升、薪酬管理等环节中都必须充分体现人本管理的原则。

（二）差异管理

差异管理也是农业企业人力资源管理区别于其他职能管理的重要特点。差异管理的特点同样应该体现在人力资源管理的各个环节、各种具体业务的过程之中。例如，人才招聘、培训、配置、晋升、薪酬管理等环节中都必须充分体现差异管理的原则。

六、现代农业企业人力资源管理的特征

（一）人本性

现代农业企业人力资源管理采取人本取向，始终贯彻“员工是组织的宝贵财富”的主题，强调对人的关心、爱护，把人真正作为资源加以保护、利用和开发。

（二）专业性与实践性

现代农业企业人力资源管理是组织最重要的管理职能之一，具有较高的专业性，有着很细的专业分工和深入的专业知识。人力资源管理是组织管理的基本实践活动，是旨在实现组织目标的主要活动，表现出高度的实践性。

（三）双赢性与互惠性

现代农业企业人力资源管理采取互惠取向，强调管理应该是获取组织的绩效和员工的满意感与成长的双赢结果，强调组织和员工之间的“共同利益”，并重视发掘员工更大的主动性和责任感。

（四）战略性与全面性

现代农业企业人力资源管理聚焦于组织管理中对为组织创造财富、创造竞争优势的人员的管理，是在组织最高层进行的一种决策性、战略性管理。人力资源管理是对全部人员的全面活动和招聘、任用、培训、发展的全过程的管理。只要有人参与的活动与地方，就要进行人力资源管理。

（五）理论基础的学科交叉性

现代农业企业人力资源管理采取科学取向，重视跨学科（包括管理学、心理学、经济学、法学、社会学等多个学科）的理论基础和指导，因此现代人力资源管理对其专业人员的专业素质提出了更高的要求。

（六）系统性和整体性

现代农业企业人力资源管理采取系统取向，强调整体地对待人和组织，兼顾组织的技术系统和社会心理系统；强调运作的整体性，一方面是人力资源管理各项职能之间具有一致性，另一方面是人力资源管理与组织中其他战略相配合，依靠和支持整个组织的战略与管理。

七、农业企业人力资源管理的目标及主要工作内容

（一）农业企业人力资源管理的目标

1. 充分发挥员工的主观能动性

充分、全面、有效地开发人力资源，充分发挥员工的主观能动性，是农业企业实现组织目标、获取竞争优势的有效手段。

（1）实现人的价值最大化

农业企业人力资源的开发与管理就是通过提高适用率、发挥率和有效率，达到人尽其才，才尽其用，最终实现农业企业利润最大化的目标，增强农业企业的竞争力，获取竞争优势。

（2）增加人力资本投入

扩展组织人力资本、增大人力资本的存量已成为农业企业人力资源开发与管理的一大目标。

（二）农业企业人力资源管理的主要工作内容

1. 人力资源规划

人力资源规划是指使农业企业稳定地拥有一定质量和必要数量的人力，以实现包括个人利益在内的组织目标而拟订的一套措施，从而求得人员需求量和人员拥有量在农业企业未来发展过程中的相互匹配。

2. 招聘与配置

招聘与配置是指按照农业企业经营战略规划的要求把优秀、合适的人招聘进农业企业，把合适的人放在合适的岗位。

3. 培训与开发

培训与开发是指组织通过采取学习、训导等手段提高员工的工作能力、知识

水平和潜能发挥，最大限度地使员工的个人素质与工作需求相匹配，进而促使员工现在和将来的工作绩效得到提高。

4. 薪酬与福利

薪酬与福利是指农业企业的薪酬体系是怎样的，怎样给不同的员工发工资、福利、补贴，要发多少，等等。

5. 绩效管理

绩效管理是指对员工的工作结果进行评价，体现员工在组织中的相对价值或贡献程度，从外延来讲，就是有目的、有组织地对日常工作中的员工进行观察、记录、分析和评价，通过绩效考核来考察员工的工作态度、工作能力、工作业绩等。

6. 劳动关系管理

劳动关系是指劳动者和用人单位在劳动过程中建立的社会经济关系。劳动关系管理还有一些档案、合同的管理。

八、现代人力资源管理和传统人事管理的区别

（一）产生的时代背景不同

传统人事管理是随着社会工业化的出现与发展而产生的。20 世纪初，人事管理部门开始出现，随后经历了一个漫长的发展过程。虽然社会经济不断发展，科学技术不断进步，但是人事管理的基本功能和作用并没有太大的变化，只是在分工上比原来更为精细，组织、实施更为严密而已。人力资源管理是在社会工业化迅猛发展，科学技术高度发展，人文精神日益高涨，竞争与合作日益加强，特别是社会经济有了质的飞跃的历史条件下产生和发展起来的。由传统人事管理转变为现代人力资源管理在对人与物质资源认识方面的表现：人不再是物质资源的附属物，或者说，人被认为是不同于物质的一种特殊资源。在人力资本理论中，有些学者主张人力资本所有者要凭借其产权获得企业的剩余利润的分享，正是基于人力资源的特殊性（人力资源具有主观能动性）而言的。总之，社会、经济、科学技术发展的不同状况决定了传统人事管理和现代人力资源管理的重要区别。

（二）对人的认识不同

传统人事管理将人的劳动看作一种在组织生产过程中的消耗或成本，也就是

说，生产的成本包括物质成本，还包括人的成本。传统人事管理主要关注如何降低人力成本，正确地选拔人，提高人员的使用效率和生产率，避免人力成本的增加。现代人力资源管理把人看作“人力资本”，这种资本通过有效的管理和开发可以创造更高的价值，能够为组织带来长期的利益。这种认识与传统人事管理对人的认识的根本区别在于：传统人事管理将人视为一种被动地适应生产的因素；现代人力资源管理则将人视为主动地改造物质世界，推动生产发展，创造物质、精神财富和价值的活性资本，它是可以增值的。

（三）基本职能不同

传统人事管理的职能基本上是具体的事务性工作、人事规章制度的贯彻执行等。总地来说，传统人事管理职能是具体的、技术性的事务管理职能。现代人力资源管理的职能是一项比较复杂的社会系统工程。现代人力资源管理既有战略性的管理职能也有技术性的管理职能。总地来说，现代人力资源管理的职能具有较强的系统性、战略性和时间远程性，其管理的视野比传统人事管理广阔得多。

（四）在组织中的地位有本质区别

传统人事管理由其内容的事务性和战术性所限，在组织中很难涉及全局性、战略性的问题。现代人力资源管理更具有战略性、系统性和未来性，它从行政的事务性的员工控制工作转变为以组织战略为导向，围绕人力资源展开的包括规划、开发、激励和考评等在内的流程化的管理过程，目的是提高组织的竞争力。现代人力资源管理从单纯的业务管理、技术性管理活动的框架中脱离出来，根据组织的战略目标而制定相应的人力资源的规划与战略，成为组织战略与策略管理中具有决定意义的内容。

第二节 农业企业人力资源管理的基础业务

进行人力资源管理要考虑很多因素，完成人力资源基础业务管理是完成农业企业管理的前提。人力资源部门员工开始基础业务管理前，要了解并分析农业企业的基础业务现状，找出漏洞与不足，通过制定人力资源管理制度和奖励措施，使农业企业经营效率与员工工作积极性得到提升。

农业企业经营规模与内部结构是进行人力资源管理时要注意的，人力资源部门要进行科学的岗位分析与考核，这是进行基础业务管理的重要因素。简单地讲，员工岗位分析是岗位职能与操作规范的界定，让员工按照职业规范与要求完成业务。

及时明确不同岗位的管理制度，让员工根据岗位要求与规定进行业务操作，可保证业务完成效率且可确保员工的岗位薪酬。人力资源部门员工可按照相对价值进行管理,进行人力资源基础业务管理的本质目的是让员工积极完成职能工作，确保农业企业管理与经营品质。所有人力资源管理操作都要从农业企业内部员工的角度考虑，进行农业企业人力资源管理不是纯粹地限制员工，而是制定合理的岗位管理与绩效考核制度，尽可能地提升员工的工作积极性。

科学的人力资源管理可以让农业企业内部结构合理，根据农业企业发展与管理的需求对企业人力资源管理制度进行调整与完善，因此人力资源部门员工要注意基础业务管理。

一、农业企业人力资源规划

（一）农业企业人力资源规划的概念

农业企业人力资源规划也称农业企业人力资源计划，是指为实施农业企业的发展战略，完成农业企业的生产经营目标，根据内外环境和条件的变化，通过对农业企业未来的人力资源的需要和供给状况进行分析及估计,对人力资源的获取、配置、使用、保护等环节进行职能性策划，制定农业企业人力资源供需平衡计划，以确保组织在需要的时间和需要的岗位上获得各种必需的人力资源，保证事（岗位）得其人，人尽其才，从而实现人力资源与其他资源的合理配置，有效地激励、开发员工。

1. 广义的概念

广义的农业企业人力资源规划是指人力资源战略规划与战术计划，即具体的实施计划的统一。

2. 狭义的概念

狭义的农业企业人力资源规划是指农业企业从战略规划和发展目标出发，根据其内外部环境的变化进行人力资源供需预测，并使之平衡的过程，实质上它是农业企业各类人员需求的补充规划。

（二）农业企业人力资源规划的目的

1. 规划人力发展

人力发展包括人力预测、人力增补及人员培训，这三者紧密联系，不可分割。人力资源规划不仅对目前人力现状予以分析，以了解人事动态，也对未来人力需求做一些预测，以便对企业人力的增减进行通盘考虑，再据以制定人员增补和培训计划。

2. 促使人力资源的合理运用

只有少数农业企业的人力配置完全符合理想的状况。在相当多的农业企业中，劳动强度有很大的差异。人力资源规划可改善人力分配的不平衡状况，进而谋求合理化。

3. 配合组织发展的需要

任何组织的特性都是不断地追求生存和发展，而生存和发展的主要因素是人力资源的获得与运用。现代科学技术日新月异，社会环境变化多端，如何针对这些多变的因素配合组织发展目标，对人力资源恰当规划甚为重要。

4. 降低用人成本

影响企业结构和用人数目的因素很多。人力资源规划可对现有的人力结构做一些分析，并找出影响人力资源有效运用的瓶颈，使人力资源效能得到充分发挥，降低人力资源在成本中所占的比例。

（三）农业企业人力资源计划的制订原则

1. 充分考虑内部、外部环境的变化

人力资源计划只有充分地考虑内部、外部环境的变化，才能适应需要，真正地做到为企业的发展目标服务。

内部环境变化主要指销售的变化、开发的变化或农业企业发展战略的变化、公司员工的流动变化等。

外部环境变化主要指社会消费市场的变化、政府有关人力资源政策的变化、人才市场的变化等。

在人力资源计划中，应该对可能出现的情况和风险变化做出预测，最好能有针对风险的应对策略。

2. 确保农业企业的人力资源得到保障

人力资源计划中应解决的核心问题是农业企业的人力资源保障问题。它包括人员的流入及流出预测、人员的内部流动预测、社会人力资源供给状况分析、人员流动的损益分析等。

只有有效地保证了对企业的人力资源供给，才可能进行更深层次的人力资源管理与开发。

3. 使农业企业和员工都得到长期的利益

人力资源计划不仅是面向农业企业的计划，也是面向员工的计划。农业企业的发展和员工的发展是互相依托、互相促进的。优秀的人力资源计划一定是能够使企业员工获得长期利益的计划，一定是能够使农业企业和员工共同发展的计划。

（四）农业企业人力资源规划的类型

1. 农业企业人力资源总体规划

农业企业人力资源总体规划是对规划期内人力资源管理的总目标、总政策、实施步骤和总预算的安排，又称战略人力资源计划，指农业企业为了达到战略目标而制订的期限在三年以上的人力资源计划。

2. 农业企业人力资源业务计划

农业企业人力资源业务计划包括人员补充计划、岗位配置计划、晋升计划、培训开发计划、工资计划、保险福利计划、劳资关系计划等。这些业务计划是总体规划的落实和具体化，业务计划完成的好坏直接影响人力资源总体规划的实现。

（1）人事计划

人事计划又称劳动力计划，主要涉及员工的招聘和解雇，是一种古典式的人力计划。

（2）人力资源计划

人力资源计划又称现代人力资源计划，是一种全面考虑企业需求，全面考虑企业人力资源引进、保持、提高、流出等环节的人力资源计划。

（3）战术人力资源计划

战术人力资源计划又称年度人力资源计划，主要指为达到企业战术目标而制订的期限在三年以内的人力资源计划。

（五）编制农业企业人力资源规划的意义

1. 为农业企业发展提供人力保障

传统的人事管理工作一般是在内部人员已经出现短缺时才会采取措施去寻找

替代者。现在，由于农业市场需求的迅速变化和现代生产技术的不断更新，不预先准备好适合农业企业各个发展阶段所需要的人力，合格人员的需求就很难满足。特别是在与农业企业独特生产技术密切相关的人员短缺时，仅凭传统做法而无战略规划显然是不能满足需要的。

2. 为农业企业人事决策提供充分的依据和指导，避免人力资源管理的随意性

农业企业在制定人力资源更新、使用、开发、激励等方面的人事政策时，必须以人力资源规划为依据和指导，否则人力资源管理工作就会随领导班子的变动而随意变化。

3. 调动员工的积极性与创造性

通过人力资源规划，员工可清楚地了解自己的经济和社会利益，以及实现利益的途径，从而在工作中表现出主动性和创造性。

总之，编制人力资源规划可以确保农业企业在适当的时间得到适当的人选（包括数量、质量、层次和结构）；可以满足变化的组织对人力资源的需求；可以最大限度地开发、利用组织内现有人员的潜力，使组织及其员工的双重利益得到充分满足。

（六）农业企业人力资源规划的编制流程

农业企业人力资源规划的编制流程如图 5.1 所示。

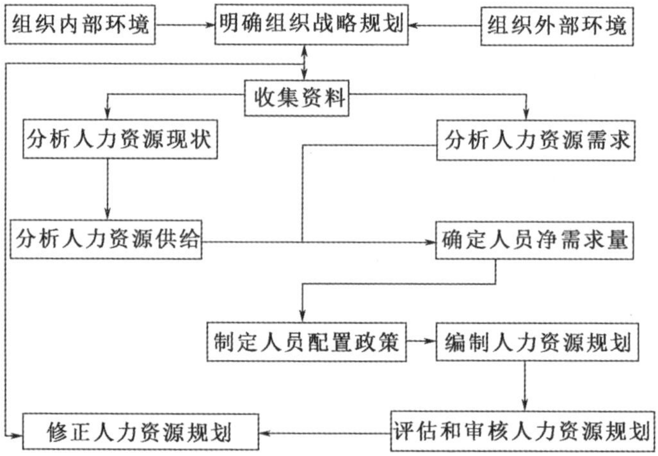

图 5.1　农业企业人力资源规划的编制流程

1. 明确组织战略规划

人力资源规划要以组织的战略目标为依据。

2. 收集资料

影响农业企业经营管理的因素很多，包括综合条件下的外部环境以及企业内部的各种因素，而这些因素是农业企业制订人力资源规划的硬约束，任何农业企业在制订人力资源规划时都必须首先考虑。

3. 分析人力资源现状

针对人力资源的供给问题，需要弄清农业企业内部及外部就业的情况；针对人力资源的需求问题，需要根据农业企业内部情况确定人员的需求数量和技能等情况。

4. 预测人力资源需求

它主要是根据组织战略规划和内外条件选择预测技术，然后对人力需求结构和数量进行预测。这需要了解农业企业对各类人力资源的需求情况，并对其中的缺点进行分析。这是一项技术性较强的工作，其准确度直接决定了规划的效果和成败，它是整个人力资源规划中最困难、最关键的工作。

5. 编制人力资源规划

编制人员供求平衡规划，目的就是编制各种具体的规划，保证各时间点上人员供求的一致，主要包括晋升规划、补充规划、培训发展规划、员工职业生涯规划等。人力资源供求达到协调、平衡是人力资源规划活动的落脚点和归宿。

6. 评估和审核人力资源规划

人力资源规划的基础是人力资源预测，但预测与现实是有差异的，因此制订出来的人力资源规划在执行过程中必须加以调整和控制，使之与实际情况相适应。所以，执行反馈是人力资源规划工作的重要环节，也是对整个规划工作的执行控制过程。

7. 修正人力资源规划

人力资源规划是一个动态的开放系统，对其过程及结果必须进行监督、评估，并重视信息反馈，不断调整，使其更切合实际，更好地促进农业企业目标的实现。人力资源规划评估和审核工作应在明确审核必要性的基础上制定相应的标准，同时在对人力资源规划进行评估与审核的过程中，还要注意保证组织的规范性和选用正确的方法。

二、农业企业人力资源需求预测

（一）概念

农业企业人力资源需求预测是指以农业企业总体战略目标为出发点，综合考虑各种因素的影响，运用科学的方法对农业企业未来人力资源的数量、质量和结构进行评估的活动。

（二）方法

1. 主观判断法

主观判断法是指根据管理人员过去的经验和直觉，根据每一产品的增量估算劳动力的增量。它一般用于短期预测，适用于规模小、结构简单的组织结构。

2. 微观集成法

自上而下：高层管理者先拟定组织的总体用人目标和计划，然后逐级下达到各职能部门，将意见汇总后反馈回高层，修正后公布。自下而上：组织中各部门根据本部门的需要预测将来某时期内对各种人员的需求量，由人力资源部进行横向和纵向的汇总，最后形成总体预测案。该方法适用于短期预测和生产比较稳定的企业。

3. 德尔菲法

德尔菲法也称集体预测法，是归纳专家对影响组织发展的某一问题的一致意见的程序化方法，主要有以下步骤。

①在农业企业中广泛地选择各个方面的专家。

②主持预测的人力资源部门要向专家说明预测对组织的重要性，确定关键的预测方向，解释变量和难题，并列举预测小组必须回答的一系列有关人力资源预测的具体问题。

③采用寄发调查表或问卷的形式以不记名的方式征询专家们（通常为10 ~ 12人）对问题的看法。各专家独立提出自己的意见。

④第一轮预测后，收集、汇总专家意见，并将这一综合结果反馈给他们。

⑤重复上述步骤3 ~ 5次，让专家们有机会修改自己的预测并说明原因，直到意见趋于一致。

4. 工作研究预测法

工作研究预测法是指通过工作研究计算完成某项工作或某件产品的工时定额和劳动定额，并考虑预测期内的变动因素，确定公司的职工需求。

5. 转换比率分析法

该方法的步骤是先估计组织所需要的具有关键技能的员工的数量，然后根据这一数量估计秘书、财务人员和人力资源管理人员等辅助人员的数量，即

$$经营活动业务量 = 人力资源数量 \times 人均生产率$$

三、农业企业人力资源供给预测

（一）概念

农业企业人力资源供给预测包括组织内部人力资源供给预测和组织外部人力资源供给预测两个方面。

组织内部人力资源供给预测主要是分析农业企业内部人力资源的流动模式，如离职情况、稳定情况、岗位转换情况等。

组织外部人力资源供给预测主要是向中介机构和高校进行调查咨询，同时通过分析农业企业所在地区的经济社会发展水平，分析本地区对各类人才的吸引程度，从而确定外部市场某一岗位的人力资源供给状况。

（二）农业企业内部人力资源供给预测方法

农业企业内部人力资源供给预测方法主要有人员继承法和马尔可夫模型法。

1. 人员继承法

人员继承法是通过为组织的某些职位确定继承者来预测组织内部人员供给情况的一种方法。这种方法有两点好处：一是为继承者规划好培训计划；二是避免因组织中的关键职位出现空缺而使组织蒙受重大损失。若某一重要职位有继承者可暂不考虑这个职位的人员招聘计划（但要考虑继承者职位空缺后的人员招聘计划）；相反，则需要考虑这个职位的人员招聘计划。

2. 马尔可夫分析法

马尔可夫分析法的基本思想是，以农业企业过去的人事变动规律预测未来的人事变动。它假设组织内的员工流动模式和流动比率在未来会大致重复，所以可

根据过去的人员流动情况预测组织的人员供给情况。

表 5.1 呈现了某农业企业人员变动率，是采用马尔可夫分析法预测农业企业内部人力资源供给情况的示例。

表 5.1　某农业企业人员变动率

职务	人员变动率 /%			
	经理	主管	会计师	离职
经理	0.80	0.00	0.00	0.20
主管	0.01	0.70	0.00	0.29
会计师	0.10	0.00	0.80	0.10

假设该农业企业维持以前的人数和流动模式不变，通过应用马尔可夫分析法可以得出某农业企业各岗位的人力资源供给与需补充的人数，见表 5.2。

表 5.2　某农业企业各岗位的人力资源供给与需补充的人数

职务	现有人数 / 人	人员变动数 / 人			
		经理	主管	会计师	离职
经理	40	32	140		8
主管	200	2			58
会计师	60	6	140	48	6
总人数	300	40	60	48	72
需补充的人数				12	72

（三）农业企业外部人力资源供给预测时应注意的问题

在进行农业企业外部人力资源供给预测时，需要注意以下各因素。

①本地区人力资源的总体构成：它决定了在年龄、性别、教育、技能、经验等层次与类别上可提供的人力资源的数量和质量。

②本地区的经济发展水平：当地经济越发达，对外地劳动力的吸引力越大，当地的劳动力供给也就越充分。

③本地区的教育水平：特别是政府与组织对培训和再教育的投入，直接影响人力资源的供给质量。

④本地区同一行业劳动力的平均价格、与外地比较的相对价格、当地的物价指数等都会影响劳动力的供给。

⑤本地区的地理位置对外地人口的吸引力。

四、工作分析

（一）工作分析的概念

工作分析就是对某一工作岗位的特征和任职要求进行界定与说明。具体地说，工作分析是对组织中某个特定工作职务的目的、任务、职责、权利、岗位隶属关系、工作条件、任职资格等相关信息进行收集与分析，以便对该职务的工作做出明确的规定，并确定完成该工作所需的行为、条件和人员的过程。

（二）工作分析的内容

1. 工作描述

工作描述指具体说明工作的物质特点和环境特点，其主要描述某一岗位的工作内容、工作责任与权利、工作标准与要求、工作时间与地点、工作岗位与条件、工作流程与规范等问题。工作描述没有统一的标准。一般情况下，工作描述包括以下几个方面的内容。

①工作名称：指组织对从事一定工作活动所规定的工作名称或工作代号，以便对各种工作进行识别、登记、分类，以及确定组织内外的各种工作关系。

②工作权责与内容：它是工作描述的主体部分，必须详细描述某一岗位的工作职责与内容。

③工作环境与条件：工作描述要完整地描述某一岗位所需要的物理环境与条件。

④工作关系：指某一岗位在企业内部的权力路线、信息路线和对外关系。

⑤培训机会与晋升机会。

⑥聘用条件：描述工作人员在正式组织中的有关工作安置等情况，包括工作时数、工资结构、支付工资的方法、福利待遇等。

2. 任职说明书

任职说明书即某一岗位对从业人员的任职要求，说明担任某项职务的人员必须具备的生理要求、能力要求和心理素质要求，主要包括以下内容。

①一般要求：包括年龄、性别、身体健康状况、体能、运动的灵活性、感觉器官的灵敏度等。

②能力要求：包括对学历、经验等方面的要求。

③心理素质要求：包括性格、气质、兴趣、爱好、态度、事业心、合作性、领导能力等。

（三）工作分析的作用

1. 工作分析是人力资源规划的基础

通过对部门内各项工作进行分析，农业企业可以规划各部门的人员编制，继而制订组织的人力资源需求计划。组织内的任何工作职务都是根据组织的需要来设置的，每项工作责任的大小、任务的轻重、时间的约束、工作条件的限制等因素决定了每项工作所需的人力条件。

2. 工作分析有助于选拔和任用合格人员

工作分析有助于选拔和任用合格人员，因为通过工作分析能够明确地规定各项工作的目标、任务、要求、权责，并确定每项工作对任职人员的心理、生理、技能、知识等方面的要求。明确而有效的任职标准可以使招聘工作更加科学化。

3. 工作分析有助于促进企业员工的培训与开发

在进行培训与开发时，农业企业可以按照各项工作任职说明的要求设计和制定培训方案，根据实际工作需要和参与人员的不同情况有区别、有针对性地安排培训内容与方法，以促进工作技能和工作效率的提高。

4. 工作分析可以为绩效评估提供标准和依据

工作分析中明确了各项工作的规范与要求，明确了任职要求，因而使得员工的绩效评估有了客观依据。如果缺乏客观依据，则将影响绩效评估的科学性和公正性，进而影响员工工作的积极性。

5. 工作分析有助于实现公平报酬

由于工作分析明确了工作责任，因此该工作在组织中的重要程度也得以明确，即工作的相对价值得以明确，以此为依据制定的薪资标准容易实现组织内及组织间报酬的相对公平。

（四）工作分析的过程

①准备阶段的主要任务是确定样本、收集资料并组成工作小组。

② 调查阶段的主要任务是围绕工作分析的主要内容对各项工作的权责、工作环境、工作内容和工作人员等主要方面做全面的调查。

③ 分析阶段的主要任务是对以上调查阶段的有关结果进行深入、全面的总结和分析。

④ 完成阶段的任务是根据工作分析的要求编制各岗位的“工作描述书”与“任职说明书”。

第三节 农业企业人力资源管理的主体业务

一、农业企业员工招聘与配置

员工招聘与配置工作是农业企业人力资源管理流程中的第一个环节，也是农业企业人力资源管理中最重要的基础之一。员工招聘的目的是根据农业企业的发展状态，找到具有合适技能、认同企业的文化、职业规划与企业战略相匹配、有意愿并能较稳定地服务于农业企业的员工。员工配置则是将农业企业的员工安置到最合适的职位上去实现人适其事、事宜其人。但是在现实的农业企业管理工作中，很多人力资源管理者都会面临“找不到合适的人，招不到人、留不住人”的难题。

（一）农业企业员工招聘的含义

员工招聘是指农业企业为满足自身发展的需要，向外部吸收具有劳动能力的个体的过程。

（二）农业企业员工招聘的目标

1. 获得农业企业需要的员工

新补充进来的员工就像制造产品的原材料，他们素质的高低对农业企业今后的生产经营活动会有很大的影响。如果不能招聘到合适的员工，农业企业在时间和资金等方面的投入都会有很大的浪费，也可能会影响到企业员工的士气。因而以获得农业企业需要的员工为招聘目标，这样有利于保障企业员工的素质，提高员工的使用效率。

2. 减少不必要的员工流失

农业企业不仅要招聘到人，留住人也是至关重要的。能否留住有用的员工，招聘工作的好坏是一个重要的因素。那些认可公司的价值观，在农业企业中能够找到适合自己兴趣、发挥自己能力的人，在短期内离开公司的可能性就比较小。这有赖于招聘过程中双方信息的有效传递和农业企业对应聘者的准确评价。

3. 树立农业企业形象

招聘过程是农业企业代表与应聘者直接接触的过程。负责招聘的人力资源管理人员的工作能力、招聘过程中对农业企业的介绍、面试的程序，以及招聘或拒绝什么样的人等都会成为应聘者评价农业企业的依据。招聘过程既可能帮农业企业树立良好的形象、吸引更多的应聘者，也可能损害农业企业形象，使应聘者失望。

（三）农业企业员工招聘的分类

1. 农业企业内部招聘

农业企业内部招聘员工是指从农业企业内部选聘符合条件的员工到农业企业的各个空缺职位上。

农业企业内部招聘员工的优点如下：首先，可以鼓舞农业企业其他成员的士气，激发上进心；其次，农业企业对从内部招聘的员工的各个方面有比较全面的了解，能够正确评估其优缺点，有利于在工作中取长避短；再次，农业企业内部招聘的员工对农业企业的目标、发展过程和存在的问题有较充分的了解，能很快胜任工作；最后，相对于外部招聘有时成本较低。

农业企业内部招聘员工的缺点如下：首先，造成“近亲繁殖”，农业企业内部员工长期以来习惯于农业企业的某些既定做法，不利于农业企业吸收新的观念，阻碍了农业企业的不断创新发展；其次，农业企业有可能短时间难以从内部招聘到合适的员工，或者被招聘员工不愿意接受新的职位，都会使企业的正常运行和发展受到影响；最后，农业企业内部未被招聘的员工会产生怨气，积极性受到影响，并影响农业企业的整体士气。

2. 农业企业外部招聘

当农业企业不能从内部招聘到合适的员工时，常常会通过一些媒体、中介机构到农业企业外部去招聘人员。

农业企业外部招聘员工的优点如下：首先，给农业企业补充新鲜的“血液”，带来新思想、新方法，避免“近亲繁殖”；其次，对于某些职位，从外部招聘专业员工比企业自己培训要经济得多；最后，可以避免挫伤农业企业内部未被招聘员工的积极性，防止由此引起农业企业不团结。

农业企业外部招聘员工的缺点如下。首先，农业企业内部未被招聘的员工可能产生不满情绪或者相互间不合作的情况，并由此对前途丧失信心，影响农业企业士气；其次，来自农业企业外部的员工对农业企业的各方面状况了解不足，需要一段较长的适应期；再次，农业企业对外部招聘员工的认识也需要一段时间，究竟能否达到企业的期望，还要在以后的实际工作中进行考察；最后，外部招聘员工会执着于原来农业企业的做法，与本农业企业产生矛盾。

（四）农业企业员工招聘的流程

大多数农业企业人力资源管理部门招聘员工的基本流程：确定人员需求—制订招聘计划—人员甄选—招聘评估。

根据基本流程，可以确定人力资源管理部门详细的基本工作流程。

① 用人部门提出申请，部门经理提出所需人数、职位、要求及申请原因。

② 人力资源部门复核，由最高管理层确定招聘计划。

③ 人力资源部门根据其他部门递交的需求人员申请单，确定招聘的职位名称和所需的名额。

④ 对应聘人员的基本要求（即资格、条件）进行限制，比如该职位所需学历、年龄、能力和经验等。

⑤ 所有招聘职位员工的基本工资和预算工作的核定。

⑥ 制订及发布资料，准备通知单或公司宣传资料，申请办理日期。

⑦ 联系人才市场或张贴招聘通知，并安排面试时间、场地和面试方式。

⑧ 最终确定人员，办理试用期入职手续，合格录用转正手续。

⑨ 签订合同并存档。

（五）农业企业员工招聘的渠道

1. 广告招募

其主要优点是信息面大、影响广、传播及时、可吸引较多的应聘者；其缺点是广告费用高，由于应聘者较多，招聘费用也会随之增加。

2. 员工推荐招募

其主要优点是双方在事先已有一定的了解，可简化招聘程序及节省费用，尤其对关键岗位的职缺人员；其缺点是有时会碍于情面而影响招聘质量，另外如果此类人员录用较多的话，易在企业内部形成裙带关系，给管理带来困难。

3. 高校招募

其主要优点是招聘成本低，且应届毕业生比较容易接受农业企业的文化，同时青年人进入农业企业，能给农业企业注入鲜活生命力；其缺点是应届毕业生缺少实际工作经验，农业企业势必增加培训费用。

4. 职业中介

其主要优点是因职业中介集中了人力资源供求两方面的信息，故能为企业招聘人才提供多方面的服务，特别是一些猎头公司，为企业选拔中高级管理人员及技术人员起到了重要的作用。

（六）农业企业员工招聘的原则

1. 计划性原则

其是指按照国家的法令、法规和政策，以及农业企业不同阶段对人力的需求，可制订分阶段的员工招聘计划。对于已投入正常运行的农业企业，更应制订人力需求计划以指导员工招聘工作。如果农业企业的人力资源管理部门只采取紧急招聘（即无计划的短期行为）来满足农业企业对人力的需求，那么必将使农业企业的人员招聘工作陷入被动局面，无法满足农业企业发展对人力资源的需求。

2. 公正性原则

其是指针对来自不同渠道的应聘人员，应采取一视同仁、任人唯贤、择优录用的态度，使应聘人员有平等的竞争机会，否则不仅会影响录用人员的日后绩效，而且还会严重损害企业形象，不利于农业企业的发展。

3. 科学性原则

其是指农业企业必须制定科学而又切合实际需要的岗位用人标准和规范，作为严格考核选拔合格人员提供录用的客观依据；必须形成一套科学的考核体系，保证招聘工作的公正性；必须制定一套科学而实用的操作程序，确保招聘工作有条不紊地进行，提高工作效率。

4. 少而精原则

其是指可招可不招时尽量不招，可少招可多招时尽量少招。招来的员工一定要人尽其才，适应职位要求，充分发挥其作用。

5. 宁缺毋滥原则

其是指职位宁可空缺，也不能让不适合该职位的人占据。

6. 择优原则

其是指通过科学、全面的考核，将最优秀的人员选拔到农业企业中来。

7. 竞争原则

其一，其是指农业企业在招聘员工时，应通过竞争的方式，按照考核的结果来选择员工；其二，其是指农业企业在招聘员工时，应尽可能多地吸引人们来应聘。

8. 真实原则

其是指向应聘者表述真实职位要求，包括职位的优势和不足，让应聘者比较充分地了解该职位。

9. 守法原则

其是指在员工招聘过程中，一切与国家法律、法规相违背的活动都是无效的，甚至要受到法律的制裁。

（七）常见的招聘误区

1. 重智轻德

有些用人单位在选拔毕业生时，只注重其学业成绩、外语水平和研究成果等因素，而不注意毕业生的思想道德品质、在校表现及敬业精神。

2. 重关系轻素质

招聘员工应以素质为标准，谁的素质高就录用谁。但有些用人单位在招聘员工时，往往会违背招聘的原则，只看社会背景，看是哪位领导或者熟人介绍来的，对有关系和背景的应聘者往往来者不拒，优先录用。

3. 重男轻女

有些单位认为女性的体能和业务水平不如男性，且她们要生儿育女，休产假，操持家务，所以认为使用女性员工的劳动力成本较高。

4. 重文凭轻水平

有些农业企业在招聘员工时，不从企业实际情况出发，只看学历，不看能力，片面地认为学历越高越好，坚持“博士生多多益善，研究生来者不拒，本科生考虑考虑，专科生、中专生不要不要”的状态来招聘。

5. 重相貌轻潜能

有些农业企业在招聘人才时，只注重应聘者的身高、容貌、气质和身材等外在条件，对面貌挑剔，以貌取人，而不太注重应聘者的潜在能力和心理素质等条件。

（八）农业企业员工招聘的考核方法

人力资源招聘的考核方法主要包括面试、测试及情景模拟等。

1. 面试

面试是通过与应聘者正式的交谈，客观了解应聘者的业务知识水平、外貌风度、工作经验、求职动机、表达能力、反应能力、个人修养及逻辑性思维等情况，为录用决策提供依据。面试形式大体可分为结构式面试、非结构式面试和混合式面试三种。

（1）结构式面试

此类面试首先要设计好全部问题，然后一一提问。这样有准备、系统式的提问有利于提高面试的效率，了解情况较为全面。但是，这种面试方式过于程序化，不灵活。

（2）非结构式面试

此类面试指应聘者在面试中可随时发问，无固定提问程序，可针对不同应聘者提出不同的问题。这种面试方式可以了解到特定的情况，但缺乏全面性。

（3）混合式面试

此类面试将结构式面试与非结构式面试结合起来，故称为混合式面试。这种面试方式可以取二者之长，避二者之短，所以是常用的一种面试方式。

面试官在面试时有很多应当注意的事项。第一，应紧紧围绕面试的目的，不能偏离主题。第二，在和谐的气氛下，了解的信息才会比较准确。除非为了了解应聘者在压力状态下的心理素质，这时可以采用一些压力气氛。和谐的气氛可以使应聘者在从容不迫的情况下，表现出其真实的心理素质和实际能力。第三，对应聘者要充分重视，面试官在面试中不能表现出漫不经心的态度，这样会使应聘者感觉自己遭受冷落，便不会积极地做出反应，从而不能真正地了解应聘者的心理素质和潜在能力。第四，运用标准的评分表，制定好客观的标准答案，在面试时应运用标准的评分表给每个应聘者评分。第五，要及时记录每位应聘者的表现，只有一边面试一边记录才能够把全部信息尽可能多地记录下来。第六，面试中不要暴露面试官的观点和想法，避免应聘者为了迎合而掩盖其真实想法。第七，面试官在面试中，除了要倾听应聘者回答的问题外，还要观察他的非语言行为，从中可以看出应聘者的一些个性，如诚实、毛躁等。第八，面试官在面试中还可以提出一些案例，这些案例均是与应聘职务有关的，从中观察应聘者的分析、判断能力。第九，面试中非常重要的一点是了解应聘者的求职动机。这是一件比较困难的事，因为一些应聘者往往把自己真正的动机掩盖起来，但可以通过他的离职原因、个人发展、对应聘职位的期望等方面，再与其他问题联系起来综合判断，如果应聘者对离职原因讲述不清，或频繁离职，则须引起注意。

2. 测试

测试主要是指心理素质测试。心理素质测试是通过一系列科学方法测量被试者智力和个性差异的一种方法。心理测试的主要内容如下。

（1）智力测试

智力是指人学习知识、认识事物、解决问题的能力，包括观察力、记忆力、想象力、思维能力等。

（2）个性测试

个性是指个体一组较稳定的心理活动特点的总和。个性主要包括个性特征、理想、态度、信念、价值观等，个性特征包括气质、性格、兴趣、能力等。

（3）特殊能力测试

有些职位对从业人员有一些特殊的技能要求，这也要进行一定的测试。

3. 情景模拟

情景模拟是指通过编制一套与该职务实际情况相似的仿真测试项目，将应聘者安排在模拟的工作情景中处理各种问题。情景模拟的主要内容如下。

（1）公文处理

公文一般由文件、备忘录、电话记录、上级指示和报告等组成，应聘者可根据自己的经验、知识能力、性格、风格去处理 5 ～ 10 份文件。

（2）无领导的小组讨论

这实际上是一种成组面试的方法，即把所有应聘者组成一个无领导的讨论小组，通过讨论某一设定的问题，了解应聘者的心理素质和潜在能力，并可从中观察应聘者的主动性、表达力、自信心、说服力、分析力和抗压力等。

（3）角色扮演

角色扮演要求应聘者扮演一个特定的管理角色来处理日常管理问题，侧重了解一个人的心理素质和潜在能力。

二、农业企业员工培训

（一）概念

农业企业员工培训是指为开展业务及培养人才的需要，采用各种方式对员工进行有目的、有计划的培养和训练的管理活动，公开课、内训等均为常见的员工培训及农业企业培训形式。

（二）方法

1. 讲授法

讲授法属于传统的培训方式，优点是运用起来方便，便于培训者控制整个过程；缺点是单向信息传递，反馈效果差。

2. 视听技术法

视听技术法通过现代视听技术（如投影仪、DVD、录像机等工具）对员工进行培训。其优点是运用视觉与听觉的感知方式，直观鲜明，多用于农业企业概况、传授技能等培训内容，也可用于概念性知识的培训。

3. 讨论法

按照费用与操作的复杂程度，讨论法可分成研讨会与小组讨论两种方式。

研讨会多以专题演讲为主，在会议中途或会议后允许员工与演讲者进行交流沟通。其优点是信息可以多向传递，与讲授法相比，反馈效果较好，但费用较高。

小组讨论的特点是信息交流方式为多向传递，员工的参与性高，费用较低，多用于巩固知识，培训员工分析、解决问题的能力与人际交往的能力，但运用时对培训教师的要求较高。

4. 案例研讨法

案例研讨法是指通过向培训对象提供相关的背景资料，让其寻找合适的解决方法。该方法使用费用低，反馈效果好，可以有效地提高员工分析、解决问题的能力。另外，培训研究表明，案例研讨法也可用于知识类的培训，且效果更佳。

该方法在使用过程中优势显著：第一，可以帮助员工学习分析问题和解决问题的技巧；第二，可以帮助学员确认和了解不同的解决问题的可行方法。当然它也有局限性：第一，需要较长的时间；第二，可能同时激励与激怒不同的人。

5. 角色扮演法

角色扮演法是指员工在培训教师设计的工作情况下扮演一定的角色，其他员工与培训教师在员工表演后做适当的点评。该方法在使用过程中优势明显：第一，可以激发员工解决问题的热情；第二，可以增加学习的多样性和趣味性；第三，能够激发热烈的讨论，使员工各抒己见；第四，能够为员工提供在他人立场上设身处地思考问题的机会；第五，可以避免危险与尝试错误的痛苦。当然它也有局限性：第一，员工的数量不宜太多；第二，演出效果可能受限于员工过度羞怯或过深的自我意识。

培训者在培训时应注意的问题有很多。第一，要准备好场地与设施，使演出员工与其他员工之间保持一定的距离。第二，演出前要明确议题所遭遇的情况。第三，谨慎挑选演出员工与角色分配。除此以外，鼓励学员以轻松的心情演出，同时可由不同组的员工重复演出相同的情况。第四，可安排不同文化背景的员工演出，以了解不同文化的影响。

6. 自学法

该方法比较适合于一般理念性知识的学习。由于成人学习具有偏重经验与理解的特性，因此让具有一定学习能力与自觉性的员工自学是既经济又实用的方法，但此方法也存在监督性差的缺点。

7. 互动小组法

互动小组法也称敏感训练法。该方法主要适用于管理人员的实践训练与沟通训练。让员工在培训活动中以亲身体验的方式来提高他们处理人际关系的能力。其优点是可明显改善和提高员工的人际关系与沟通能力，局限性是其效果在很大程度上依赖于培训教师的水平。

8. 网络培训法

网络培训法是一种新型的计算机网络信息培训方式，投入较大。该方法使用灵活，符合分散式学习的新趋势，节省员工集中培训的时间与费用。这种方法信息量大，新知识、新观念传递优势明显，更适合成人学习。因此，该方法特别被实力雄厚的企业所青睐，也是培训发展的一个必然趋势。

9. 个别指导法

个别指导法的别称有很多，可称作“师徒传承”，也可称作“师父带徒弟”“学徒工制”“个别指导法”。该方法是由一个在年龄上或经验上相对资深的员工支持一位较资浅的员工进行个人发展或生涯发展的体制。师父的角色包含了教练、顾问及支持者。身为教练，他会帮助资浅员工发展其技能；身为顾问，他会提供支持并帮助员工建立自信；身为支持者，他会以保护者的身份积极介入各项事务，让资浅员工得到更重要的任务，或运用权力让他们升迁、加薪。该方法在使用过程中优势明显：第一，在师父的指导下工作，可以避免盲目摸索；第二，有利于尽快融入团队；第三，可以消除刚刚进入工作时的紧张感；第四，有利于传统的优良工作作风的传递；第五，可以从师父处获取丰富的经验。

10. 场景还原法

场景还原是一种新型的员工培训方法。它的主要方式就是让新员工有一个途径，可以从项目、任务、客户、同事等多个维度来了解事情发生的前因后果和“上下文”，而这个途径就是“活动流”。

领度系统可以让员工根据工作需要进入相应的“活动流”中。如果员工想了解项目，那么进入项目“活动流”就可以了解项目的目标、资源、执行过程、文档等所有信息。如果是接手一个未完成的项目任务，那么该系统可以将任务重新分配给新的员工，这个新员工会马上了解到任务执行的前期记录、解决方法，以及客户的反馈信息等。如果一个新领导想了解部门员工，那么他可以通过权限进入每个员工的个人空间去了解他们的工作、兴趣、爱好、工作真实进度，对工作所提的建议，以及所完成的项目、任务、文档等，这样新领导就能快速融入团队，开展自己的工作。

（三）如何做到有效的员工培训

1. 重视培训需求分析

这个过程既是确定培训目标、设计培训规划的前提，也是进行培训评估的标准和基础。

2. 严格考核，注重效果

通过培训效果的评价，我们可以得到如下信息：培训及时性信息、培训目的设定合理与否的信息、培训内容与形式方面的信息、教材与教师选定方面的信息等。

3. 树立新的培训理念

第一，树立“培训是人力资本增值源泉”的理念，进一步提高企业领导对培训工作重要性的认识，真正意识到员工培训是现代农业企业生存、竞争、发展的基础。第二，对员工的培训应该是终身过程，使员工在任何职业生涯阶段都可以发挥作用。第三，让单一的工作能力培训变为综合型培训，在对工作能力和技能进行培训的同时，还必须注重对学习态度、创新能力等进行协同性的开发。

4. 建立科学系统的员工培训体系

完整系统的员工培训体系应该符合 PDCA（“计划—实施—检查—处理”）循环，其中包括准备阶段、培训阶段、评价阶段和反馈阶段。

（四）流程

1. 分析培训需求

分析培训需求是有效实施培训的前提条件。对于农业企业员工培训需求的分析，应从以下三个方面结合起来进行，即农业企业发展层面、工作任务层面和个人素质要求层面。

①农业企业发展层面的培训需求分析，主要从农业企业现状和农业企业未来

发展对员工素质的要求进行。

②工作任务层面的培训需求分析，主要根据每一个职位的任职资格要求进行。

③个人素质要求层面的培训需求分析，主要是分析员工的实际工作能力、潜力与其所从事的现任职位的要求之间的差距，通过分析可以确定谁需要接受培训，需要哪种培训。

2. 制订员工培训计划

员工培训计划主要应该包括以下内容：培训对象（一般来说，企业在确定培训对象时，要考虑工作急需原则、关键性原则及长远原则）、培训内容（一般主要涉及企业文化、知识、技能、管理、心理素质等方面）、培训时间、培训地点、培训方式、培训预算等。

3. 实施培训计划

实施培训计划即对制订好的培训计划认真地执行。

4. 培训评估

培训评估包括对培训效果、经济效益，以及培训内容、方法等方面的评估。

（五）内容

农业企业员工的培训涉及面较广，应根据对象的不同确定不同的培训内容。具体来说，员工培训的内容主要有以下几个方面。

首先，适应性培训侧重培养员工适应新环境的能力，主要包括新员工导向培训和员工转岗培训。新员工导向培训是对刚进入农业企业的新员工所进行的专门培训。员工转岗培训是对需要转换工作岗位的人员进行的专门培训；员工转岗培训通常有两种情况：第一，员工由于在企业内部转换岗位而对他们进行新岗位适应能力的培训；第二，员工职位晋升。为了使晋升者具备新岗位所需要的素质，如管理能力、人际沟通能力、抗挫折能力、洞察能力等，需要对晋升者进行特定的转岗培训，使他们尽快地提高自身素质，适应岗位需求。

其次，知识培训是员工培训的一项重要内容，它包括与岗位相关的专业技术知识、专业基础知识；技能培训包括一般技能培训和特殊技能培训。

三、农业企业员工绩效考评

（一）农业企业绩效考评的概念

员工绩效是指组织内部的员工为组织所做的努力及贡献的收益。

员工绩效考评又称为绩效管理，简称为考绩，即通过运用科学的考核标准和方法，对职工的工作绩效进行定期的考评，从而全面了解职工完成工作的情况，以及发现其不足和存在的问题，并进行相应的人事激励和岗位安排。考绩是企业对所招聘的每位员工的工作成绩进行系统考察，从而确定其工作效果的过程。考绩是企业人力资源开发与管理工作的核心职能之一。

（二）农业企业绩效考评的必要性

①考绩本身是一种绩效控制的手段，通过对员工工作业绩的评定与认可，从而激励员工工作，使员工体验到工作的成就感，并增强斗志。同时，考绩也是惩戒的依据之一，有效地惩戒也是提高员工工作效率和工作质量的手段。

②考绩与薪资管理也有密切联系，考核结果将直接影响员工的报酬。目前，很多企业都在通过考绩发放绩效工资。

③考绩结果可以作为员工升迁、淘汰的重要依据。

④考绩是农业企业管理决策的重要参考。通过考核结果可以发现员工的长处与不足，从而对农业企业培训工作提供方向。同时，考核结果也可以提供给农业企业中其他职能部门作为决策的参考。

（三）农业企业绩效考评的目的

考绩的目的主要是为人事决策（如员工升迁、委任、惩处等）提供依据，同时，也为员工的培训开发提供依据，其具体内容如下。

1. 考绩是对员工工作业绩的评定

一方面，它具有激励功能，可以使优秀的员工体验到成就感、自豪感，从而增强对工作的满意感。另一方面，考绩是执行惩戒措施的依据之一，而惩戒也是提高工作效率、改善绩效不可缺少的措施。

2. 考绩的结果是薪酬管理的重要工具

薪酬与物质奖励是激励员工的重要工具。健全的考绩制度与措施能使员工普遍感到公平，从而增强其对工作的满意感。

3. 考绩结果是员工岗位升迁、淘汰的重要标准

通过考绩，可以评估员工对现任职位的胜任程度及其发展潜力。

4. 考绩对于员工的培训与发展具有重要意义

考绩不但可以发现和找出培训的需要，据此制定培训措施与计划，还可以检验培训措施与计划的效果。

（四）农业企业绩效考评管理存在的问题

1. 对现代绩效管理认识不足

绩效管理是现代农业企业人力资源管理的核心。在实际工作中，个别员工对现代企业绩效管理的实质和重点未能完全理解，对其认识仍未上升到现代农业企业人力资源管理的高度，存在一定的恐惧感和抵触感。个别员工认为考核体系的评价不够公正，不能真实反映员工实际的工作绩效状况，对个人认为本应是“超期望值”的评价，却仅仅得到“达期望值”或“未达期望值”的评价，对此表示不满，从而产生挫败感和抵触感。

2. 考核指标量化较为困难

由于部门或员工岗位职责之间的不可比性，在考核指标设置中难以完全涵盖各个层级和各个岗位的要求，因而在指标设置上要将全部指标均量化较为困难，目前只能针对同一性质和层次的岗位设定一致的考核指标，这在一定程度上制约了绩效考核的客观性。

3. 考核容易受到个人主观因素的影响

在考核工作中，由于考核者对绩效考核的技能尚未完全掌握，考评无以为据，只能求助于印象或个人述职报告。印象的形成是由多种因素所决定的，也受到考评者自身因素的影响，具有很大的不确定性，即便是述职报告也不能全面地反映员工的真实情况。这时考核往往会受人际关系和情感因素的影响，使之失去客观衡量尺度，评先进变成了评人缘，影响了考核结果的公正性。

（五）农业企业绩效考评的基本原则

1. 客观评价原则

该原则是指应尽可能地进行科学评价，使之具有可靠性、客观性、公平性。

2. 全面考评的原则

该原则是指要多方面、多渠道、多层次、多角度、全方位地进行立体考评。

3. 公开原则

该原则是指应使考评标准和考评程序科学化、明确化和公开化。

4. 差别原则

该原则是指考评等级之间应当产生较鲜明的差别界限，才会有激励作用。

5. 反馈原则

该原则是指考评结果一定要反馈给被考评者本人，否则难以起到考绩的教育作用。

（六）农业企业绩效考评的种类

1. 按考评目的和内容分类

依考评目的和内容的不同，主要可分为综合型考评、品质型考评、行为型考评和效果型考评四种。

（1）综合型考评

这是对某一位员工所做的整体评价与鉴定。它是一种轮廓性的、定性的描述，往往涉及该人的道德品质、作风、基本能力和智力等。

（2）品质型考评

这种考评侧重考察员工的个人品性、素质和修养等，通常要做维度分解，从不同的维度分别进行评价，如考察员工的忠诚度、主动精神、创造力、自信心、合作精神等。

（3）行为型考评

这种考评用于考核员工的工作行为模式、行为风格。它不仅是多维的，而且每个维度因素都设计了标准的尺度以供定量的测定。行为型考评一般要用到量表。

（4）效果型考评

这类考评着眼于考查员工的工作成绩，考核的重点在于产出和贡献，而不在于员工工作行为与活动本身。效果型考评包括对工作成绩的量和质两个方面的考评，也要用到多维度因素和量表。

2. 按考评时间分类

按考评时间的不同，可分为日常考评与定期考评。

日常考评是指对被考评者的出勤情况、产量和质量实绩、平时的工作行为所做出的经常性考评；定期考评是指按照一定的固定周期所进行的考评，如年度考评、季度考评等。

3. 按考评主体分类

按考评主体的不同，可分为主管考评、自我考评、同事考评、下属考评和顾客考评。

（1）主管考评

主管考评是指上级主管对下属员工的考评。这种由上而下的考评，能较准确地反映被考评者的实际状况，也能消除被考评者心理上不必要的压力，但有时也会受主管领导的疏忽、偏见、感情等主观因素的影响而产生考评偏差。

（2）自我考评

自我考评是指被考评者本人对自己的工作实绩和行为表现所做的评价。这种方式透明度较高，有利于被考评者在平时就自觉地按考评标准约束自己，但最大的问题是有“倾高”的现象存在。

（3）同事考评

同事考评是指同事间互相考评。这种方式能够体现考评的民主性，但考评结果往往受被考评者人际关系的影响。

（4）下属考评

下属考评是指下属员工对他们的直接主管领导的考评，一般选择一些有代表性的员工用比较直接的方法（如直接打分法等）进行考评，考评结果可以公开或不公开。

（5）顾客考评

顾客考评是指将顾客也纳入员工绩效考评体系中。在一定情况下，顾客常常是唯一能够在工作现场观察员工绩效的人，此时他们就成了最好的绩效信息来源。

4. 按考评结果的表现形式分类

按考评结果表现形式的不同，可分为定性考评与定量考评。

定性考评的结果表现为对某员工工作评价的文字描述，或对员工之间评价高低的相对次序以优、良、中、及格、差等形式表示；定量考评的结果则表现为以分值或系数等形式表示。

（七）农业企业绩效考评的影响因素

1. 绩效考核定位模糊

所谓考核的定位问题，其实质就是通过绩效考核要解决什么问题，绩效考核的管理目标是什么。许多企业考核定位存在的问题，主要表现在绩效管理体系中考核定位模糊、缺乏明确的目的或对考核目的定位过于狭窄，使考核流于形式；或者只是为了奖金分配而进行，考核制度甚至等同于奖金分配制度，非常明确地规定了某项工作的惩罚性措施，使得员工的注意力都集中在如何避免犯“规”被罚，而不是如何努力提高工作绩效上。更严重的是在某些企业甚至出现员工尽可能少做事的现象，因为做得多，犯“规”的概率就大，也就意味着被罚的概率大。所以，没有员工愿意承担那些对于企业非常重要、但容易犯“规”的工作，加上考核方法不完善，考核结果不准确，势必造成员工对考核的抵触。

2. 绩效指标缺乏科学性

选择和确定什么样的绩效指标是考核中一个重要的，也是比较难于解决的问题。很多企业都在追求指标体系的全面和完整，所采用的绩效指标通常一方面是经营指标的完成情况，另一方面是工作态度、思想觉悟等一系列因素。不同专业的管理线独立管理着一套指标，可谓是做到了面面俱到，然而对如何使考核的标准尽可能地量化具有可操作性并与绩效相结合却考虑不周。而且，绩效管理应该主要抓住关键业绩指标，将员工的行为引向组织的目标方向，太多和太复杂的指标只能增加管理的难度和降低员工的满意度，影响对员工行为的引导作用。

3. 绩效考核的主观性

健全的人事考评制度就是通过对员工过去一段时间内工作的评价，判断其潜在发展能力，并作为对员工奖惩的依据，但在实践中，评估的正确性往往受人为因素影响而产生偏差。对于那些和自己的某一方面（种族、籍贯、性别、学历、专业、母校、志趣、业余爱好等）相类似的人产生偏爱而给予较有利的评估。“两头小，中间大”的一般性规律，存在不从事实出发，或由于没仔细考察下级的表现而不愿给出“最优”与“最劣”的极端评语，干脆来个平均主义，一视同仁，都评个“中等”；不久前发生的、时间较近的事件印象较深，认为这便是具有代表性的典型事件或行为，当作被评者的一般特征，较久远的事则忘记了或忽略。人事管理制度中的种种缺陷大都来自考核的主观性与片面性，其结果势必影响考绩的可信度与有效度。

4. 绩效考核缺乏沟通与反馈机制

绩效评价被当作“机密”和人事考评的不公开性，加重了职工对考评的不安心理和对人事部门的不信任，降低了考评对员工指导教育的作用。在许多农业企业中，员工对绩效管理制度缺少了解，许多员工反映不知道公司的考核是怎样进行的，考核指标是如何提出来的，考核结果是什么，考核结果究竟有什么用处等等，至于自己在工作中存在哪些问题，而这些问题又是由什么原因造成的，应该如何改进等就更无从得知了。

四、农业企业员工薪酬管理

薪酬管理对几乎任何一个组织来说都是一个比较棘手的问题，主要是因为农业企业的薪酬管理系统一般要同时达到公平性、有效性和合法性的三大目标，因此农业企业经营对薪酬管理的要求也越来越高，受到的限制因素却也越来越多，除了基本的农业企业经济承受能力、政府法律法规之外，还涉及农业企业不同时期的战略、内部人才定位、外部人才市场，以及行业竞争者的薪酬策略等因素。

（一）概念

薪酬就是农业企业对它的员工所做贡献的回报。薪酬的基本功能就是对农业企业的人力资源起激励作用，即激发起员工的良好工作动机，鼓励他们创造优秀绩效的热情。简言之，就是能调动起员工的工作积极性。

（二）形式

1. 基本薪资

基本薪资是农业企业为已完成工作而支付的基本现金薪酬。它反映的是工作或技能价值，而忽视了员工之间的个体差异。某些薪酬制度把基本工资看作是雇员所受教育、所拥有技能的一个函数。对基本工资的调整可能是基于以下几种情况：整个生活水平发生变化或通货膨胀；其他员工对同类工作的薪酬有所改变；员工的经验进一步丰富；员工个人业绩、技能有所提高。

2. 绩效工资

绩效工资是对过去工作行为和已取得成就的认可。作为基本工资之外的增加，绩效工资往往随员工业绩的变化而调整。我国广大农业企业在2000年前后开始的新一轮工资改革中，也都纷纷建立了以绩效工资为主要组成部分的岗位工资体系。

3. 激励工资

激励工资也和员工的业绩直接挂钩，有时人们把激励工资看成是可变工资。短期激励工资，通常采取非常特殊的绩效标准；而长期激励工资，则把重点放在员工多年努力的成果上。高层管理人员或高级专业技术人员经常获得股份或红利，这样他们便会把精力主要放在投资回报、市场占有率、资产净收益等组织的长期目标上。

虽然激励工资和绩效工资对员工的业绩都有影响，但两者有几点不同：第一，激励工资以支付工资的方式影响员工将来的行为，而绩效工资侧重于对过去工作的认可，即时间不同；第二，激励工资制度在实际业绩达到之前已确定，与此相反，绩效工资往往不会提前被员工所知晓；第三，激励工资是一次性支出，对劳动力成本没有永久的影响，业绩下降时，激励工资也会自动下降，绩效工资通常会加到基本工资上去，是永久的增加。

4. 福利和服务

福利和服务包括休假（假期）、服务（医药咨询、财务计划、员工餐厅）和保障（医疗保险、人寿保险和养老金），福利越来越成为薪酬的一种重要形式。

（三）原则

农业企业员工薪酬管理主要有以下几个原则。

① 补偿性原则：要求补偿员工恢复工作精力所必要的衣、食、住、行费用和补偿员工为获得工作能力，以及身体发育所先行付出的费用。

② 公平性原则：要求薪酬分配应全面考虑员工的绩效、能力及劳动强度、责任等因素，考虑外部竞争性、内部一致性的要求，达到薪酬的内部公平、外部公平和个人公平。

③ 透明性原则：要求薪酬方案公开。

④ 激励性原则：要求薪酬与员工的贡献挂钩。

⑤ 竞争性原则：要求薪酬有利于吸引和留住人才。

⑥ 经济性原则：要求比较投入与产出效益。

⑦ 合法性原则：要求薪酬制度不违反国家法律法规。

⑧ 方便性原则：要求内容结构简明、计算方法简单和管理手续简便。

（四）提升绩效管理的满意度

员工对薪酬管理的满意程度是衡量薪酬管理水平高低的最主要标准。员工对薪酬满意，使其能更好地为农业企业工作，是进行薪酬管理的根本目的。员工对薪酬的满意程度越高，薪酬的激励效果就越明显，员工就会更好地工作，于是就会得到更高的薪酬，这是一种正向循环；如果员工对薪酬的满意度较低，则会陷入负向循环，长此以往，会造成员工的流失。

社会平均比较是指员工会将自己的薪酬水平与同等行业同等岗位的薪酬进行比较，如果发现自己的薪酬高于平均水平，则满意度会提高，反之则满意度会降低。薪酬管理的主要工作之一就是对岗位的价值进行市场评估，确定能吸引员工的薪酬标准。

公平度是指员工把自己薪酬与其他员工薪酬进行比较之后感受到的平等程度。提高公平程度是薪酬管理中的难点。人力资源部门不可能在这点上做到让全体员工满意。许多农业企业之所以实行薪酬保密制度，就是为了防止员工得知其他员工的薪酬水平后，降低对薪酬管理公平度的认同。

提高薪酬管理的满意度可以从与社会平均水平比较和提高公平度两个方面进行，可以建议将公司员工的薪酬水平定在稍高于同行业、同岗位的薪酬水平之上，这样有利于员工的稳定和招募。

公平度是员工的主观感受，人力资源部门不要试图通过修订薪酬制度来解决问题。当然薪酬制度在不适应公司发展的需要时，可以进行修订，但它不是提高公平度的最有效办法。在解决这个问题上，人力资源部门应该将注意力集中在薪酬管理的过程中，而不是薪酬管理的结果上。

实践证明，员工参与决策能使决策更易于推行。一些老板和管理者担心，员工参与薪酬制度的制定会极大地促使政策倾向于员工自身的利益，而不顾及公司的利益。这个问题在现实中是存在的，但解决办法是让老板、管理者和员工一起来讨论分歧点，求得各自利益的平衡。实际上，员工不会因为自身的利益而导致不负责任的决策。

员工参与或不参与的区别仅在于：如果员工参与，在政策制定之前就会发现并解决问题；如果员工不参与，当政策执行时，同样会暴露出问题，但这时往往已丧失了解决问题的时机。

另外，人力资源部门还要促使老板、管理者和员工建立起经常性的关于薪酬管理的沟通，促进他们之间的相互信任。总之，沟通、参与与信任会显著影响员工对薪酬管理的看法，从而提高对薪酬管理的满意度。

小　结

农业企业人力资源管理是指组织为实现其一定时期的战略目标而对其人力资源实行科学合理的更新、配置、使用、开发和激励的一系列管理过程。农业企业人力资源规划是指以农业企业整体目标为依据，在分析现有人力资源状况的基础上，根据农业企业内外环境的变化而制订的有关农业企业人力资源更新、使用、开发、激励等方面的中长期计划，以保证农业企业在适当的时候获得适当数量、质量和种类的人员补充，满足组织和员工个人的发展需求。农业企业的人力资源规划包括人力资源总体规划和人力资源业务计划两个层次。

员工招聘有两个概念，一是指填补某一岗位空缺的过程，包括企业内部招聘；二是指从农业企业外部获取人力资源的过程。

农业企业招聘人员的途径主要有两个：农业企业内部和农业企业外部。农业企业内部人员招聘主要是通过内部提升、内部调用、岗位轮换等形式进行的；农业企业外部招聘人员主要是采取“熟人”介绍，发布广告信息，从人才机构、高校获取信息等方法进行的。员工培训是农业企业人力资源管理的一项主体业务，员工的培训与开发更是一项十分重要、十分迫切的工作，它对提高员工素质、促进农业企业长远发展具有重要意义。员工绩效考评简称考绩，对员工的工作绩效进行定期的考评，从而全面了解员工完成工作的情况，发现其不足和存在的问题，同时进行相应的人事激励和岗位安排。员工薪酬管理是企业人力资源管理主体业务的重要组成部分，而且常常是最受重视的部分。

思考题

1. 如何理解人力资源管理的地位和作用？
2. 农业企业应如何建立战略性人力资源管理体系？
3. 如何划分和辨别人力资源管理的环境？
4. 人力资源管理外部环境主要由哪些因素构成？
5. 什么是人力资源规划，它的内容包括哪些？

案例分析

“人才楼”为何人去楼空

北京市顺义区一家乡镇企业——顺义阀门厂为外聘大学生盖的“人才楼”最近出现了一种非常奇怪的现象：过去住着 30 多名大学生的“人才楼”住进不少租房户，大学生却只剩下 1 人。这家企业为吸引人才而专门盖一座楼，可谓用心良苦，那么为何会形成如今人去楼空的局面呢？

应聘人才集体辞职

顺义阀门厂曾被评为农业部先进企业、全面质量管理达标先进单位。为了寻求大的发展，1998 年该企业雄心勃勃地启动了“换三茬人”的计划。

第一茬：基层领导班子 100% 换上引进人才。

第二茬：中层管理要害部门的第一把手 50% 换上外聘高级人才。

第三茬：招聘、培养年轻骨干充实到厂级副职的位置上。

换人的原因，用厂长周青的话讲：企业发展的速度很快，自 1994 年开始，产量以每年翻三番的速度提高，但随着产品在社会上占有量越来越多，充实技术力量、增强发展后劲成为当务之急。

1998 年年底，“人才楼”盖成了，班车开通了，ISO 9000 国际质量认证拿下了，招聘来的 30 多名有工作经验的大学生都充实到了管理、技术和营销岗位上。1999 年年底，人们听到的消息竟是：厂里外聘的高级工程师已经走了几波，而新聘的 30 多名大学生除剩 1 人外，集体递交了辞职报告并陆续离厂。目前，外聘人才的岗位已被一些从大单位退休返聘的人员和社会上临时招聘的人员代替。现在与工厂仅一路之隔的“人才楼”显得出奇的冷清，其绿瓦白墙漂亮的外貌也被村里其他建筑衬得很不协调。

离去的原因各有说法

大学生们为何离去？厂长周青惋惜地告诉读者：一是因为招聘的大学生大多数来自外地，到了北京以后，随着接触面的扩大，有了更好的选择，所以就跳槽了；二是由于厂里在管理上没有经验；三是由于内部老职工的排斥。

为这项人才战略招兵买马的原厂人事部部长荆先生认为，公司应该明确各个职位的工作内容、资格和升迁要求、待遇水平，使每个职工都了解自己的奋斗目标。此外，企业还要制订一项特殊的人才计划，专门奖励表现优异的员工，大家公平竞争，谁干得好就用谁。

大学生却认为，与其他公司相比，他们在顺义阀门厂并没有得到特殊的待遇。他们把对企业的种种抱怨归结为一点：看不到发展的前途。这也是他们集体辞职的根本原因。据介绍，顺义阀门厂当初在招聘时不是根据岗位的要求，对不同的人才做能力界定，而是用同一把尺子丈量所有的应聘者，用完全一样的能力模式面试同一批员工。因盲目性较大而被招聘来的大学生王小姐认为，造成人才离职的关键是没有将员工的能力发挥好、利用好。王小姐充满感情地说："其实这个厂有许多优势，地理位置好，在同行业中硬件也很好，但是经营总是在原地踏步，厂里的主业收入还不如出租房屋收的租金多。其主要原因是由于乡镇企业里的大部分职工都是以前当地的农民、厂长的乡亲们，素质跟不上企业发展的需要，中层领导有不少也存在类似情况，虽然厂长很辛苦，但一时也改变不了现状。最让人不满意的是来该厂都 4 年时间了，至今劳动合同没签，保险没上。"面对这种状况，王小姐表示只要有合适的地方即会离去。

乡企人才不适为何成通病

反观整个事件的始末，客观地说，厂长可谓是颇有胸襟，企业也是求贤若渴，但一味外聘人才与乡镇企业分道扬镳的悲剧还是发生了，不得不引起人们的深思。

最近有关方面去了解情况时，遇到了顺义阀门厂从沈阳铁岭阀门厂高薪临时聘请来解决问题的蔡总工程师和孙总工程师。旁观者清，对于顺义阀门厂这种人才离职现象，他们认为，厂里引进人才客观地讲是厂长比较重视，老员工比较抵制，厂长也有很多为难之处。不过，现在一些老员工也逐渐认识到了技术的重要性，只有极少数人还认为外聘人员是来赚钱的。

从首钢聘请来的吴主任也对顺义阀门厂的情况感到惋惜："顺义阀门厂现在可以说是占尽了天时、天利，发展前景非常好，但是企业要发展最主要的是人才；而乡镇企业由于受自身素质所限，没能建立起一套完整的企业管理制度，也没有一套行之有效的管理方法。"其实，吴主任已为该厂想出了许多企业该落实的制度措施，却没能用上。

有意思的是，几位高薪外聘的老人们虽然对厂里给的待遇感觉不错，却齐声感叹厂里的管理是个大问题。他们认为，长此以往，这个厂很危险。目前厂长虽然意识到了这一点，但根深蒂固的乡亲观念，却左右着他对人才的使用。

由于外部竞争的压力，想招聘人才提升技术含量和员工素质，却因为内部环境而留不住人，是目前许多乡镇企业的通病。如何利用好人才为企业做出大的贡献，如何处理好人才与本企业的管理，正是乡镇企业领导们一直头疼和思考的问题。中国人民大学工商管理学院现代企业制度专业的邓荣林教授认为，这种现象长期得不到解决，是由四个方面的原因造成的：一是产权不明晰，乡镇企业是公有制、私有制还是别的什么制，没有严格的界定；二是所有者和经营者的问题，不少企业没有建立合理的法人治理结构；三是人事制度不合理，大多数没有建立起公平竞争、有透明度的人事制度，没有按市场规律去运作；四是内部环境存在问题，企业因外部竞争急于招聘人才，却没有解决内部人员的裙带问题。邓教授认为，上述几个方面是影响乡镇企业健康发展的主要因素。要改变现状，最重要的是以规范的公司制度来运作，建立起规范的法人治理结构，这也是乡镇企业走出困境的唯一出路。

讨论：

（1）试分析顺义阀门厂外聘人才集体辞职的原因。

（2）从案例中分析应如何做好人力资源规划？

（3）请为顺义阀门厂拟定解决问题的办法。

第六章　农业企业市场调研、预测及营销

小故事

一只冰糖橙的励志故事

又到一年“橙”熟时，一枚精心包装的冰糖橙和一位洞悉商业智慧的营销天才，巧妙地描述了一个切合时代脉搏的励志故事，74 岁老人在创业失败之后选择二次创业并最终取得成功。这种故事的背后，是农产品营销的一种创新。

生鲜电商“本来生活”成功将“褚橙”打造成了“励志橙”，获得了商业上的巨大成功。如今的“褚橙”，其声名已远远盖过它的本名“云冠橙”，而伴它一起走红的还有一个人（褚时健）和一段非常传奇的故事。

曾经的“烟王”褚时健 74 岁二次创业，承包 200 亩荒山种植橙子，85 岁时他的果园年产橙子 8 000 吨。

一杭州水果业内人士曾向媒体透露，2008 年以前，这个品种的冰糖橙在云南的收购价只是几毛钱一斤，在杭州地区的售价约 2.5 元一斤，销量很平淡。随着王石、潘石屹等知名人士在微博上的力捧，“褚橙”的传奇故事引爆公众话题，并被誉为“励志橙”。目前，“褚橙”的市场售价不断上涨，而且不愁销路。

知识要点

了解市场调研及市场预测的概念；掌握市场调研及市场预测的工作方法；对于市场营销的具体工作过程，能够针对客观实际情况而加以改变；学会对市场进行细致划分，能够针对相应的客户进行商品的生产及销售；掌握互联网营销的方法和手段；了解绿色营销。

第一节 农业企业市场调研概述

农业企业市场调研是伴随着农业商品生产的发展而出现的，农业商品经济的发展是农业市场调研产生和发展的根本动力。农业企业市场营销的目标是创造顾客需求，而农业企业的市场调研活动是市场营销活动的基础。做好市场调研工作，对于农业企业了解消费者需求，制定正确的产品、价格、渠道和促销策略，保持和扩大市场占有率，实现农业企业的营销目标等，都具有十分重要的意义。

一、农业企业市场调研

（一）概念

农业企业市场调研就是指运用科学的方法，有目的地、系统地收集、记录、整理相关农业市场营销信息和资料，分析农业市场情况，了解农业市场的现状及发展趋势，为农业市场预测和营销决策提供客观的、正确的资料。

（二）内容

农业企业市场调研的内容很多，有农业市场环境调研，包括对政策环境、经济环境、社会文化环境、技术手段环境等的调研；有农业市场基本状况调研，包括对农业市场规范、总体需求量、农业市场的动向、同行业农业市场分布占有率等的调研；有销售可能性调研，包括对现有和潜在用户的人数及需求量、农业市场需求变化趋势、本农业企业竞争对手的产品在农业市场上的占有率、扩大销售的可能性和具体途径等的调研；还有对消费者及消费需求、农业企业产品、产品价格、影响销售的社会和自然因素、销售渠道等的调研。

（三）主体流程

1. 信息收集

信息收集就是对农业市场环境的信息资料采集。其真实性和有效性对调研分析的科学性有着直接的影响，也直接取决于信息采集的调研方法。

农业企业市场调研是一门单独的学科，书本中的农业市场调研方法比较系统和专业，但在实践中，农业市场调研贯穿企业管理的全过程。一个农业企业受人力、物力的局限，虽然一些大型农业企业的市场调研声势浩大，但是从调研现场我们发现，在利益的驱动下，调研对象提供的虚假信息占有相当大的比例，因此最有效的信息收集方式是深入市场，现实性管理称之为深入调研法。

深入调研法是根据调研目的，通过深入农业市场来采集信息资料的一种实效性调研方法。

农业企业管理需要的信息资料很多，而农业市场正是一个庞大的信息系统，为了信息收集的针对性，深入调研法和专业调研标准一样，也要求企业进行信息收集时根据调研目的制定调研课题，确定调研范围，最科学的办法是拟订出详细的调研计划。

深入调研法同常规调研法是不同的，它强调信息收集过程中调研人的调研技巧和行业领悟能力。在调研技巧上，它要求企业根据调研课题选择出具有代表性的专业性渠道和辅助性渠道，并根据调研效果设定合理的渠道比例进行信息采集。行业卖场、经销商、行业展会等渠道为专业性渠道，构成信息采集的重点。报纸、书店、网络、电话簿、电视等渠道为辅助性渠道，构成专业性的补充渠道，选择辅助性渠道有利于对专业性渠道采集的信息进行充实和论证。

行业领悟能力要求调研者在信息收集过程中善于采用观、记、问、领会等调研手法，在收集信息的同时分析市场，透过表面的市场现象捕捉真实的市场资料。

在信息收集中，为提高调研效果，可以适当赠送一些小礼品，并可灵活采用一些科学的调研方法作为补充。

2. 调研分析

调研分析是指对调研信息资料进行汇总和解析，并根据分析结论写出调研报告。调研报告是针对调研课题在分析基础上拟定的总结性汇报书，旨在提出一些看法和观点。调研报告是调研资料对调研实效价值的具体体现。

调研是科学管理的基本要求，一个农业企业能否确保管理者根据调研报告对管理行为做出正确的选择，取决于它是否有调查行为，且分析、提炼了调研中有价值的成分。它更深地反映为对市场的一种审视和剖析，很多企业采集的资料都很标准，但由于缺乏审视和剖析能力，调研的价值就无从估计，甚至会误导企业，牵制管理。

现实性管理增加了理性分析法，即运用管理思想和专业的眼光，在对远景市场展望的基础上对调研信息资料进行剖析和思考，从而制定出对企业有实效价值的调研分析报告。通常，调研分析应该由专家级的人物组成。

3. 农业企业市场调研要点

普通的市场调研是为农业企业管理提供数据，层次化的农业市场调研是为农业企业的决策提供依据，为农业企业的竞争寻求动力，农业市场调研的真实意义就在于能使管理者通过农业市场调研数据和对现状的分析明确农业企业发展方向，寻找农业企业竞争实力。农业企业的方向由决策来把控，竞争实力由差异化来赋予，决策和差异化需要在信息资料分析的基础上通过企业策划的职能来实现。

不同标准的农业市场调研采用的调研方式和手段不同，普通的农业市场调研可以指派业务人员进行，层次化的农业市场调研可以委托专业的调研公司实施。信息是农业企业的耳目，为了明亮农业企业的慧眼，现代农业企业应当在调研的职能中建立完善的信息系统，通过日常信息资料采集和农业企业内部数据统计，让农业企业小规模的农业市场调研的工作就在农业企业信息系统面前开展。

（四）农业企业市场调研步骤

农业企业市场调研是一种有目的、有计划地进行的十分复杂的调查研究活动，是正确认识市场现象本质和规律的过程，必须有计划、有组织、有步骤地进行，保证农业市场调研的顺利进行并达到预期目的。一般而言，根据调研活动中各项工作的自然顺序和逻辑关系，农业企业市场调研具体应包括以下六大步骤：第一，确定问题和调研目标；第二，制订调研计划；第三，收集信息；第四，分析信息；第五，撰写并提交调研报告；第六，跟踪结果。农业企业市场调研步骤如图 6.1 所示。

1. 确定问题和调研目标

正确地提出市场调研问题是正确认识和解决问题的前提。市场调研的目的是提供有用的决策信息，回答与市场调研问题有关的一些具体信息。市场营销经理必须和调研人员密切合作，仔细地确定问题，并在调研目标上达到一致。经理们最了解决策需要的信息，而调研人员则掌握农业市场调研和收集信息的方法。管理者必须将这些信息同自己的经验和其他信息处理相结合，才能做出正确的决策。

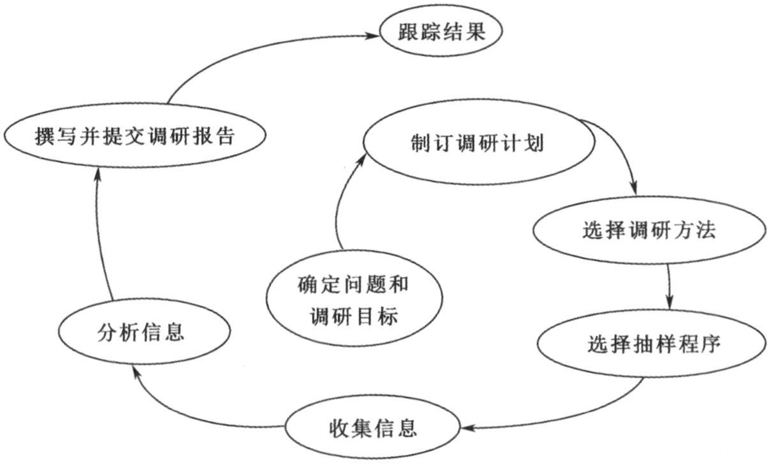

图 6.1　农业企业市场调研步骤

2. 制订调研计划

调研目标明确以后，为保证农业企业市场调研工作顺利进行，必须制订周密、详细的调研计划。农业企业市场调研计划的主要内容包括确定调研内容和资料来源，选择调研方法和调研手段，预估调研经费，提出调研结果分析标准，等等。

3. 收集信息

农业企业收集信息的工作是由农业企业调研部门或外部营销调研农业企业完成的。收集信息的过程是整个调查研究活动中花费时间和精力最大的阶段，也是能否获得调研计划规定的数据资料、完成调研目标要求的关键。为了保证收集信息活动的顺利开展，需要制定相关的调研管理规章制度，包括制定调研工作制度和纪律，经常监督和检查调研情况，对回收的问卷进行审查、核实，对不能完成调研任务或提交虚假资料的调研人员进行处理，等等。

4. 分析信息

完成信息收集后，农业企业就要对信息进行分析和解释。分析的目的就是解释所收集的大量信息并提出结论和相关的建议。

（1）整理原始信息

对收集的信息进行检查、校订和核实。信息整理就是对信息的准确性和完整性进行检查核实。检查信息的准确性就是对信息的内在逻辑关系进行判断，看其是否存在内容矛盾、答案混乱等问题。检查信息的完整性就是要看计划收集的信息是否齐全，回收的问题中缺项是否较多，等等，一份问卷如果缺项太多，就不能参加统计分析。

（2）对信息进行分类汇编

信息分类就是根据信息的性质、内容或特征的不同进行区别归类，或按照调研目的的要求提出各种统计指标，并根据这些指标对信息进行分类。在进行信息分类时，不但要根据信息的差异性划分不同类别，更要注意信息的相同性。同一信息不能重复归类，以免造成统计失误。在划分类别时，应尽量分细一些，以便于把所有信息都反映出来，提高信息的利用效果。

（3）进行信息分析

信息分析可以借助于各种统计分析方法，其中最常用的是各类信息的频率分析，此外还应争取多使用一些更先进的统计技术和决策模型，以便于从调研信息中获得更多的有用信息。

5. 撰写并提交调研报告

信息分析完成后，调研人员必须撰写调研报告，并与管理层沟通结论和建议。解释调研结果是市场营销过程中的重要一步，管理人员也会做出有偏差的解释。他们期待和自己想法一致的调研结果，拒绝与自己想法不一致的调研结果。管理人员和调研人员必须一同讨论调研结果，双方要对调研过程和相应的决策共同负责。调研报告是整个调研成果的表现形式，也是衡量整个市场调研质量和水平的重要标志，更是研究者将自己的成果向外界发布以及与研究项目的委托者和使用者进行沟通的有效方式。调研报告既可以是书面报告形式，也可以是口头报告形式。无论提交哪一种形式的报告，其目的都是为了向报告的读者或听众介绍调研成果，实现双方的最佳沟通。

6. 跟踪结果

跟踪结果是农业企业市场调研过程的最后阶段，主要是为了总结经验，不断提高市场调研的水平。其主要内容是在一项农业市场调研活动的全部工作结束后，对农业调研结果的应用性及其效用的大小进行评价；检查农业企业调研结果是否解决了农业企业决策的问题，是否需要进行补充调研等；分析调研的效益，对调研过程使用的技术和方法进行研究，看是否需要进行改进等。

二、农业企业市场调研的方案设计

一个完善的农业企业市场调研方案一般包括以下几方面内容。

（一）调研目的要求

根据农业市场调研目标，在调研方案中列出本次农业市场调研的具体目的要求。

（二）调研对象

农业市场调研的对象一般为消费者、零售商、批发商，零售商和批发商为经销调研产品的商家，消费者一般为使用该产品的消费群体。在以消费者为调研对象时，要注意有时某一产品的购买者和使用者不一致。此外还应注意一些产品的消费对象主要为某一特定消费群体或侧重于某一消费群体，这时调研对象应选择产品的主要消费群体。

（三）调研内容

调研内容是收集信息的依据，是为实现调研目标服务的，可根据农业市场调研的目的确定具体的调研内容。调研内容的确定要全面、具体、条理清晰、简练，避免面面俱到，内容过多，过于烦琐，避免把与调研目的无关的内容列入其中。

（四）调查表

调查表是农业市场调研的基本工具，调查表的设计质量直接影响到市场调研的质量。设计调查表时要注意以下内容。

①调查表的设计要与调研主题密切相关，重点突出，避免可有可无的问题。

②调查表中的问题要容易让被调查者接受，避免出现被调查者不愿回答或令被调查者难堪的问题。

③调查表中的问题次序要条理清楚，顺理成章，符合逻辑顺序，一般可将容易回答的问题放在前面，将较难回答的问题放在中间，将敏感性问题放在最后；封闭式问题在前，开放式问题在后。

④调查表的内容要简明，尽量使用简单、直接、无偏见的词汇，保证被调查者能在较短的时间内完成调查表。

（五）调研地区范围

调研地区范围应与农业企业产品销售范围相一致。当在某一城市做市场调研时，调研范围应为整个城市。但由于调研样本数量有限，因此调研范围一般可根据城市的人口分布情况（主要考虑人口特征中收入、文化程度等因素），在城市中划定若干个小范围调研区域。其划分原则是使各区域内的综合情况与城市的总体情况分布一致，将总样本按比例分配到各个区域，在各个区域内实施访问调研。这样可相对缩小调研范围，减少实地访问工作量，提高调研工作效率，减少费用。

（六）样本的抽取

调研样本要在调研对象中抽取，由于调研对象分布范围较广，因此应制定一个抽样方案，以保证抽取的样本能反映总体情况。样本的抽取数量可根据市场调研结果准确度的要求确定，市场调研结果准确度的要求愈高，抽取样本数量应愈多，但调研费用也愈高，一般可根据市场调研结果的用途情况确定适宜的样本数量。实际市场调研中，在一个中等以上规模城市进行市场调研的样本数量，按调研项目的要求不同，可选择 200 ~ 1 000 个样本，样本的抽取可采用统计学中的抽样方法。具体抽样时，要注意对抽取样本的人口特征因素进行控制，以保证抽取样本的人口特征分布与调研对象总体的人口特征分布相一致。

（七）信息的收集和整理方法

农业企业市场调研中常用的信息收集方法有调查法、观察法和实验法。一般来说，第一种方法适用于描述性研究，后两种方法适用于探测性研究。农业企业进行市场调研时，普遍采用调查法，调查法又可分为面谈法、电话调查法、邮寄法、留置法等。这几种调研方法适用于不同的调研场合，农业企业可根据实际调研项目的要求来选择。信息的整理一般可采用统计学中的方法，利用 Excel 工作表格，可以很方便地对调查表进行统计处理，获得大量的统计数据。

三、农业企业市场调研的作用和意义

农业企业市场调研的作用主要取决于使用者怎么运用调研结果，其主要在以下几个方面发挥作用。

（一）为农业企业管理者提供适当建议

只有在真正了解农业市场的情况下，农业企业管理者才能有针对性地制定农业企业市场营销策略和农业企业经营发展策略。

在农业企业管理者针对某些问题进行决策时，要了解的情况和考虑的问题是多方面的：第一，本农业企业产品在什么市场上销售情况较好，有发展潜力；第二，在哪个具体的农业市场上预期可销售数量是多少；第三，如何增加农业企业产品的销售量；第四，如何掌握产品的销售价格；第五，如何制定产品价格，才能保证在销量和利润两方面都能增加；第六，怎样组织产品推销，销售费用将是多少；等等。

这些问题都只有通过具体的农业市场调研才可以得到具体的答复，而且只有通过农业市场调研得来的具体答案才能作为农业企业决策的依据，否则就会形成盲目的和脱离实际的决策，而盲目则往往意味着失败和损失。

（二）有助于农业企业识别机会，抓住发展新契机

农业市场竞争日益激烈，且不断地发生变化，而促使农业市场发生变化的原因很多，如产品、价格、分销、广告、推销等市场因素和政治、经济、文化、地理条件等市场环境因素。这两类因素往往又是相互联系和相互影响的，而且不断地发生变化。

农业企业为适应这种变化，必须广泛地开展农业市场调研，及时地了解各种农业市场因素和农业市场环境因素的变化，从而有针对性地采取措施。

对于农业企业来说，能否及时地了解农业市场变化情况，并适当地采取应变措施，是农业企业能否取得成功的关键。

（三）为改进农业企业的经营活动提供信息

当今世界，科技发展迅速，新发明、新创造、新技术和新产品层出不穷，日新月异。这种农业上的技术进步自然会在农业商品市场上以产品的形式反映出来。通过市场调研，农业企业可以得到有助于其及时地了解农业市场经济动态和科技信息的资料信息，为农业企业提供最新的农业市场情报和技术生产情报，以便更好地学习与借鉴同行业的先进经验和最新技术，改进农业企业的生产技术，提高人员的技术水平，提高农业企业的管理水平，从而提高农业产品的质量，加速农业产品的

更新换代，增强农业产品和农业企业的竞争力，保障农业企业的生存和发展。

（四）为农业企业提升市场地位和产品宣传等提供信息与支持

农业企业进行市场宣传推广时需要了解各种信息的传播渠道和传播机制，以寻找合适的宣传推广载体和方式以及详细的营销计划，这也需要农业市场调研来解决。过去的经验只能减少农业企业犯错误的机会，其更需要实时的信息更新来保证宣传推广的到位。通常，农业企业在进行市场宣传推广时还需要相关机构的农业市场信息的支持。

（五）有助于农业企业做出计划和安排，从而谋求利益

对农业市场变化的准确预估和判断，可以帮助农业企业在各种问题和机遇来临之前，提前做出相应的判断，做到“有备而战”。这样不仅可以提升农业企业在农业市场中的竞争力，还可以帮助农业企业获得更多的利润，为农业企业的长足发展打下坚实的基础。

第二节　农业企业市场调研技术与信息收集方法

一、农业企业市场调研技术

这里所说的农业企业市场调研技术是指实施有关调研方法的具体途径或办法，通常有以下几种。

（一）二项选择法

二项选择法也称是否法或真伪法。调研问题只分两种情况，必须二者择一。

这种方法有以下优点。

①在短时间内，可以获得明确的判断。

②使态度犹豫者偏向一方。

③调查结果易于整理。

它的缺点是不能表示程度上的差别。

（二）多项选择法

多项选择法就是让被调研者从预先准备好的多种方案或结论中选择一项或数

项作答。

这种方法有以下优点。

①比二项选择的强制性有所缓和。

②比较易于统计。

它的缺点是如果备选答案过多，则不便归类。

（三）自由问答法

自由问答法是在面谈或电话调研时较常采用的方法，被调研者可以不受约束地按询问内容自由作答，故又称无限制回答法。

这种方法有以下优点。

①回答者可以灵活发表意见。

②有时可收集到意料之外的信息。

它有以下缺点。

①所获得的信息整理起来比较困难。

②由于应答者来自不同的阶层，因此可能因一些人表达能力差而形成调研偏见。

（四）顺位法

顺位法是指事先列出若干需要排序的项目，让被调研者凭其经验或专业知识以及自身的政治、经济地位等，指定其重要程度的顺位。

用顺位法进行调研时需注意以下问题。

①数目不宜过多。

②选择哪种方法要根据实际情况而定。

二、农业企业市场调研信息收集方法

（一）观察法

观察法包括直接观察法和实际痕迹测量法。

直接观察法指调研者在调研现场有目的、有计划、系统地对调研对象的行为、言辞、表情进行观察和记录。它最大的特点是保持在自然条件下进行，所得材料真实生动，但也会因为所观察的对象的特殊性而使观察结果流于片面。

实际痕迹测量法通过某一事件留下的实际痕迹来观察、调研，一般用于对用户的流量、广告的效果等的调查。

（二）询问法

询问法是指将所要调研的事项以当面、书面或电话的方式，向被调研者提出询问，以获得所需要的资料。它是农业企业市场调研中最常见的一种方法，可分为四种方法，它们有各自的优缺点。第一种方法是面谈调研，它能直接听取对方意见，富有灵活性，但成本较高，结果容易受调研人员技术水平的影响；第二种方法是邮寄调研，它速度快，成本低，但回收率低；第三种方法是电话调研，它速度快，成本最低，但只限于在有电话的用户中调研，整体性不高；第四种方法是留置询问表，它可以弥补以上缺点，由调研人员当面交给被调研人员问卷，说明方法，由之自行填写，再由调研人员定期收回。

（三）实验法

它通常用来调研某种因素对农业企业产品市场销售量的影响。这种方法是在一定条件下进行小规模实验，然后对实际结果做出分析，研究其是否值得推广。

三、农业企业调研信息的整理和分析

实地调研结束后，即进入调研信息的整理和分析阶段，收集好已填写的调查表后，由调研人员对调查表进行逐份检查，剔除不合格的调查表，然后将合格调查表统一编号，以便于调研信息的统计。调研信息的统计可利用 Excel 软件完成。将调研信息输入计算机后，经 Excel 软件处理后，即可获得已列成表格的大量的统计数据，然后就可以按照调研目的的要求，针对调研内容进行全面的分析。

第三节　农业企业市场预测概述

一、农业企业市场预测的概念

所谓农业企业市场预测是指农业企业在通过农业市场调研获得一定资料的基

础上，针对农业企业的实际需要以及相关的现实环境因素，对农业企业和农业市场未来发展变化的趋势做出适当的分析与判断，为农业企业营销活动和经营决策等提供可靠依据。

农业企业市场预测历史悠久。根据我国《史记》记载，公元前 6 世纪到公元前 5 世纪，范蠡在辅佐勾践灭吴复国以后，即弃官经商，19 年之中三致千金，成为天下富翁，他的商场建树取决于他懂得市场预测。“论其有余不足，则知贵贱。贵上极则反贱，贱下极则反贵。”这说明他根据市场上商品的供求情况来预测商品的价格变化。

预测为决策服务，是为了提高管理的科学水平，减少决策的盲目性。我们需要通过预测来把握经济发展或者未来市场变化的有关动态，减少未来的不确定性，降低决策可能遇到的风险，使决策目标得以顺利实现。

二、农业企业市场预测的基本要素

要搞好预测，必须把握预测的四个基本要素。

（一）信息

信息是客观事物特性和变化的表征与反映，存在于各类载体，是预测的主要工作对象、工作基础和成果反映。

（二）方法

方法是指在预测的过程中进行质和量的分析时所采用的各种手段。预测的方法按照不同的标准可以分成不同的类别：按照预测结果属性可以分为定性预测和定量预测；按照预测时间长短可以分为长期预测、中期预测和短期预测；按照方法本身更可以分为众多的类别，最基本的是模型预测和非模型预测。

（三）分析

分析是根据有关理论进行的思维研究活动。根据预测方法得出预测结论之后，还必须进行两个方面的分析：一是在理论上分析预测结果是否符合经济理论和统计分析的条件；二是在实践上对预测误差进行精确性分析，并对预测结果的可靠性进行评价。

（四）判断

对预测结果采用与否或对预测结果依据相关经验和市场动态所做的修正需要判断，同时对信息资料、预测方法的选择也需要判断。判断是预测技术中重要的因素。

三、农业企业市场预测的基本原则

预测本身要借助于数学、统计学等方法论，也要借助于先进的手段，且需要遵循以下几个原则。

（一）相关原则

相关原则建立在“分类”的思维高度上，关注事物（类别）之间的关联性，当了解（或假设）到已知的某个事物发生变化时，再推知另一个事物的变化趋势。

最典型的相关有正相关和负相关，从思路上来讲，不完全是数据相关，更多的是“定性”的。正相关是事物之间的“促进”。负相关是指事物之间相互“制约”。

（二）惯性原则

任何事物的发展都具有一定的惯性，即在一定时间、一定条件下保持原来的趋势和状态，这也是大多数传统预测方法的理论基础。

（三）类推原则

这个原则也是建立在“分类”的思维高度上，关注事物之间的关联性，主要包括以下思路。

①由小见大：从某个现象推知事物发展的大趋势，运用这一思路时要防止以点代面、以偏概全。

②由表及里：从表面现象推知实质。

③由此及彼：引进国外先进的管理和技术也可以由这一思路解释。

④由过去、现在推以后：毛泽东说过，“我不是李自成。”可见，过去的事物对以后的发展是极有指导性的。

⑤由远及近：比如国外的产品、技术、管理模式、营销经验、方法，可能比较进步，就代表先进的方向，可能就是“明天要走的路”。

⑥自下而上：从典型的局部推知全局。例如，一个规模适中的乡镇需要 3 台

收割机，这个县有 50 个类似的乡镇，可以初步估计这个县的收割机可能的市场容量为 150 台。

⑦自上而下：从全局细分，以便认识和推知某个局部。这对大致了解一个市场是很有帮助的。

（四）概率推断原则

我们不可能完全把握未来，但根据经验和历史，很多时候能大致预估一个事物发生的大致概率，从而采取对应措施。有时我们可以通过抽样设计和调查等科学方法来确定某种情况发生的可能性。

四、农业企业市场预测的种类

农业企业市场预测实际上就是对农业市场商品需求量与销售量的预测，或者说是对农业产品的生产量或农业商品资源量的预测。预测总是具体的，是对特定农业商品在一定时间内和一定地域内需求量与销售量的预测，或者是对相关供需指标与效益指标的预测。因此，农业企业市场预测可以从空间范围、时间、对象、性质等角度进行分类，所预测的内容也不尽相同。

（一）按农业企业市场预测的空间范围分类

1. 宏观市场预测

宏观市场预测是对整个农业市场的预测分析，研究总量指标、相对数指标、平均数指标之间的联系与发展变化趋势。宏观市场预测对农业企业确定发展方向和制定营销战略具有重要的指导意义。宏观市场预测是同宏观经济预测相联系的，为农业企业的发展提供宏观经济指导，或者依据宏观经济发展指标为农业企业或地区农业市场的经营预测提供基础性资料。宏观市场预测的直接目标是商品的全国性市场容量及其趋势变化，商品的国际市场份额及其变化，以及相关的效益指标及各项经济因素对它的影响。宏观市场预测还应包括世界范围的农业市场动态、农业商品结构、进出口贸易行情。

2. 中观市场预测

中观市场预测的任务在于确定地区性或区域性的市场容量及其变化趋势，商品的地区性或区域性需求结构与销售结构及其变化趋势，以及相关的效益指标变化趋势及其影响因素的关联分析，等等。中观市场预测与中观经济预测紧密相关。中观经济预测是对部门经济或地区经济活动与发展前景及趋势的预测，包括部门或地区的产业结构、经济规模、资源开发、经济效益等。

3. 微观市场预测

微观市场预测是对一个生产部门、企业或企业的营销活动范围内的各种预测。微观市场预测是企业制定正确的营销战略的前提条件。微观市场预测是宏观市场预测的基础和前提，宏观市场预测是微观市场预测的综合与扩大。微观市场预测的内容包括产品的市场需求量、销售量、市场占有率、价格变化趋势等。

（二）按农业企业市场预测的时间分类

农业企业市场预测是对未来一段时间内农业市场的状态和趋势做出的判断与估计，预测对象与预测目的不同，期限的长短要求也存在差异。

1. 近期预测

近期预测是指在一年以内，以周、旬、月、季为时间单位的市场预测。

2. 短期预测

短期预测是指时间为 1 ~ 2 年的市场预测，以帮助企业适时调整营销策略，实现企业经营管理的目标。

3. 中期预测

中期预测是指时间为 2 ~ 5 年的市场预测，以帮助企业确定营销战略。

4. 长期预测

长期预测是指 5 年以上的市场变化及其趋势的预测，以为企业制定总体发展规划和重大营销决策提供科学依据。

通常情况下，预测期越长，预测结果的准确程度就越低。农业企业面对的农业市场千变万化，为了降低经营风险，农业企业会力图使农业企业市场预测值尽可能精确，通常会做更多的短期及近期预测。不过在农业企业制定中长期发展规划或对重大项目做可行性研究时，还应做长期预测。

（三）按农业企业市场预测的对象分类

1. 单项农业产品预测

单项农业产品预测是市场预测的基础，是对某种具体农业产品的农业市场状态与趋势的预测，一般按照产品的品牌、规格与型号进行预测，为农业企业编制季度计划、年度计划以及安排生产进度提供科学依据。

2. 同类农业产品预测

同类农业产品预测是按照产品类别进行预测，一般而言是按照同类农业产品的具体标志性特征进行预测。它的类别有生产资料预测与生活资料预测。每一类别又可分为较小的类别层次。例如，按不同的等级与用途，生活资料预测还可以再分为具体的类别层次。

3. 农业产品市场供需总量预测

农业产品市场供需总量预测主要是对消费者需要的各种产品的总量进行预测，一般属于行业预测。在进行预测时，可以预测商品的总量，也可以用货币单位表示商品的总额。

（四）按农业企业市场预测的性质分类

1. 定性市场预测

定性市场预测是根据预测者的实际经验，研究和探讨预测对象在未来农业市场可能表现的性质。它主要通过对历史资料的分析和对未来条件的研究，凭借预测者的主观经验、业务水平和逻辑推理能力，对未来农业市场的发展趋势做出推测与判断。定性市场预测简单易行，在预测精度要求不高时较为可行。

2. 定量市场预测

定量市场预测基于经济理论与系统的历史数据，以准确、全面、系统、及时的资料为依据，建立相应的数学模型，对农业市场的未来状态与趋势做出定量的预测，对各项预测指标提供量化的预测值，对农业市场发展趋势做出数量分析。

在实际的农业企业市场预测工作中，应尽可能将定性市场预测与定量市场预测相结合，以提高预测值的准确度与精确度，进而提高市场预测工作的可行性。

五、农业企业市场预测的内容

（一）预测市场容量及变化

农业市场容量是指有一定货币支付能力的需求总量。农业市场容量及其变化预测可分为农业生产资料市场预测和农业消费资料市场预测。农业生产资料市场容量预测通过对国民经济发展方向、发展重点的研究，综合分析预测期内行业生产技术、产品结构的调整，预测农业产品的需求结构、数量及其变化趋势。农业消费资料市场容量预测的重点有以下三个方面。

1. 预测消费者购买力

预测消费者购买力要做好两个预测：第一，人口数量及变化预测，因为人口的数量及其变化速度在很大程度上决定着消费者的消费水平；第二，消费者货币收入和支出的预测。

2. 预测购买力投向

消费者收入水平的高低决定着消费结构，即消费者的生活消费支出中商品性消费支出与非商品性消费支出的比例。消费结构的规律是收入水平提高，非商品性消费支出（如娱乐、消遣、劳务费用支出）会增加，在商品性支出中，饮食费用支出的比例大大降低。另外，还必须充分考虑消费心理对购买力投向的影响。

3. 预测商品需求的变化及其发展趋势

根据消费者的购买力总量和购买力投向，预测各种商品需求的数量、花色、品种、规格、质量等。

（二）预测市场价格的变化

农业企业生产中投入品的价格和农业产品的销售价格直接关系到农业企业的盈利水平。在农业商品价格的预测中，要充分研究劳动生产率、生产成本、利润的变化，农业市场供求关系的发展趋势，货币价值和货币流通量变化，以及国家经济政策对商品价格的影响。

（三）预测生产发展及其变化趋势

预测生产发展及其变化趋势是指对农业市场中商品的供给量及其变化趋势进行预测。

六、农业企业市场预测的基本步骤

农业企业市场预测是一项系统性很强的工作，包括预测目标的确定，相关农业资料或数据的收集、处理及分析，预测模型或方法的选择与评价，以及预测结果的分析处理等一系列相互关联的工作环节。为了使预测结果准确、可靠，农业企业市场预测必须有计划、有步骤地进行。

（一）确定预测目标

确定预测目标是开展农业企业市场预测工作的第一步。因为预测的目标不同，预测的内容及项目、所需要的资料和所运用的方法都会有所不同，所以应确定预测目标，以保证农业企业市场预测工作有计划、有节奏地进行。

（二）收集资料

进行农业企业市场预测必须有充分的农业资料。有了充分的农业资料，才能为农业企业市场预测提供进行分析、判断的可靠依据。在农业企业市场预测计划的指导下，调查和收集与预测有关的资料是进行农业企业市场预测的重要一环，也是其基础性工作。

（三）选择预测方法

选择预测方法是指根据预测的目标以及各种预测方法的适用条件和性能，选择合适的预测方法。有时可以运用多种预测方法来预测同一目标。运用预测方法的核心是建立描述、概括研究对象特征和变化规律的模型，根据模型进行计算或者处理，即可得到预测结果。预测方法的选用是否恰当将直接影响预测的精确性和可靠性。

（四）预测分析和修正

预测分析是指对调研收集的资料进行综合分析，并通过判断、推理，使感性认识上升为理性认识，从事物的现象深入到事物的本质，从而预计市场未来的发展变化趋势。在预测分析的基础上，通常还要根据最新信息对原预测结果进行评估和修正。

（五）编写预测报告

预测报告应该概括预测研究的主要活动过程，包括预测目标、预测对象、有关因素的分析结论、主要资料及数据、预测方法的选择和模型的建立，以及对预测结论的评估、分析和修正等。

七、农业企业市场调研的方法

（一）文案调研

文案调研的主要内容是农业资料的收集、整理和分析，主要渠道是互联网搜索和图书馆书籍搜索。

（二）实地调研

实地调研可分为询问法、观察法和实验法三种。

1. 询问法

询问法是调研人员通过各种方式向被调研者发问或征求意见来收集农业市场信息的一种方法。

采用此方法时的注意点：所提问题确属必要；被访问者有能力回答所提问题；访问的时间不能过长；询问的语气、措辞、态度、气氛必须合适。

2. 观察法

它是调研人员在调研现场直接或通过仪器观察、记录被调研者的行为和表情，以获取信息的一种调研方法。

3. 实验法

它是通过实际的、小规模的营销活动来调研关于某一产品或某项营销措施执行效果等市场信息的方法。实验的主要内容有产品的质量、品种、商标、外观、价格、促销方式及销售渠道等。它常用于新产品的试销和展销。

（三）特殊调研

特殊调研有固定样本、零售店销量、消费者调查组等持续性实地调研，投影法、推测试验法、语义区别法等购买动机调研，CATI 计算机调研等形式。

（四）竞争对手调研

竞争对手调研的根本目标是通过一切可获得的信息来查清竞争对手的状况，发现其竞争弱势点，帮助企业制定恰如其分的进攻战略，扩大自己的市场份额；另外，对竞争对手最优势的部分，需要制定回避策略，以免发生对企业的损害事件。

第四节　农业企业市场预测方法

一、个人判断法

（一）概念

个人判断法是指预测者根据所收集的资料，凭借自己的知识和经验对预测目标做出符合客观实际的估计与判断。

（二）优缺点

1. 优点

这种方法最大的优点是能够最大限度地发挥专家的微观智能结构效应，充分利用个人的创造力；同时，这种方法能够保证专家在不受外界影响、没有心理压力的条件下，充分发挥个人的判断和创造力。

2. 缺点

个人判断法受专家个人的智能结构、知识面及知识深度、占有资料的多少、信息来源及其可靠性、对预测对象的兴趣大小乃至偏见等因素所囿，缺乏相互启发的氛围，因此难免具有一定的局限性。

二、集体判断法

（一）概念

集体判断法是在个人判断法的基础上，通过会议进行集体的分析判断，将专家个人的见解综合起来，寻求较为一致的结论的预测方法。

（二）优缺点

1. 优点

个人判断受知识结构、教育背景、思维方式等方面的限制，可能会存在对事物的判断偏差。而相较于个人判断，集体判断可以将每位判断主体从不同角度获取的信息汇聚起来，得到个人判断无可比拟的丰富的信息，使判断建立在信息准确且全面的基础上。因此，集体判断能够避免个人判断可能出现的主观片面性，有助于集体占有更多的判断信息，做出正确判断。将不同经验水平的判断主体组成判断集体，给予一定的环境和氛围使单个判断主体能够充分阐述自己的观点，并通过一定的方法综合整理各方观点，得出最终的判断结论，这种结论因其可以代表各层次水平判断者的意见而易于被其他同行或判断结论的应用者所认同。

2. 缺点

群体成员判断能力的高低直接影响集体决策的质量等。如果决策成员的职业背景、知识结构、风险偏好、气质等过于一致，就可能弱化集体判断的优势，尽管判断结果具有高度的一致性，但是决策群体之间过强的正相关关系会削弱集体判断的质量。集体判断会延长整个决策任务的完成时间，耗时较多的环节主要是获取判断信息的过程。随着决策规则、决策模式的复杂程度的不断增加，集体判断也会耗费更多的时间。然而，如果采用逐级复核的模式，集体判断则要比个人判断耗费多倍的时间。判断群体中，职位的高低直接决定成员在判断时的影响力，职位越高越容易左右集体判断结果的走向。尽管在整个群体中，职位的获取是基于成员在以前工作中的绩效和经验而确定的，经验丰富的成员常被赋予重要地位，但是“智者千虑，必有一失”的情况常常是“过度自信”的必然结果，一旦其判断出现偏误便会影响整个集体判断结论的方向，而且由于其在集体中的职位和权重，低级别成员较难改变大局。

三、德尔菲法

（一）定义

德尔菲法是指通过匿名函询的方式向专家们征求对某一预测问题的意见，然后将预测意见加以综合、整理、归纳，再反馈给各个专家以供他们分析、判断提供新的论证，如此往返多次，预测意见逐步趋于一致，最后由预测者统计处理后，给出预测结果。

（二）优缺点

1. 优点

该方法能充分发挥各位专家的作用，集思广益，准确性高，能把各位专家意见的分歧点表达出来，取各家之长，避各家之短。

2. 缺点

其缺点是权威人士的意见影响他人的意见；有些专家碍于情面，不愿意发表与其他人不同的意见，出于自尊心而不愿意修改自己原来不全面的意见。

四、生命周期预测法

（一）定义

生命周期预测法是指根据事物从产生、成长、成熟到衰亡这一随时间变化的演化规律，来预测某种产品或技术所处的不同发展阶段及未来的变化趋势。

（二）优缺点

1. 优点

①阶段的顺序性和依赖性：前一阶段工作的完成是后一阶段工作的前提和依据，而后一阶段工作的完成往往又使前一阶段工作的成果在实现过程中具体了一个层次。

②逐步求精的结构化方法：从时间的进程来看，市场预测是一个从抽象到具体的分层实现过程，而每个阶段的工作亦体现出自上而下、逐步求精的特点。

③推迟实现的观点：生命周期预测法的一个主要特点就是逻辑设计与物理设计分开，从而大大提高了系统的正确性、可靠性和可维护性。对于有一定规模的信息系统，编码较早，完成的时间反而会更长，甚至导致不可挽回的失败。

④质量保证措施：文档编制和复审是市场预测过程中每个阶段结束时必须要做的两项工作，也是质量保证的重要措施。通过文档编制和复审，对本阶段工作成果进行评定，可使错误较难传递到下一阶段。错误纠正得越早，所造成的损失就越小。

⑤强调文档的完备性和标准化。

2. 缺点

①生命周期预测法是一种预先定义需求的方法，也就是说，采用该方法的基本前提是必须能够在早期冻结用户的需求，因此该方法只适用于可以在早期阶段完全确定用户需求的项目，然而在实际中要做到这一点往往是不现实的，用户很

难准确地陈述其需求。

②文档的编写工作量极大。随着市场预测工作的进行，这些文档需要及时更新。虽然目前已有很多计算机辅助软件工具可以支持这一工作，但文档编写仍需要大量的人工参与。

③在实践中要想获得完善的需求说明是非常困难的，反馈信息也慢，因而经常造成系统的交付时间延迟。

④不能很好地适应用户需求的变化。

第五节 农业企业市场营销

一、农业企业市场营销的基本概念

农业企业市场营销又称农业企业市场学、农业企业市场行销或农业企业行销学。农业市场是农业商品经济的范畴，是一种以农业商品交换为内容的经济联系形式。对于农业企业来说，农业市场是营销活动的出发点和归宿。

市场营销既是一种职能，又是组织为了自身及利益相关者的利益而创造、沟通、传播和传递客户价值，为顾客、客户、合作伙伴以及整个社会带来经济价值的活动、过程和体系，主要是指营销人员针对农业市场开展经营活动、销售行为的过程。在农业市场营销这一概念中，包括了一系列的核心概念，即需要、欲望和需求，产品，价值、成本和满意，交换，以及关系营销和营销网等基本要素。

二、农业企业市场营销管理

所谓农业企业市场营销管理是指为实现组织目标而对旨在创造、建立和保持与目标购买者之间有益的交换关系的设计方案所做的分析、计划、实施和控制。农业企业市场营销管理的任务就是为促进农业企业目标的实现调节需求的水平、时机和性质。农业企业市场营销管理的实质是需求管理，而需求管理是指顾客管理。

农业企业的需求来自两组顾客：新顾客和回头客。传统的农业市场营销理论和实践强调招徕新顾客和创造销售业绩。但今天农业企业市场营销的重心正在转移，除了设计战略招徕新顾客和创造与新顾客的交易外，农业企业更要全力以赴地保住现有顾客和建立持久的顾客关系。

三、市场营销理论应用的发展

20 世纪初期以后，农业企业市场营销学发生了根本性的变化，从传统市场营销学演变为现代市场营销学，市场营销学日益广泛应用于社会各领域。

（一）市场营销学广泛应用于社会各领域

市场营销观念和理论首先被引进生产领域，先是被引入日用品公司（如小包装消费品公司），继而被引入耐用消费品公司，接着被引入工业设备公司，然后被引入重工业公司（如钢铁、化工公司）。其次，从生产领域引入服务业领域，先是被引入航空公司、银行，继而被引入保险、证券金融公司，后来又被专业团体（如律师、会计师、医生和建筑师）所运用。

与市场营销学应用范围的扩大相适应，市场营销学从基础市场营销学扩展为工业市场营销学、服务市场营销学、社会市场营销学、政治市场营销学及国际市场营销学。

（二）市场营销学在中国应用的发展

中国是在改革开放以后才引进市场营销学的。首先，对国外市场营销学书刊、杂志及国外西方学者的讲课内容进行翻译、介绍。其次，自 1978 年以来，选派学者、专家、学生赴国外访问、学习、考察国外市场营销学开设课程的状况，以及国外企业对市场营销原理的应用情况，还邀请外国专家和学者来国内讲学。1984 年 1 月，中国高校市场学会成立，继而各省先后成立了市场营销学会。这些营销学术团体对于推动市场营销学理论研究及其在企业中的应用起到了巨大的作用。如今，市场营销学已成为各高校相关专业的必修课，市场营销学原理与方法也已广泛地应用于各类企业。由于各地区、各部门生产力发展不平衡，产品市场趋势有别，加之各部门经济体制改革进度不一，各企业经营机制改革深度不同等，市场营销学在各地区、各部门、各类企业的应用程度不尽相同。

四、农业企业市场营销战略

（一）概念

农业企业市场营销战略（策略）是农业企业市场营销部门根据战略规划，在综合考虑外部农业市场机会及内部农业资源状况等因素的基础上，确定目标农业市场，选择相应的市场营销策略组合，并予以有效实施和控制的过程 。

农业企业市场营销战略包括产品策略、价格策略、营销渠道策略、促销策略等。

农业企业市场营销战略计划的制订是一个相互作用的过程，是一个创造和反复的过程。

（二）农业企业市场营销战略的迫切性和必要性

农业企业市场营销战略作为一种重要战略，其主旨是提高农业企业营销资源的利用效率，使农业企业资源的利用效率最大化。营销在农业企业经营中的突出战略地位，使其连同产品战略组合在一起，被称为农业企业的基本经营战略，对于保证农业企业总体战略的实施有着关键作用，尤其是对处于竞争激烈环境的农业企业，制定营销战略显得更为迫切和必要。

农业企业市场营销战略包括两个主要内容：一是选定目标农业市场；二是制定农业市场营销组合策略，以满足目标农业市场的需要。根据购买对象的不同，将顾客划分为若干种类，以某一类或几类顾客为目标，集中力量满足其需要，这种做法叫作确定目标市场，是市场营销应当率先确定的战略决策。目标市场确定以后，就应当针对这一目标市场制定出各项农业市场经营策略，以争取这些顾客。

（三）农业企业市场营销战略的步骤

1. 分析农业市场机会

在竞争激烈的买方市场，有利可图的营销机会并不多，农业企业必须对市场结构、消费者、竞争者行为进行调查、研究，识别、评价和选择市场机会。

农业企业应该善于通过发现消费者现实的和潜在的需求，寻找各种环境机会，即农业市场机会，而且应当通过对各种环境机会的评估，确定本农业企业最适当的农业市场机会。

对农业市场机会的分析、评估，首先是通过有关农业营销部门对农业市场结构进行分析，认识消费者行为，以及对农业市场营销环境进行研究，还需要对农业企业自身能力、农业市场竞争地位、农业企业优势与弱点等进行全面、客观的评价，还要检查农业市场机会与农业企业的宗旨、目标、任务的一致性。

2. 选择目标农业市场

对农业市场机会进行评估后，农业企业要选择进入哪个市场或者某个市场的哪个部分，即要研究和选择目标农业市场。目标农业市场的选择是农业企业营销战略性的策略，是农业市场营销研究的重要内容。农业企业首先应该对进入的农业市场进行细分，分析每个细分市场的特点、需求趋势和竞争状况，并根据本公司优势选择自己的目标农业市场。

3. 确定农业市场营销策略

在农业企业市场营销管理过程中，制定农业企业营销策略是关键环节。农业企业营销策略的制定体现在市场营销组合的设计上。农业企业应对自身可以控制的各种营销要素（如质量、包装、价格、广告、销售渠道等）进行优化组合，应重点考虑产品策略、价格策略、渠道策略和促销策略。

4. 农业市场营销活动管理

农业企业市场营销管理的最后一个程序是对农业市场营销活动的管理，它离不开营销管理系统的支持，需要以下三个营销管理系统支持。

（1）市场营销计划

农业企业既要由制定较长期的战略规划，决定农业企业的发展方向和目标，又要有具体的农业市场营销计划，以及实施战略计划的具体目标。

（2）市场营销组织

市场营销计划需要由一个强有力的市场营销组织来执行。根据计划目标，需要组建一个高效的市场营销组织结构，需要对组织人员实施筛选、培训、激励和评估等管理活动。

（3）市场营销控制

在市场营销计划实施过程中，需要控制系统来保证农业市场营销目标的达成。市场营销控制主要有农业企业年度计划控制、农业企业盈利控制、营销战略控制等。

农业企业市场营销管理的三个系统是相互联系、相互制约的。市场营销计划是市场营销组织活动的指导；市场营销组织负责实施市场营销计划；市场营销计划实施需要市场营销控制，保证其得以实现。

第六节　农业企业市场细分及目标市场的选择

农业市场是一个极其庞大和复杂多变的整体，任何一个农业企业，不论其规模有多大，面对市场，都不可能提供可以满足整个农业市场所有顾客需求的商品和劳务，农业企业应选择其能有效提供服务的一部分农业市场。

一、农业企业市场细分

（一）概念

农业企业市场细分是指营销者通过农业市场调研，依据消费者的需要及欲望、购买行为及习惯等方面的差异，把某一产品的市场整体划分为若干消费者群的农业市场分类过程。每个消费者群就是一个细分市场，每个细分市场都是具有类似需求倾向的消费者构成的群体。

（二）作用

细分市场不是根据农业产品品种、农业产品系列划分的，而是从消费者（指最终消费者和工业生产者）的角度进行划分的，是根据农业市场细分的理论基础（消费者的需求、动机、购买行为的多元性和差异性）来划分的。农业企业市场细分对农业企业的生产、营销有着极其重要的作用。

1. 有利于选择目标市场和制定农业市场营销策略

农业市场细分后的子农业市场比较具体，比较容易了解消费者的需求，农业企业可以根据自己的经营思想、方针以及生产技术和营销力量确定自己的服务对象。针对较小的目标农业市场，农业企业便于制定特殊的营销策略。在细分的农业市场上，信息容易被了解和反馈，一旦消费者的需求发生变化，农业企业可迅速改变营销策略，制定相应的对策，以适应农业市场需求的变化，提高农业企业的应变能力和竞争力。

2. 有利于发掘农业市场机会，开拓新市场

通过细分农业市场，农业企业可以对每个细分农业市场的购买潜力、满足程度、竞争情况等进行分析、对比，探索出有利于本农业企业的市场机会，使农业企业及时做出投产、异地销售决策，或根据本企业的生产技术条件编制新产品开拓计划，进行必要的产品技术储备，掌握产品更新换代的主动权，开拓新市场，以更好地适应市场的需要。

3. 有利于集中人力、物力投入目标农业市场

任何一个农业企业的人力、物力等资源都是有限的。通过细分农业市场，选择适合自己的目标农业市场，农业企业可以集中资源争取局部农业市场上的优势，然后占领自己的目标市场。

4. 有利于农业企业提高经济效益

以上三个方面的作用都能使农业企业提高经济效益。除此之外，农业企业通过细分农业市场，可以面对自己的目标农业市场生产出适销对路的产品，既能满足农业市场需要，又能增加农业企业的收入。产品适销对路可以加速商品流转，加大生产批量，降低农业企业的生产、销售成本，提高生产工人的劳动熟练程度，提高产品质量，全面提高企业的经济效益。

（三）程序

农业企业市场细分作为一个比较、分类、选择的过程，应该按照一定的程序来进行，通常有以下步骤。

1. 正确选择市场范围

农业企业根据自身的经营条件和经营能力确定进入农业市场的范围，如进入什么行业，生产什么产品，提供什么服务。

2. 列出市场范围内所有潜在顾客的需求情况

农业企业根据细分标准，比较全面地列出潜在顾客的基本需求，作为以后深入研究的基本资料和依据。

3. 分析潜在顾客的不同需求，初步划分市场

农业企业针对列出的各种需求，通过抽样调查进一步收集有关市场信息与顾客背景资料，然后初步划分出一些差异最大的细分市场。

4. 筛选

农业企业根据农业市场细分的有效条件，对所有细分农业市场进行分析、研究，剔除不合要求、无用的细分农业市场。

5. 为细分农业市场定名

为便于操作，农业企业可结合各细分农业市场上顾客的特点，用形象化、直观化的方法为细分农业市场定名。

6. 复核

农业企业进一步对细分后选择的农业市场进行调查、研究，充分认识各细分农业市场的特点，其开发的细分农业市场的规模、潜在需求，以及还需要对哪些特点进一步分析、研究，等等。

7. 决定细分市场规模，选定目标市场

农业企业在各子农业市场中选择与其经营优势和特色相一致的子农业市场作为目标农业市场。没有这一步，就无法达到细分农业市场的目的。

经过以上七个步骤，农业企业便完成了农业市场细分的工作，就可以根据自身的实际情况确定目标市场并采取相应的目标市场策略。

（四）细分农业市场的因素

1. 地理环境因素

农业企业按照消费者所处的地理位置、自然环境来细分农业市场，这是传统的细分农业市场的因素。处于不同地理环境的消费者对同一类产品往往表现出差别较大的需求特征，对农业企业营销组合的反应也存在较大的差别。地理环境细分对不同区域市场的识别和划分也有意义。地理环境中的大多数因素是一种相对静态的变量，农业企业营销必须了解处于同一地理环境的消费者和用户对某一类农业产品的需求或偏好仍然会存在很大的差异，因此还必须同时依据其他因素进行农业市场细分。

2. 人口因素

人口因素包括年龄、婚姻、职业、性别、收入、受教育程度、家庭生命周期、国籍、民族、宗教、社会阶层等。例如，不同年龄、受教育程度不同的消费者在价值观念、生活情趣、审美观念和消费方式等方面会有很大的差异。

3. 消费心理因素

农业企业按照消费者的心理特征细分农业市场。按照上述地理环境和人口因素划分的处于同一群体中的消费者对同类产品的需求仍会显示出差异性，这可能是消费心理因素在发挥作用。消费心理因素包括个性、购买动机、价值观念、生活格调、追求的利益等变量。追求的利益是指消费者在购买过程中对产品不同效用的重视程度。越来越多的农业企业开始重视按照人们的生活格调来细分农业市场。消费者的个性、价值观念等心理因素对需求也有一定的影响，农业企业可以把具有类同的个性、爱好、兴趣和价值取向的消费者集合成群，有针对性地制定营销策略。

4. 消费行为因素

农业企业按照消费者的消费行为细分市场，它包括消费者进入农业市场的程度、使用频率、偏好程度等变量。

按进入农业市场的程度，通常可以将消费者划分为常规消费者、初次消费者和潜在消费者。资力雄厚、农业市场占有率较高的农业企业特别注重吸引潜在购买者，争取通过营销战略把潜在消费者变为初次消费者，进而变为常规消费者。而一些中小农业企业，特别是无力开展大规模促销活动的农业企业，主要吸引常规消费者。在常规消费者中，不同消费者对农业产品的使用频率也很悬殊，可以进一步细分为“大量使用户”和“少量使用户”。因此，许多农业企业把“大量使用户”作为自己的销售对象。

二、选择目标农业市场的战略

农业市场细分的目的在于有效地选择并进入目标农业市场。目标农业市场就是农业企业准备进入并为其服务的农业市场。一个农业企业的目标市场应该具备以下几个条件:第一,有一定的购买力,能实现足够的销售量;第二,有一定的潜力，企业产品的销售有可能逐步增长；第三，市场必须与企业的战略目标和资源相适应，使企业的产品能较顺利地进入市场；第四，该市场能给企业带来较高的利润。

（一）无差异营销战略

实行无差异营销战略的农业企业把整体市场看作一个大的目标农业市场，不进行细分，用一种产品、统一的市场营销组合对待整体市场。农业企业从以下两种不同的思想出发实施无差异营销战略。第一种，从传统的农业产品观念出发，强调需求的共性，漠视需求的差异。农业企业为整体农业市场生产标准化产品，并实行无差异的农业市场营销战略。在大量生产、大量销售的产品导向时代，农业企业多数采用无差异营销战略经营。第二种，农业企业经过农业市场调研之后，认为某些特定农业产品的消费者需求大致相同或具有较少差异，因此可以采用大致相同的农业市场营销策略。从这个意义上讲，它更加符合现代农业市场营销理念。

采用无差异营销战略的最大优点是成本的经济性，因为大批量的生产销售必然降低单位产品的成本；无差异的广告宣传可以减少促销费用；不进行市场细分，也相应减少了市场调研、产品研制与开发以及制定多种市场营销战略、战术方案等带来的成本开支。

但是，无差异营销战略对农业市场上的绝大多数产品都是不适宜的，因为消费者的需求偏好具有极其复杂的层次，某种产品或品牌受到农业市场的普遍欢迎的情况是很少的，即便一时能赢得某一市场，但是如果竞争农业企业都如此仿照，就会造成农业市场上某个局部竞争非常激烈，而其他部分的需求却没有得到满足。

（二）差异化营销战略

差异化营销战略是指把整体市场划分为若干需求与愿望大致相同的细分市场，然后根据企业的资源及营销实力选择部分细分市场作为目标市场，并为各个目标市场制定不同的市场营销组合策略。

采用差异化营销战略的最大优点是可以有针对性地满足具有不同特征的顾客群的需求，提高产品的竞争能力。但是，由于产品品种、销售渠道、广告宣传的扩大化与多样化，市场营销费用也会大幅度增加。所以，无差异营销战略的优势基本上成为差异化市场战略的劣势。同时，该战略在推动成本和销售额上升时，市场效益并不具有保证。因此，企业在市场营销中有时需要进行“反细分”或“扩大顾客的基数”，作为对于差异化营销战略的完善和补充。

（三）集中市场战略

集中市场战略是指在将整体农业市场分割为若干细分农业市场后，只选择其中某一细分农业市场作为目标农业市场。其指导思想是把农业企业的人、财、物集中用于某一个或几个小型市场，要求在少数较小的农业市场上得到较大的市场份额，这种战略也称为“弥隙”战略，适合资源稀少的小企业。

这一战略的不足是农业企业经营者承担的风险较大，如果目标农业市场的需求情况突然发生变化，目标消费者的兴趣突然转移或农业市场上出现了更强有力的竞争对手，农业企业就可能陷入困境。

第七节　农业企业的绿色营销和网络营销

一、农业企业绿色营销的概念

所谓绿色营销是指社会和农业企业在充分意识到消费者日益提高的环保意识及由此产生的对清洁型无公害产品需要的基础上，发现、创造并选择市场机会，通过采取一系列理性化的营销手段来满足消费者及社会生态环境发展的需要，实现可持续发展的过程。

绿色营销的核心是按照环保与生态原则来选择和确定营销组合的策略，是建立在绿色技术、绿色市场和绿色经济基础上的对人类的生态关注给予回应的一种经营方式。

绿色营销不是一种诱导顾客消费的手段，也不是农业企业塑造公众形象的“美容法”，它是一个导向持续发展、永续经营的过程，其最终目的是在化解环境危机的过程中获得农业商业机会，在实现农业企业利润和使消费者满意的同时，达成人与自然的和谐相处，共存共荣。

二、农业企业绿色营销管理

农业企业绿色营销管理包括以下五个方面的内容。

（一）树立绿色营销观念

绿色营销观念是在绿色营销环境条件下农业企业生产经营的指导思想。传统营销观念认为，农业企业在农业市场经济条件下生产经营，应当时刻关注与研究的中心问题是消费者需求、农业企业自身条件和竞争者状况三个方面，并且认为满足消费需求，改善农业企业条件，创造比竞争者更有利的优势，便能取得市场营销的成效。

农业企业生产经营研究的首要问题不是在传统营销因素条件下，通过协调三方面关系使自身获得利益，而是与绿色营销环境的关系。农业企业营销策略的制定必须首先建立在有利于节约能源、资源和保护自然环境的基础上，促使农业企业市场营销的立足点发生新的转移。

农业企业与同行竞争的焦点在于最佳保护生态环境的营销措施，并且认为这些措施的不断建立和完善是农业企业实现长远经营目标的需要，它能形成和创造新的目标农业市场，是竞争制胜的法宝。

与传统的社会营销观念相比，绿色营销观念注重的社会利益更明确定位于节能与环保，立足于可持续发展，放眼于社会经济的长远利益与全球利益。

（二）设计绿色农业产品

所谓绿色农业产品是指对社会、对环境改善有利的农业产品，或称无公害农业产品。这种绿色农业产品与传统同类农业产品相比，至少具有以下特征。

①农业产品的核心功能既要满足消费者的传统需要，符合相应的技术和质量标准，更要满足对社会、自然环境和人类身心健康有利的绿色需求，符合有关环保和安全卫生的标准。

②农业产品的实体部分应减少资源的消耗，尽可能利用再生资源。农业产品实体中不应添加对环境和人体健康有害的原料、辅料。在农业产品制造过程中，应消除或减少“三废”对环境的污染。

③农业产品的包装应减少对资源的消耗，包装的废弃物和农业产品报废后的残物应尽可能成为新的资源。

④农业产品生产和销售的着眼点不是引导消费者大量消费而大量生产，而是指导消费者正确消费而适量生产，建立全新的生产美学观念。

（三）制定绿色农业产品的价格

价格是农业市场的敏感因素，定价是农业市场营销的重要策略。绿色农业产品在农业市场的投入期，生产成本会高于同类传统产品，因为绿色产品成本中应计入产品环保的成本，主要包括以下几个方面。

①在农业产品开发中，因增加或改善环保功能而支付的研制经费。

②在农业产品制造中，因追求对环境和人体无污染、无伤害而增加的工艺成本。

③使用新的绿色原料、辅料而可能增加的资源成本。

④实施绿色营销而可能增加的管理成本、销售费用。

但是，绿色农业产品价格的上升会是暂时的，随着科学技术的发展和各种环保措施的完善，绿色农业产品的制造成本会逐步下降，趋向稳定。农业企业制定绿色农业产品价格，不仅应考虑上述因素，也应注意到，随着人们环保意识的增强，消费者经济收入的增加，消费者对农业商品的价格观念会逐步与消费观念相协调。所以，农业企业营销绿色产品不仅能使农业企业盈利，更能在同行竞争中取得优势。

（四）农业企业绿色营销的渠道策略

农业企业绿色营销渠道是绿色农业产品从生产者转移到消费者所经过的通道。农业企业实施绿色营销必须建立稳定的绿色营销渠道，策略上可从以下几个方面努力。

①启发和引导中间商的绿色意识，与中间商建立恰当的利益关系，不断发现和选择热心的营销伙伴，逐步建立稳定的营销网络。

②注重营销渠道有关环节的工作。为了真正实施绿色营销，从绿色交通工具的选择，绿色仓库的建立，到绿色装卸、运输、储存、管理办法的制定与实施，认真做好绿色营销渠道的一系列基础工作。

③尽可能建立短渠道、宽渠道，减少渠道资源消耗，降低渠道费用。

（五）搞好绿色营销的促销活动

绿色营销的促销是通过绿色促销媒体传递绿色信息，指导绿色消费，启发、引导消费者的绿色需求，最终促成购买行为。它有以下主要手段。

1. 绿色广告

通过广告对产品的绿色功能定位，引导消费者理解并接受广告诉求。在绿色产品的市场投入期和成长期，通过量大、面广的绿色广告，营造市场营销的绿色氛围，激发消费者的购买欲望。

2. 绿色推广

通过绿色营销人员的绿色推销和营业推广，从销售现场到推销实地，直接向消费者宣传、推广产品的绿色信息，讲解、示范产品的绿色功能，回答消费者的绿色咨询，宣讲绿色营销的各种环境现状和发展趋势，激发消费者的消费欲望。同时，通过试用、馈赠、竞赛、优惠等策略，引导其消费兴趣，促成购买行为。

3. 绿色公关

农业企业的公关人员通过参与一系列公关活动（如发表文章、演讲，播放影视资料参与及赞助社交联谊、环保公益活动等），广泛与社会公众进行接触，增强公众的绿色意识，树立农业企业的绿色形象，为绿色营销建立广泛的社会基础，促进绿色营销业的发展。

三、农业企业的网络营销

农业企业的网络营销是以互联网为核心平台，以网络用户为中心，以农业市场需求和认知为导向，利用各种网络应用手段实现农业企业营销目的的一系列行为。虽然网络营销以互联网为核心平台，但也可以整合其他的资源形成整合营销。互联网拥有其他任何平台都不具备的综合营销能力，农业企业网络营销可进行从品牌推广到销售、服务等一系列的工作，包括电子商务、农业企业展示、农业企业公关、品牌推广、农业产品推广、农业产品促销、活动推广、挖掘细分农业市场、项目招商等方面。这里所指的网络不仅包括互联网，还应该包括外联网。

四、农业企业网络营销的技术基础

农业企业网络营销的技术基础主要是以计算机网络技术为代表的信息技术。计算机网络技术是现代通信技术与计算机技术相结合的产物，它把分布在不同地理区域的计算机与专门的外部设备用通信线路互联成一个规模大、功能强的网络，从而使众多的计算机可以方便地互相传递信息，共享硬件、软件、数据信息等资源。

五、农业企业网络营销的职能

农业企业网络营销的职能不仅表明了农业企业网络营销的作用和农业企业网络营销工作的主要内容，同时也说明了农业企业网络营销应该可以实现的效果。对农业企业网络营销职能的认识有助于全面理解网络营销的价值和内容体系，因此农业企业网络营销的职能是农业企业网络营销的理论基础之一。

（一）网络品牌

农业企业网络营销的重要任务之一就是在互联网上建立并推广农业企业的品牌。知名农业企业的网下品牌可以在网上得以延伸，一般农业企业则可以通过互联网快速树立品牌形象，并提升农业企业整体形象。

网络品牌建立以农业企业网站建设为基础，通过采取一系列的推广措施，达到顾客和公众对农业企业的认知与认可。在一定程度上，农业企业网络品牌的价值甚至高于其通过网络获得的直接收益。

（二）网址推广

这是农业企业网络营销最基本的职能之一。相对于其他功能来说，网址推广显得更为迫切和重要，网站所有功能的发挥都要以一定的访问量为基础，所以网址推广是网络营销的核心工作。

（三）信息发布

网站是一种信息载体，通过网站发布信息是网络营销的主要方法之一，同时，信息发布也是农业企业网络营销的基本职能，所以也可以这样理解，无论哪种网络营销方式，结果都是将一定的信息传递给目标人群，包括顾客／潜在顾客、媒体、合作伙伴、竞争者等。

（四）销售促进

营销的基本目的是为增加销售提供帮助，网络营销也不例外。大部分网络营销方法都与直接或间接促进销售有关，但促进销售并不限于促进网上销售，事实上，网络营销在很多情况下对于促进网下销售十分有价值。

（五）销售渠道

一个具备网上交易功能的企业网站本身就是一个网上交易场所，网络销售是农业企业销售渠道在网上的延伸。网络销售渠道建设也不限于网站本身，还包括建立在综合电子商务平台上的网上商店及与其他电子商务网站不同形式的合作等。

（六）顾客服务

互联网提供了更加方便的在线顾客服务手段（包括各种即时通信服务），顾客服务质量对于网络营销效果具有重要影响。

（七）顾客关系

良好的顾客关系是网络营销取得成效的必要条件，通过网站的交互性、顾客的参与等，农业企业在开展顾客服务的同时，也增进了与顾客的关系。

（八）网上市场调研

通过发放在线调查表或者发送电子邮件等方式，可以完成网上市场调研。相对于传统市场调研，网上市场调研具有高效率、低成本的特点，成为网络营销的主要职能之一。开展网络营销的意义就在于充分发挥各种职能，让网络经营的整体效益最大化。网络营销的职能是通过各种网络营销方法来实现的，网络营销的各个职能并非相互独立的，同一个职能可能需要多种网络营销方法的共同作用，而同一种网络营销方法也可能适用于多个网络营销职能。

小　结

农业企业市场调研与市场预测是现代农业企业决策活动中不可或缺的一环。现代农业企业面临的最主要的问题就是市场需求。农业企业市场需求预测对所有的农业企业来说都具有极其重要的意义。处于激烈竞争中的现代农业企业，只有知道了未来市场对其农业产品的需求，才能做出生产、财务、采购和劳动力等的安排。

农业企业市场调研涉及的内容广泛，主要有农业企业市场需求调研、农业企业市场环境调研、农业企业消费者行为调研、农业产品调研、销售和促销调研、竞争状况调研等。农业企业市场调研是一个收集、整理、加工和处理信息的系统工程，而调研方法是否恰当直接影响调研结果的质量，是调研成败的关键。

科学的农业市场需求预测是指在充分的农业市场调研的基础上，掌握充分的信息，运用科学的方法，对农业市场需求和农业企业需求以及影响农业市场需求变化的因素进行分析、研究，对未来的发展趋势和状态做出估计和预测。在现代预测技术中，科学的推断通常建立在若干原理的基础上。农业企业市场预测方法是在全面、系统、准确地占有有关资料的基础上，对预测目标进行定性分析和定量预测的各种方法的总称。预测方法总体上分为两大类：定性预测方法和定量预测方法。

农业企业市场营销泛指与农业市场有关的一切人类活动，即以满足人类的需求和欲望为目的，通过农业市场变潜在交换为现实交换的活动。农业企业市场营销的内涵比销售工作、促销活动丰富得多。农业企业市场营销管理的任务就是为促进农业企业目标的实现而调节需求的水平、时机和性质。农业企业市场营销管理的实质是需求管理。

农业企业市场营销导向是农业企业进行市场营销活动时的指导思想和行为准则的总和。农业企业的市场营销导向决定了农业企业如何看待顾客和社会利益，也决定了其如何处理农业企业、社会和顾客三方的利益。

农业企业市场营销组合是农业企业营销战略的一个重要组成部分。农业企业营销战略包括两个不同而又相互关联的部分：一是目标农业市场，即农业企业在提供产品过程中所形成的具有相似特性的客户群；二是市场营销组合，即农业企业为了满足这个目标顾客群的需要而加以组合的可控制的变量。

农业企业绿色营销是指农业企业在营销活动中谋求消费者利益、农业企业利益与环境利益的协调，既要充分满足消费者的需求，也要充分注意自然生态平衡。农业企业网络营销就是以国际互联网络为基础，利用数字化的信息和网络媒体的交互性辅助营销目标实现的一种新型的市场营销方式。农业企业网络营销是以客户为中心，以网络为导向，为实现企业目的而进行的一系列企业活动。

思考题

1. 试评述农业企业市场营销的导向及意义。
2. 什么是农业企业市场营销?
3. 农业企业市场调研对于市场开拓有什么意义?
4. 怎样将市场营销真正应用到农业企业中?
5. 市场营销对于农业企业有哪些局限?

第七章　农业企业生产运作管理及质量管理

小故事

麦德龙
从教农民种田开始

麦德龙主要通过麦哲达农业信息咨询公司实现农超对接，从“教农民怎么种田，怎么包装蔬菜”这些最基本的问题入手，探索农副产品生产基地新模式，保证农产品从基地、农场、加工、物流到销售符合消费者的安全要求，建立鲜活农产品质量可追溯体系。

麦德龙农产品基地创立了全新的供应链，由麦德龙提出科学的标准化生产流程，引入农技咨询公司指导企业、农民养殖、种植，委托第三方机构对农产品的质量进行检测，通过麦德龙平台销售。为此，麦德龙还在中国投资设立了首家专门从事农技指导、咨询和培训的麦哲达农业信息咨询公司，向合作企业和农民提供生产、加工、包装、物流及市场运作等全方位的专业培训与咨询，实现“农场到餐桌”的全过程产品质量控制及可追溯。

麦德龙也曾与合肥市政府签署合作协议，在合肥试点打造新型农产品基地模式。合肥生产基地生产的天然、安全、质量可追溯的农副产品自2007年12月起陆续进入麦德龙在中国华东区的11家卖场，包括童子鸡、猪肉、西瓜、草莓等15种严格遵循全球良好规范标准生产的农副产品。

知识要点

了解农业企业生产运作管理、生产现场管理、物流管理的基本概念和内容；掌握生产运作管理、生产现场管理、物流管理的内容和方法；了解生产运作管理与生产现场管理的原则、任务和体系，以及生产运作管理的发展变化趋势；对新型生产方式及生产现场管理方法进行重点理解和掌握。

第一节 农业企业生产运作管理概述

一、农业企业生产运作管理的概念

农业企业生产运作管理是对农业生产运作系统的设计、运行与维护过程的管理，它包括对农业生产运作活动进行计划、组织和控制。传统生产运作管理主要是以工业企业特别是制造业为研究对象，其关注点主要是一个生产系统内部的计划和控制，一般称为狭义的生产管理学，其内容主要是关于生产的日程管理和在制品管理。

从狭义上讲，农业企业生产运作管理仅局限于农业生产运作系统的运行管理，实际上是以农业生产运作系统中的农业生产运作过程为中心对象。

从广义上讲，农业企业生产运作管理不仅包括农业生产运作系统的运行管理，而且包括农业生产运作系统的定位与设计管理，可以认为是选择、设计、运行、控制和更新生产运作系统的管理活动的总和。广义农业企业生产运作管理以农业生产运作系统整体为对象，实际上是对生产运作系统的所有要素及投入、生产运作过程、产出和反馈等所有环节的全方位综合管理。从广义上理解农业企业生产运作管理符合现代生产运作管理的发展趋势。

二、生产运作管理的发展及趋势

（一）生产运作管理的发展历程

管理成为一门科学是20世纪初的事情，生产运作管理发展过程中的一些重大事件包括科学管理、流水生产线、霍桑实验、管理科学、计算机及MRP、准时生产、全面质量管理及质量认证、再造工程、供应链管理等的出现。

（二）现代生产运作管理面临的新环境

①产品更新换代加快。

②用户需求趋于多样化。

③市场竞争日趋激烈。

（三）现代生产运作管理的发展趋势

①生产运作管理学的研究范围已经从传统的制造业扩大到了非制造业。

②生产运作管理的内容已不局限于传统的生产制造过程，而是扩展到生产战略的制定，生产系统的选择、设计，以及产品的研究、开发、制造和服务的全过程。

③注重提高生产系统的柔性，以适应多品种中小批量生产的要求。

④广泛应用数学方法、统计方法、计算机模拟等现代化管理方法。

⑤运用计算机集成系统，把生产运作、市场营销、财务管理等经济活动紧密地联系在一起，实现生产经营一体化，提高企业的整体效能。

三、农业企业生产运作管理的内容

随着时代的发展、生产规模的扩大和生产形式的多样化，农业企业生产运作管理的内容也在不断地变宽、变广。从管理职能的角度来分析，农业企业生产运作管理的内容可概括为以下三个方面。

（一）确定合理的农业生产组织形式

确定合理的农业生产组织形式主要涉及以下几个方面的内容。

①从空间、时间等角度对农业企业生产过程进行分析。

②根据工厂布置，对生产线的设置进行分析和确定，使其适应生产的客观要求，保证生产的正常进行。

③从时间、动作角度对工作进行研究，制定合理、科学的劳动定额，从而使农业生产过程省力、高效。

④适应农业市场经济的需要，对农业市场需求有灵敏的嗅觉和快速的应变能力，建立一个良好的生产管理机制，促进农业生产发展。

（二）制订科学的农业生产计划

制订科学的农业生产计划主要包括以下两个方面的内容。

①认真调查、分析农业市场需要和社会需求，进行农业生产预测。这是与市场营销的重要接口，也体现出农业市场决定生产的意识和思想。

②根据农业生产预测的结果，结合农业企业的现实情况，认真、严肃地编制农业生产计划。

（三）计划的实施和控制

1. 编制和实施农业生产作业计划

农业生产计划只是规划了纲领性的东西，要想组织日常生产活动正常进行，还必须编制农业生产作业计划。它体现着农业企业管理水平的高低，对效益有着重要的影响作用。

2. 农业生产控制

农业企业要进行严格的农业生产控制，因为农业生产控制对农业生产过程的进行及经济效益影响很大。这个工作本身难度大、要求高、影响因素多，必须花大气力，做扎实、深入、细致的工作。

3. 农业生产现场管理

随着农业企业的发展和农业企业生产管理的逐步深入，每个管理者都应当充分认识到农业生产现场对农业市场的保证作用。农业产品来自农业生产现场，忽视农业生产现场而提高市场竞争能力是不可能的。

生产运作管理的内容因生产形式的不同而不同，同时它也在不断变化，科学技术的迅猛发展会不断赋予其新的、更加丰富的内容。

四、农业企业生产运作管理的目标技能

农业企业生产运作管理人员与其他管理人员一样，都是通过他人来完成工作任务的，因此他们必须具备两方面的技能。

一方面是技术技能，它包括两点内容。第一点，专业技术与管理技术。农业企业生产运作管理人员面临的是转化物料或提供各种特定服务这样的活动，因此必须具备有关的专业技术知识，特别是工艺知识。第二点，只有专业技术知识对农业企业生产运作管理人员是不够的，他们还需懂农业企业生产运作过程的组织，

懂计划与控制，懂现代化农业企业生产运作管理技术。

另一方面是行为技能，即农业企业生产运作管理者要组织工人和技术人员进行生产活动，他们必须具备处理人际关系的能力，要善于与他人共事，调动他人的工作积极性，协调众人的活动。

五、农业企业生产运作管理的原则

农业企业生产运作管理遵循的原则可以用一句话来概括：高效、低耗、灵活、准时地生产合格产品和（或）提供满意服务。

高效是对时间而言的，指能够迅速地满足用户的需要。在当前激烈的农业市场竞争条件下，谁的订货提前期短，谁就能争取用户。

低耗是指农业企业生产同样数量和质量的产品，人力、物力和财力的消耗最少。低耗才能低成本，低成本才有低价格，低价格才能争取用户。

灵活是指农业企业能很快地适应农业市场的变化，生产不同的品种和开发新品种，或提供不同的服务和开发新的服务。

准时是指在用户需要的时间，按用户需要的数量，提供用户所需的产品和服务。合格产品和（或）满意服务是指质量。

为了适应农业市场需求，农业企业生产运作管理要合理地使用资源（其中包括人力、物力、财力、信息、知识等各方面资源），生产或提供高质量的产品或服务，并不断降低成本，提高效益，使农业企业充满生机和活力。

六、农业企业生产运作战略

农业企业生产运作战略是指在农业企业经营战略的总体框架下，农业企业决定如何通过生产运作活动达到其整体经营目标，根据对农业企业各种资源要素和综合环境的分析，对与生产运作管理及运作系统有关的基本问题进行分析与判断，确定总的指导思想和一系列决策原则。

生产运作活动是农业企业最基本的活动之一。生产运作活动为了达到农业企业的经营目的，需要保证有一个合理、高效的运作系统来进行一系列的变换过程，在一定的资源条件下，使产出能达到最大或尽量大。再具体地说，生产运作活动应该保证农业企业能在需要的时候以适宜的价格向顾客提供满足其质量要求的产品。

第二节　农业企业生产计划

一、农业企业生产计划的概念

农业企业生产计划是农业企业对生产任务做出统筹安排，具体拟订农业企业生产产品的品种、数量、质量和进度的计划。农业企业生产计划是农业企业经营计划的重要组成部分，是农业企业进行农业生产管理的重要依据。它既是实现农业企业经营目标的重要手段，也是组织和指导农业企业生产活动有计划进行的依据。农业企业在编制生产计划时，还要考虑到生产组织及其形式。同时，生产计划的合理安排也有利于改进生产组织。

农业企业生产计划为满足客户要求的三要素（交期、品质、成本）进行计划，同时也为使农业企业获得适当利益而对农业生产的三要素（材料、人员、机器设备）的确切准备、分配及使用进行计划。

二、农业企业生产计划的具体任务

①要保证交货日期与生产量。

②使农业企业维持同其生产能力相称的工作量（负荷）及适当的开工率。

③作为物料采购的基准依据。

④将重要的农业产品或物料的库存量维持在适当水平。

⑤对长期的增产计划，做人员与机械设备补充的安排。

三、农业企业生产计划编制的原则

农业企业生产计划是农业企业计划管理工作的一部分，生产计划编制工作必须遵循计划管理的基本原则，同时还应结合生产计划工作自身的特点。

（一）合理利用生产能力原则

生产能力是指在一定时期内，在具体的组织技术条件下，农业企业必要的资源投入所能获得的最大产出量。生产能力代表农业企业内部的生产条件，因此生产能力是编制生产计划的一个重要制约因素。企业的生产计划必须做到以下几点。

①计划产品的工艺过程与农业企业设备的性能相一致。

②计划产品的产量与农业企业设备的能力相一致。

③生产进度的安排均匀，使设备的负荷均衡。

④生产计划必须与销售计划、人力资源计划、物资供应计划、库存计划、设备计划、资金计划等相互衔接和协调一致。

（二）以需定产、以产促销原则

以需定产是指农业企业在制订计划、安排任务时，应按照市场调查与预测的结果，根据农业市场对产品品种、质量、数量与交货日期的需要来进行。农业企业的生产计划必须根据市场的变化而不断地调整，这样才能满足农业市场需要和顾客要求。此外，农业企业应该结合自身的特长，充分发挥农业企业人才、技术和管理资源的优势，开发新产品并生产具有一定特色的优质产品，唤起社会的新需求，指导顾客的需求方向，即以产促销。只有这样，农业企业才能扩大销售，扩大生产，增加收益，提高经济效益。

（三）综合平衡原则

农业企业生产计划指标的确定受到各方面因素的制约，综合平衡的一个方面就是要弄清楚农业企业内部生产的可能性和潜在能力，以生产任务为中心，从设备能力、技术准备、物资供应、资金和劳动力等方面进行综合比较，发现存在的不足和困难，从而及时提出措施加以解决，保证生产计划的顺利完成。另一方面，要对产品品种、产量、质量、成本、消耗、利润等经济指标进行综合比较，要在尽可能提高经济效益的目标下，对生产计划的各指标予以合理调整，使确定的生产计划指标能够保证农业企业经营目标的实现。

（四）生产计划安排最优化原则

所谓生产计划安排最优化是指在一定的资源条件下对生产进行合理安排，求得最佳经济效益。生产计划安排最优化包括农业企业生产各产品的产量最优化配置和计划安排的动态最优化，也就是根据农业企业的有限资源，既要使生产数量满足成本与利润指标的要求，又要使农业生产成本与存货成本最少而设备负荷率最大。

四、农业企业生产计划的编制方法

不同生产类型的农业企业应选择不同的编制方法。随着科学技术的迅速发展，各种农业企业生产的品种日益增多，系统分析、运筹学等原理和计算机越来越多地应用于农业企业管理。

（1）在制品定额法

它是指根据农业企业生产计划的要求将预先制定的在制品定额与预计可能结存的在制品数量作比较，使期末在制品数量保持在规定的定额水平上，并据此来规定各车间的生产任务。这种方法适用于大批量生产的农业企业。

（2）提前期法（累计编号法）

它是指根据农业企业生产计划的要求和预先制定的提前期规定各部门某些产品提前完成的产量。这种方法通常用于多品种成批生产的农业企业。

（3）农业生产周期法

它是指根据农业企业生产计划的要求和预先制定的产品生产周期图表，通过生产能力的核算来规定各部门的生产任务。这种方法适用于单件小批量生产的农业企业。

（4）订货点法

这种方法适用于安排生产产量大、品种稳定、价值低的农业产品。

（5）成组技术的计划方法

这种方法打破产品界限，把工艺相似的零件成组生产，适用于多品种、中小批量生产的农业企业。

（6）网络法

它是一种逻辑性的计划手段，其典型的方法是计划评审法。这种方法主要用于复杂的一次性产品（或工程）的生产。

（7）准时生产制

它是指在必要的时候，按必要的数量把生产所必需的物料送到必要的地方。它的目的是把在制品储备压缩到最低限度，尽可能地节约流动资金。

（8）混流生产方法

它是指在现有生产条件和生产能力的情况下，经过科学逻辑的运算，制定出在同一生产线上最优品种搭配的生产方案，达到品种、产量、工时的均衡，最大限度地节约资源。这种方法主要用于工艺相似的系列化产品的流水生产企业。

五、农业企业生产计划的准备工作

充分而准确的信息资料是编制生产计划的基础，因此农业企业生产计划的准备工作主要指各方面资料的收集。这些资料大致分为两部分：一部分反映农业企业外部环境和需要，包括经济形势、国家方针政策、竞争农业企业情况、原材料及其他物资的供应情况、订货合同协议、农业市场需求等；另一部分反映农业企业内部条件和可能的水平，包括劳动力及技术力量水平、生产能力水平、各种物资的库存水平、流动资金和成本水平、服务销售水平及上期计划完成情况等。

（一）农业企业生产预测

农业企业生产预测属于市场预测范畴，是一种侧重以某个农业企业作为基本出发点的微观预测。在预测时，农业企业要重视对计划期需求特征的描述，分清是线性趋势还是季节性变化，是独立需求还是从属需求。不仅如此，农业企业还要选择比较经济、准确的预测方法。

（二）农业企业生产能力的核定

农业企业生产能力是生产系统内部各种资源能力的综合反映，直接关系到能否满足农业市场需要，所以在制订生产计划前，必须了解农业企业的生产能力。

1. 生产能力的概念

（1）广义

生产能力是技术能力和管理能力的综合。技术能力涉及人的能力和生产设备、生产面积的能力。人的能力是指人员数量、实际工作时间、出勤率、技术水平、思想觉悟等因素的组合；生产设备、生产面积的能力是指生产设备、生产面积的数量、水平、开动率、完好率等因素的组合。管理能力包括管理人员管理经验的成熟程度，以及应用管理理论、方法的水平和科学的态度、能力等。

（2）狭义

生产能力主要是指技术能力中生产设备的数量，以及生产面积的大小、状况等。一般情况下，生产能力强调的是狭义的生产能力，是指固定资产的生产能力，即农业企业在一定的生产组织技术条件下，在一定时期内，全部生产性固定资产所能生产某种产品的最大数量或所能加工、处理某种原材料的最大数量。它是反映农业企业生产可能性的一个重要指标。

2. 影响生产能力的因素

农业企业生产能力的大小主要取决于三个要素：固定资产的数量、固定资产的工作时间和固定资产的生产效率。

3. 生产能力核算

农业企业生产能力的核算是指农业企业根据决定生产能力的三要素，在查清和采取措施的基础上，先计算设备组的生产能力，平衡后确定小组、工段、车间的生产能力，然后各车间进行平衡，确定农业企业的生产能力。具体核算时，应根据农业企业或农业企业内部各生产环节的不同生产特点而采取不同方法。

六、农业企业生产计划中的常见问题

农业企业生产计划是非常重要的一项内容。如果一个生产型农业企业没有做好农业生产计划，那么农业企业的发展就会受到很大的影响，会造成浪费，增加农业企业的生产成本，而高成本的产品在农业市场竞争中是没有优势的。因此，我们要解决农业企业在生产计划中的一些问题，要为农业企业的发展创造良好的环境，这样农业企业的发展才能顺利地进行；农业企业也要加强生产培训，解决农业企业生产中的管理问题，这对农业企业的发展是非常重要的。

农业企业要提高对班组生产现场管理重要性的认识。生产现场管理是农业企业管理的重要组成部分，是农业企业管理素质的集中表现。通过它可判断出农业企业广大员工的素质和管理水平，产品质量的可信赖程度，以及农业企业可协作程度。而班组又是农业企业生产现场管理的前沿阵地，提高农业企业的班组生产现场管理水平，是农业企业自身发展的需要。农业企业的现场如果管理不好，就会导致农业企业的浪费，这也是对农业企业资源的一种浪费。因此我们要想办法解决农业企业生产现场的浪费问题，这样农业企业的成本才能降低；要加强班组对生产现场管理重要性的认识，做好企业的生产计划，这样农业企业的发展才会更加顺利地进行下去。

七、农业企业生产计划的实施与控制

（一）农业企业生产计划的实施

农业企业制订科学、合理的生产计划后，为了保证既定生产任务及生产目标的实现，就必须对生产计划的实施进行控制。生产计划确定以后，还要编制生产作业计划，把全年各季度的任务按月安排，细分到周、日、时，以保证生产计划的顺利完成。农业企业生产计划的实施主要有以下步骤。

①编制企业各个层次的作业计划。

②编制生产准备计划。

③计算负荷率，即进行农业生产任务和农业生产能力（设备、生产面积等）之间的细致平衡。这里的平衡不同于生产计划阶段的粗能力平衡。

④统计、分析与考核日常生产的派工、生产调度、执行情况，要安排好每个工作地与工人的生产任务和进度，跟踪检查，督促关键工作和拖期工作，抓好配套率，并根据情况变化及时调整作业进度。

⑤制定或修改期量标准。这是编制农业生产作业计划所依据的一些定额和标准资料。所谓期量标准就是为生产对象在生产期限与数量方面规定的标准数据。它决定了农业企业生产过程各环节在生产数量和期限之间的衔接，保证了农业企业生产过程的连续性和均衡性，是编制农业生产作业计划的重要依据。因此，期量标准的水平应当先进、合理。当影响期量标准的因素发生重大变化时，必须及时进行修订。

不同的生产类型需要不同的期量标准，如表 7.1 所示。

表 7.1　生产类型和期量标准

生产类型	期量标准
大量生产	节拍或节奏、流水线工作指示图表、在制品定额等
成批生产	批量、生产间隔期、生产周期、在制品定额、提前期、交接期等
单件生产	生产周期、提前期等

（二）农业企业生产计划的控制

在农业企业生产管理的职能中，对生产计划控制十分重要，一旦计划制订出来，就要根据农业企业生产计划规定的各个项目进行生产。但是，尽管有时农业企业生产计划制订得很详细，但是也会与实际情况存在差距。因此，相关部门必须及时向计划职能部门报告这种差距，采取措施缩小差距，并对农业企业生产计划的执行情况进行分析和研究，在重新制订计划或者制订下期计划时做适当的处理。农业企业生产计划的控制就是对生产作业计划实施过程进行监督、检查，发现执行中已出现和可能出现的偏差，通过调度防止和纠正偏差，以保证计划的圆满完成。

1. 进度管理

进度管理的目标是准时生产，即只在需要的时间，按需要的农业产品品种生产需要的数量，既要保证交货期，又要保持和调整生产速度。为此，农业企业必须自始至终掌握各种农产品的投入产出时间、数量及配套性。可以说，农业企业生产计划控制的核心在于进度管理，它包括生产预计分析、生产均衡性控制和生产成套性控制三方面内容。

2. 在制品管理（存货控制）

存货可视为生产系统中不同流动速率的缓冲器。存货依其在农业生产系统中停留的位置可分为原物料、在制品或制成品。原物料存货是农业生产与采购间的缓冲器；在制品存货是不同的生产程序中不同生产速率间的缓冲器；制成品存货是农业产品生产速度与顾客购买速度差异的缓冲器。存货增加了农业企业生产系统的弹性，农业企业经理人要掌握下列存货信息。

①预期存货：建立库存量以备需求突然增加或供应突然减少，适用于季节性产品，可用以预防罢工、物价上涨、政治及经济之不稳定性和气候的恶化等特殊情况。

②周期存货：稳定需求的产品，先大批生产，储存后渐渐使用，可降低全盘的设定及负载量成本。

③管道存货：存货在运送过程中的管理。

④安全存量：依不确定性及缺货成本而决定，对顾客服务的要求越高，安全存量的水准就越高。

3. 成本控制

实行紧密的生产控制及精确的预算控制，以控制农业企业生产成本，从而获得竞争优势。

4. 质量控制

质量控制有助于农业企业提供符合顾客需要的农业产品及服务，优良的质量控制可降低顾客购买到劣质农业产品的概率。质量控制有以下步骤。

①确定顾客期望的质量特性。

②确定期望质量的标准。

③发展质量审查方法，明确指定何时由何人在何处审查。

④建立质量承诺，包括农业企业全体员工对质量的承诺。

⑤构建测量和报告系统，使经理人掌握信息。

5. 生产计划控制的组织

要进行有效的生产计划控制，农业企业必须建立强有力的、高效能的生产计划控制部门，从人员上、组织上给予保证。农业企业的生产计划控制职能主要是通过生产调度部门具体实现的。

（1）厂部调度工作机构

中小型农业企业一般在厂部生产科下设调度组，规模较大的厂可设总调度室（处），负责全厂的生产调度工作。

（2）车间调度工作机构

车间调度工作一般由车间副主任领导，下设计划调度组，负责 24 小时的值班和生产调度工作。车间计划调度组除了配备计调员外，还可根据农业生产调度工作的繁简程度配备必要的车间统计员，负责统计生产进度、原材料及辅料消耗、工时利用、在制品占用等方面的情况。规模较大的农业企业，车间下还设有工段，也要配备专职的工段计调员、生产统计员，在工段长的领导下负责工段生产调度工作。

除基本农业生产部门之外，生产服务部门和辅助生产部门也要建立相应的调度机构，配备专职调度人员，业务上由生产调度部门指导，形成一个强有力的集生产技术准备和供、产、销各部门于一体的全厂调度指挥系统。

第三节　农业企业全面质量管理及质量保证体系

一、农业企业全面质量管理的概念和特点

（一）农业企业全面质量管理的概念

农业企业全面质量管理指农业企业的所有组织、所有部门和全体人员都以农业产品质量为核心，把农业专业技术、经营管理、数理统计和思想教育结合起来，建立从农业产品研究、设计到农业生产、服务等全过程的质量体系，从而有效地利用人力、物力、财力、信息等资源，提供符合规定要求和用户期望的产品或服务。农业企业全面质量管理的核心是提高人员的素质，调动人员的积极性，使所有人员都做好本职工作，通过抓好工作质量来保证和提高产品质量或服务质量。

农业企业全面质量管理把过去的以事后检验和把关为主转变为以预防与改进为主；把过去的就事论事、分散管理转变为以系统的观点进行全面的综合治理；从管结果转变为管因素，把影响质量的各种因素查出来，抓住主要方面，发动全员、全农业企业各部门参加全过程质量管理，依靠科学的管理理论、程序和方法，达到保证和提高产品质量或服务质量的目的。农业企业全面质量管理工作的一个重要特征是从根源控制质量，强调“源头质量”的概念。

（二）农业企业全面质量管理的特点

农业企业全面质量管理的特点可归纳为“四全”“三性”。“四全”是指全农业企业的质量管理、全员参与的质量管理、全过程的质量管理和采用全面方法的质量管理；“三性”是指预防性、服务性和科学性。

1. 全农业企业的质量管理

农业企业质量管理的对象是全面的，既要管理农业产品质量，还要管理农业产品质量赖以形成的工作质量。全农业企业的质量管理是指用全面的方法管理全面的质量。全面的方法包括运用科学的管理方法，建立、健全有关规章制度和质量保证体系；运用数理统计的方法对产品质量进行数据分析，分析影响产品质量的因素，进行各阶段的质量控制；运用现代电子通信技术对质量进行管理；等等。

在工作质量方面，农业企业要管好影响产品质量的设计质量、工程质量、检验质量、交货期质量、使用质量和服务质量等。总之，农业企业要求质优、价廉、交货及时、服务周到，以满足用户的需要为宗旨。

2. 全员参与的质量管理

农业企业质量管理环环相扣，人人有责，不能认为质量管理只是质量管理部门的事，全面质量管理是要求全员参加的质量管理，农业企业各个部门的工作和各个环节的活动都直接或间接影响着产品质量。要提高产品质量就需要所有人员共同努力，各部门各层次的人员都要有明确的质量责任、任务和权限，做到各司其职，各负其责，形成一个群众性的质量管理活动，充分发挥广大农民的聪明才智和当家做主的主人翁精神，把产品质量管理提高到一个新水平。从企业领导、技术人员、经营管理人员到生产一线的农民都要学习质量管理的理论和方法，树立农业产品质量第一的观念，提高工作质量和产品质量。

3. 全过程的质量管理

全过程的质量管理指对农业产品生产经营的全过程都要进行质量管理。农业产品生产过程的各个环节都会对农业产品质量产生不同程度的影响，因而必须对全过程进行管理，这样就把质量管理的范围从原来的制造过程向前、后扩展或延伸，形成一个螺旋形的上升过程，严格地实施质量管理，保证达到原定的质量标准。若这个过程不断循环，则农业产品质量将不断改进和提高。

4. 采用全面方法的质量管理

采用全面方法的质量管理指采取的管理手段不是单一的，而是综合运用质量管理的管理技术和科学方法，组成多样化的、复合的质量管理方法体系。农业企业要把质量检验、数理统计、改善经营管理和革新生产技术等有机地结合起来，全面、综合地管好质量。

5. 预防性

预防性是指农业企业要充分认识到良好的产品是设计和生产出来的，不是检验出来的，要把管理工作的重点从事后把关转移到事前控制上来，实行防检结合、以防为主，把不合格产品消灭在形成过程中。

6. 服务性

服务性主要表现在三个方面：一是农业企业对用户做好售后服务；二是农业

企业内部上一道工序为下一道工序服务，树立“下道工序是用户”的思想；三是辅助部门为生产车间做好服务。

7. 科学性

科学性是指农业企业不能凭直观判断，不能凭印象、感觉、经验办事，要按科学程序调查、研究，用科学数据、科学方法和科学原理说话。

二、农业企业质量保证体系

（一）农业企业质量保证体系的概念

农业企业全面质量管理的核心是产品质量保证。所谓产品质量保证就是农业企业对用户在农业产品质量方面提供担保，保证用户购得的农业产品在寿命期内质量可靠，可正常使用，便于维修。

首先，在产品出厂之前，农业企业要加强研究、设计、制造等环节的质量保证、控制和监督，从而保证最终出厂的产品质量合格；其次，在出厂以后，农业企业还有责任加强售后服务，对用户在规定期限内的使用负责到底。

农业企业质量保证体系是指农业企业以提高和保证产品质量为目标，运用系统方法，依靠必要的组织结构，把组织内各部门、各环节的质量管理活动严密组织起来，将产品研制、设计制造、销售服务和情报反馈的整个过程中影响产品质量的一切因素控制起来，形成一个有明确任务、职责、权限，相互协调、相互促进的质量管理的有机整体。质量保证体系可分为内部质量保证体系和外部质量保证体系。

（二）农业企业质量保证体系的基本内容

全面质量管理是通过质量保证体系实现的。质量保证体系就是质量管理网。

农业企业质量保证体系的基本内容就是全面质量管理的各个基本组成部分，包括设计试制、农业生产制造、辅助生产和使用过程的质量管理。

（三）农业企业质量保证体系的运转方式

农业企业质量保证体系的运转方式是“计划—实施—检查—处理”（简称PDCA）循环，它是质量管理体系运转的基本方式。

1.PDCA 循环的含义

PDCA 循环是由美国质量管理专家戴明提出的，所以又称“戴明环”。它是由英文 plan（计划）、do（实施）、check（检查）、action（处理）四个词的第一个字母组成的。PDCA 循环反映了开展质量管理工作必须经历的四个阶段，也体现了全面质量管理的思想方法和工作程序，如图 7.1 所示。

2.PDCA 循环的内容

PDCA 循环包括四个阶段和八个工作步骤，如图 7.2 所示。

（1）计划阶段

该阶段的工作内容是经过分析、研究，确定质量管理目标、项目，拟定相应的措施。该阶段可具体分为四个工作步骤（对应图 7.2 中的①至④）：分析现状，找出存在的质量问题，并用数据来说明；逐个分析影响质量的各种因素；找出影响质量的主要因素；拟订措施计划。

（2）实施阶段

该阶段的工作内容是根据预定目标和措施计划，落实执行部门和负责人，组织计划的实现，对应图 7.2 中⑤。

（3）检查阶段

该阶段的工作内容是检查计划实施结果，衡量和考察取得的效果，找出问题，对应图 7.2 中⑥。

（4）处理阶段

该阶段的工作内容是总结成功的经验和失败的教训，并纳入有关标准、制度或规定，巩固成绩，防止问题再度出现，对应图 7.2 中⑦；同时，将本次循环中遗留的问题提出来，以便进入下一个循环加以解决，对应图 7.2 中⑧。

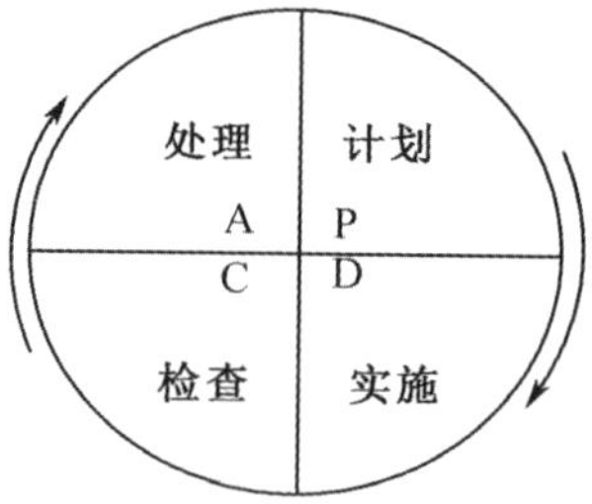

图 7.1　PDCA 循环阶段

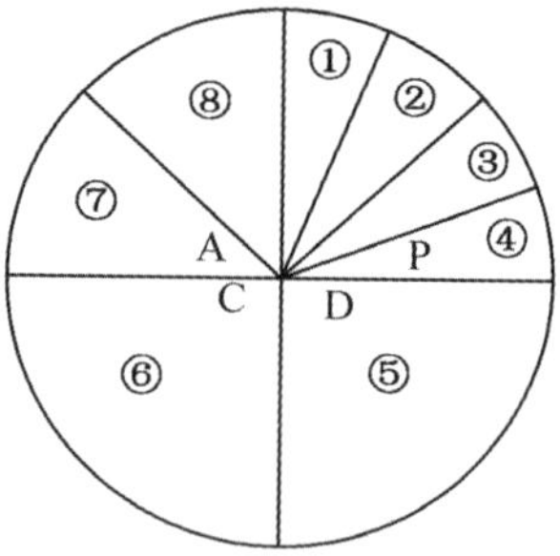

图 7.2　PDCA 循环工作步骤

3.PDCA 循环的特点

（1）大环套小环，一环扣一环；小环保大环，推动大循环。对于整个农业企业而言，每个部分都有自己的PDCA循环，所有循环圈都在转动，并且相互协调，相互促进。上一级循环是下一级循环的依据，下一级循环是上一级循环的组成部分和具体保证，如图 7.3 所示。

（2）PDCA 循环每转动一周，就前进一步，就像爬楼梯，实现一个个新的目标，不停转动就不断提高，如此反复不断地循环，质量问题不断地得到解决，管理水平、工作质量和产品质量也步步提高，如图 7.4 所示。

（3）PDCA 循环是综合性循环，四个阶段的划分是相对的，不能机械地把它们分开，而是要将它们紧密衔接，而且各阶段还存在一定的交叉。实际工作中往往是边计划边执行，边执行边检查，边检查边处理，边处理边调整、计划。质量管理工作正是在这样的循环往复中达到预定目标的。

（4）PDCA 循环关键在于“A”阶段，只有把成功的经验和失败的教训都纳入各项标准、规程和制度中，才能使今后的工作少走弯路并不断提高。

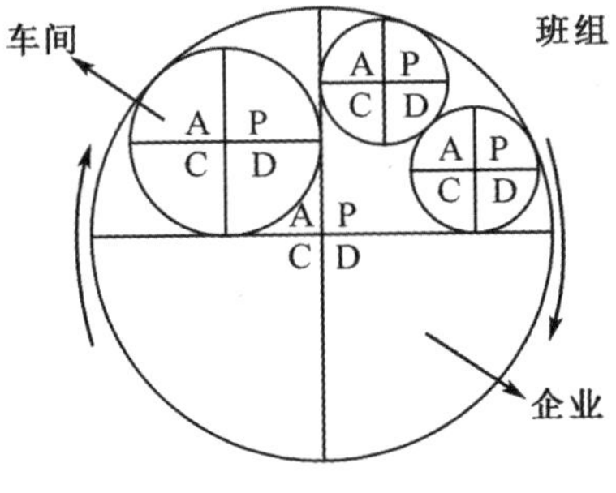

图 7.3　PDCA 循环的特点（1）

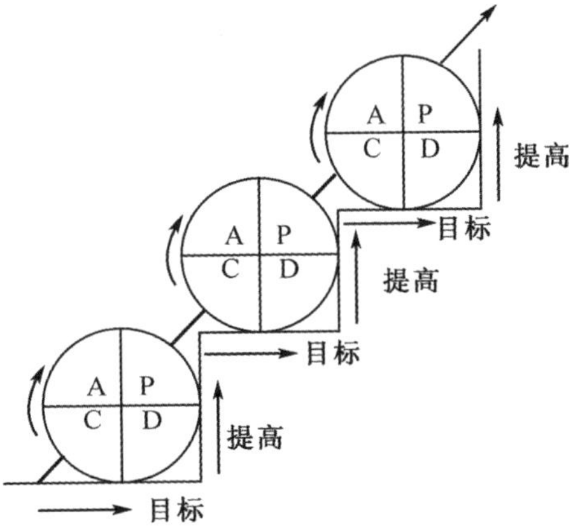

图 7.4　PDCA 循环的特点（2）

第四节 ISO 9000 族标准与质量体系

一、ISO 9000 族标准的背景

任何标准都是为了适应科学、技术、社会、经济等客观因素发展变化的需要而产生的，ISO 9000 族标准（也称质量管理体系标准）也是如此。随着农业科学技术的进步和社会农业生产力的发展，农业产品品种越来越丰富，越来越多的使用者无法凭借自己的能力来判断所采购产品的质量是否可靠。人们的消费结构和消费水平也发生了显著的变化，消费者对商品的选择性增强了，对质量要求也逐步提高。人们需要把自己的安全、健康甚至日常生活的持续稳定置于“质量大堤的保护之下”。

另外，农业企业为了避免因农业产品质量问题而被追究的巨额赔款，宁可“先花少量钱，来避免今后花更多的钱”。在产品质量形成过程中需要加强管理并由外部（需方或第三方）实施监督，这就要求农业企业建立质量体系，并提供充分说明农业产品质量符合要求的客观依据，这样做也可以提高农业企业的信誉和农业市场竞争力。

20 世纪 60 年代以来，世界贸易发展迅速，产品和资本的流动日趋国际化。农业产品超越国界必然带来与之有直接关系的质量保证和产品责任问题。质量管理的发展也为质量管理统一的标准奠定了基础。特别是全面质量管理广泛应用后，各国农业企业开展全面质量管理的经验既丰富和发展了质量管理的理论，又为 ISO 9000 族标准提供了必要的实践基础。它是在上述客观条件、要求以及管理理论和实践的基础上，由国际标准化组织进行全面分析、研究和总结，最后正式发布的。它一产生就很快得到世界各国各组织的采用，目前已经成为质量管理方面影响最大的国际标准。1994 年，国际标准化组织又对该系列标准进行了重新修订和公布。我国等同采用了此标准，制定了 GB/T 19000–ISO 9000“质量管理和质量保证”双编号系列国家标准。

ISO 是国际标准化组织的缩写，也是国际标准化组织颁布的国际标准代号，如 ISO 9001、ISO 14001 即为该组织颁布的顺序号为 9001 和 14001 的国际标准。国际标准化组织成立于 1947 年，是非政府性的国际组织，也是规模最大的国际

标准化团体，其成员包括 100 多个国家和地区，设有 2 600 多个技术组织。中国是 ISO 的成员国而且是 ISO 的发起国之一。

ISO 9000 族标准是由 ISO 的质量管理和质量保证标准化技术委员会（TC 176）制定的，从 1986 年正式颁布 ISO 8402《质量——术语》标准起，到现在已形成由 20 多个标准组成的标准族。我国对口 ISO/TC 176 的机构是 CSBTS/TC 151——全国质量管理和质量保证标准化技术委员会。

ISO 9000 族标准是世界上许多国家质量管理经验的科学总结，通过实施这套标准，建立质量体系，可以使影响质量的各种因素处于受控状态，从而能有效地减少、消除和预防不合格产品，确保质量方针、目标的实现。

二、ISO 9000 族标准

ISO 9000 族标准是指由国际标准化组织质量管理和质量保证技术委员会（ISO/TC 176）制定的所有国际标准。ISO 9000 族标准是国际标准化组织于 1987 年制定，后经不断修改、完善而成的系列标准，现已有 90 多个国家和地区将此标准等同转化为国家标准。该标准族可帮助组织实施并有效运行质量管理体系，是质量管理体系通用的要求或指南。它不受具体的行业或经济部门限制，广泛适用于各种类型和规模的组织，在国内和国际贸易中促进相互理解。我国在 20 世纪 90 年代将 ISO 9000 族标准转化为国家标准，随后各行业也将 ISO 9000 族标准转化为行业标准。

三、质量标准和 ISO 9000 族标准的结构

（一）质量标准

主要质量特性的定量表现就是质量标准，也称为技术标准或技术规定。

目前，我国产品质量标准可分为三级：国家标准、部（专业）标准、企业标准。国家标准是由国家标准局颁布，在全国范围内贯彻执行的统一标准；部（专业）标准是由中央各部（或专业委员会）批准发布的在一个部门（或一个专业）范围内贯彻执行的统一标准；企业标准是由地方行业或工厂批准发布，在一个地区、行业或一个工厂内部贯彻执行的统一标准。如今，国内许多企业都采用国际标准和国外先进标准，如 ISO 9000 族标准等，这进一步促进了企业提高产品质量，增强了我国产品在国际市场上的竞争力。

（二）ISO 9000 族标准的结构

ISO 9000 族标准不仅包括 9000 系列，还包括 10000 系列。2000 版 ISO 9000 族标准包括以下一组密切相关的质量管理体系核心标准。

① ISO 9000:2000《质量管理体系——基础和术语》：描述了质量管理八项原则、质量管理体系基础知识，并规定了质量管理体系术语。

② ISO 9001:2000《质量管理体系——要求》：规定了质量管理体系要求，用于证实组织具有提供满足顾客要求和适用法规要求的产品的能力，目的在于增进顾客满意度。

③ ISO 9004:2000《质量管理体系——业绩改进指南》：提供考虑质量管理体系的有效性和效率的指南，目的是促进组织业绩改进和使顾客及其他相关方满意。

④ ISO 19011:2001《质量 / 环境审核指南》：提供审核质量和环境管理体系的指南。

除核心标准外，该族标准还包括其他标准（如 ISO 10012 测量控制系统）、技术报告（如 ISO/TR 10015《质量管理培训指南》）及小册子（如《小型企业的应用》）等。

2000 版标准的数量比 1994 版标准减少了很多，原指南性标准修改后以技术报告或小册子的形式出现。ISO 9000 族描述了质量体系应包括哪些要素，而不是描述某一具体组织如何实施这些要素，它们不受具体的行业或经济部门制约，为质量管理提供了指南，并为质量保证提供了通用的质量要求。ISO 9000 族标准的结构关系如图 7.5 所示。

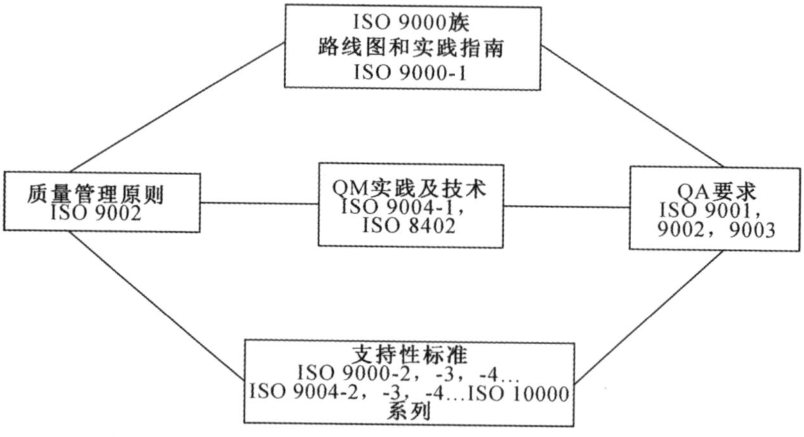

图 7.5　ISO9000 族标准的结构关系

四、质量体系的建立与完善

质量体系是指“为实施质量管理所需的组织机构、职责、程序、过程和资源”（国家标准 ISO 8402—1994）。农业企业为实现其规定的质量方针和质量目标，需要分解其产品质量形成过程，设置组织机构，明确责任，配备必要的设备和人员，并采取适当的控制办法，使影响产品质量的技术、管理和人员等因素都得到控制，以减少、清除、特别是预防质量缺陷的产生。

质量体系是由若干要素构成的。根据 ISO 9000 族标准，质量体系一般包括以下要素：市场调研、设计和规范、采购、工艺准备、生产过程控制、产品验证、测量和试验设备的控制、不合格控制、纠正措施、搬运和生产后的职能、质量文件和记录、人员、产品安全和责任、质量管理方法的应用等。

ISO 9000 族标准是对农业企业质量保证体系的一个基本要求，建立质量体系是全面质量管理的核心任务。取得认证是农业产品进入农业市场的前提条件，但并不能保证农业产品具有农业市场竞争力。农业企业应该在贯彻 ISO 9000 族标准的情况下进一步展开全面质量管理，以农业市场用户的需求为上，全员参与管理，进行持续的质量改进，建立完善的质量体系。

实践中，质量体系的建立通常有以下几个步骤。

1. 分析质量

在该阶段必须明确各环节的质量职能，为全面质量管理在实施过程中确立目标，实现产品质量的全程目标管理。

2. 研究具体组织结构

在上一步的基础上，农业企业结合自己的实际情况，进一步明确各环节的质量要求、采用的具体措施、设备的配备以及人员的安置。这是质量体系建立过程中最为重要的一步，它关系到全面质量管理在农业企业中的应用程度和实施效果。

3. 形成文件

质量体系必须是一个文件体系，这样才能达到全员参与质量管理的目的。

4. 全员培训

最高管理者有力而持久的领导以及组织全体成员接受教育及培训对于全面质量管理的成功是非常重要的，在质量体系的建立中，这一步也是不容忽视的。

5. 质量体系审核

没有严格的审核，就没有质量体系的有效运作。监督、审核是判断质量体系文件被贯彻执行好坏的有效途径，是质量体系建立过程中不可或缺的一步。

6. 质量体系复审

质量体系的建立和应用是一个不断完善的过程，必须通过不断的复审、反馈信息，使质量体系不断改进，更好地贯彻全面质量管理思想。农业企业还要抓住质量体系的特征，保证质量体系设立的合理性，使全面质量管理有效地发挥作用。

五、ISO 9000 族标准的基本思想

ISO 9000 族标准的基本思想有以下几个方面。

①所有的活动、过程必须受控，在受控状态下达标。

②贯彻 ISO 9000 的中心任务是建立并保持文件化的质量体系。

③控制的出发点是预防。

④始终强调管理者是关键。

⑤对体系的有效性定期评价，以实现持续地改进。

⑥满足相关方的要求，尤其是要考虑持续地满足顾客需求。

六、实施 ISO 9000 族标准的意义

ISO 9000 族标准是在总结世界经济发达国家的质量管理实践经验的基础上制定的具有通用性和指导性的国际标准。实施 ISO 9000 族标准可以促进组织质量管理体系的改进和完善，对促进国际经济贸易活动、消除技术壁垒、提高组织的管理水平都能起到良好的作用。概括起来，实施 ISO 9000 族标准具有以下意义。

1. 有利于提高农业产品质量，保护消费者权益

现代农业科学技术的高速发展使产品向高科技、多功能、精细化和复杂化发展。组织是按照技术规范生产农业产品的，但当技术规范本身不完善或组织质量管理体系不健全时，组织就无法保证持续地提供满足要求的农业产品，而消费者在购买或使用这些农业产品时，一般也很难在技术上对农业产品质量加以鉴别。如果组织按 ISO 9000 族标准建立了质量管理体系，通过体系的有效应用，促进组织持续地改进农业产品特性以及过程的有效性和效率，实现农业产品质量的稳

定和提高，那么这无疑是对消费者权益的一种最有效的保护，也会增加消费者（采购商）在选购农业产品时对合格供应商的信任程度。

2. 为提高组织的运作能力提供了有效的方法

ISO 9000 族标准鼓励组织在建立、实施和改进质量管理体系时采用过程方法，通过识别和管理相互关联及相互作用的过程，以及对这些过程进行系统的管理和连续的监测与控制，以持续地提供顾客满意的农业产品。此外，质量管理体系提供了持续改进的框架，帮助组织不断地识别并满足顾客及其他相关方的要求，从而不断地增强顾客和其他相关方的满意程度。因此，ISO 9000 族标准为组织有效地提高运作能力和增强农业市场竞争能力提供了有效的方法。

3. 有利于增进国际贸易，消除技术壁垒

在国际经济技术合作中，ISO 9000 族标准被作为相互认可的基础，ISO 9000 的质量管理体系认证制度也在国际范围内得到互认，并纳入合格评定的程序。技术壁垒协定（TBT）是世界贸易组织（WTO）达成的一系列协定之一，它涉及技术法规、标准和合格评定程序。贯彻 ISO 9000 族标准为国际经济技术合作提供了国际通用的共同语言和准则，取得质量管理体系认证已成为参与国内和国际贸易、增强竞争能力的有力武器。因此，贯彻 ISO 9000 族标准对消除技术壁垒、排除贸易障碍起到了十分积极的作用。

4. 有利于组织持续改进，持续满足顾客的需求和期望

顾客要求产品具有满足其需求和期望的特性，这些需求和期望在产品的技术要求或规范中表述。但是，顾客的需求和期望是不断变化的，这就促使组织要持续地改进产品的特性和过程的有效性。质量管理体系就为组织持续改进其产品和过程提供了一个行之有效的方法。ISO 9000 族标准将质量管理体系要求和产品要求区分开来，它不是取代产品要求，而是把质量管理体系要求作为对产品要求的补充，这样有利于组织持续改进，持续满足顾客的需求和期望。

小 结

生产运作管理是为实现农业企业的经营目标，有效地利用生产资源，对生产过程进行组织、计划和控制，生产出满足社会需要、农业市场需求的农业产品或提供服务的管理活动的总称。生产运作管理包括确定合理的生产组织形式，制订科学的生产计划，以及计划的实施和控制。现代信息技术的突飞猛进为生产管理增添了新的有力手段，使农业企业的生产管理进入一个新阶段，出现了新的发展趋势。

生产计划工作是指农业产品生产计划的具体编制工作。它通过一系列综合平衡的工作，为农业产品生产系统的运行提供优化的农业产品生产计划。

精益生产方式是以社会需要、市场需求为依据，以充分发挥人的作用为根本，运用多种现代管理手段和方法，有效配置和合理使用农业企业资源，力求获得最大经济效益的一种新型生产方式，主要内容是组织拉动式生产，改进和改善劳动组织及现场管理，彻底消除生产过程中出现的无效劳动和浪费。准时制生产的核心思想是消除一切无效作业与浪费，实现“仅仅在需要的时间和地点，按照需要的数量，及时采购、生产真正需要的合格产品”，从而控制库存，甚至追求零库存的理想境界。

定置管理以生产现场为对象，研究生产要素中人、物、场所及其有关信息之间的关系，通过整理，把与生产现场无关的物品清除干净，再经过整顿，把需要的物品摆放到合理、科学、符合标准化要求的规定位置，使各生产要素有机结合，实现生产过程的科学化、规范化、标准化，从而提高文明生产水平，实现产品质量优、成本低、效益高的目标。目视管理利用形象直观、色彩适宜的各种视觉感知信息组织现场生产活动，以提高劳动生产率，人们又习惯地称其为看得见的管理。

思考题

1. 如何理解生产运作管理的概念？
2. 生产运作管理对于农业企业的发展有哪些促进作用？
3. 产品质量管理体系对农业企业来说有何意义？
4. 什么是 ISO 9000 族标准？
5. 生产计划的制订对于农业企业获得利润的促进意义是怎么体现的？

案例分析

2008年以来，中国积极发展农产品现代流通方式，推进鲜活农产品“超市+基地”的流通模式，引导大型连锁超市直接与鲜活农产品产地的农民专业合作社进行产销对接，即农超对接。但农超对接到底要以怎样的方式运营呢？中国农超对接的状况又如何呢？合作社在进行农超对接时应具备哪些条件？

带着这些问题，2012年3月30日，我们走进中国农民合作社信息网主办的第十四届全国农民专业合作社运营管理发展论坛找寻答案。论坛上，来自中国农民合作社信息网的农超对接专家王华分享了自己总结的农超对接成功案例及注意事项。

王华就为什么搞农超对接，农超对接能给合作社带来什么，哪些农产品适合对接，哪些不适合对接，农超对接应该具备哪些条件，以及农超对接的流程和流程中应注意的事项等问题做了详细介绍。

武川土豆进入华冠超市
——内蒙古武川县迦南种植专业合作社

内蒙古武川县迦南种植专业合作社成立于2010年6月23日，主要种植土豆。该合作社共有耕地2 000多亩（约133万平方米），年产土豆4 000吨。

为了给合作社的土豆寻找销路，张成忠和妻子先后三次来到北京找销路，但每次都无功而返，很多大型超市的采购经理根本不和他们谈。但这三次到北京的资金却花了25 900元。“这些钱对于我们当地普通的农民家庭而言，比一年的收入还多。”王华感慨道。张成忠于2011年12月份通过中农信达的全程服务接到了华冠超市的第一笔订单，当时他家里出事急需用钱，这样的一笔订单对他而言，可谓是雪中送炭。

他与华冠超市的合作也充满了波折。第二批土豆进入超市时出现对方拒收的情况，王华在了解情况后，又带着中农信达市场部的销售顾问到华冠超市了解具体原因。王华从自己的行业经验出发，根据超市需求，提出了土豆分类销售的建议，按照煎、炒、烹、炸、炖的分类，根据土豆的淀粉含量分别销售，而且这样还可以建立土豆的溯源机制。这一建议的提出得到了超市方面的认可，张成忠更是握着王华的手感激万分。

产品高端多样化
——文登区远峰果蔬专业合作社

文登区远峰果蔬专业合作社成立于2008年3月4日，成员5人，出资额50万元，合作社主社占地15亩（约10 000平方米）。

合作社成立初期，产品单一，并且只重视高端农产品，在之前尝试进行农超对接时，成功的概率很小，采购量也不大。通过后期到北京参加培训、学习、交流，王建江理事长对市场的认识也在加深，他开始逐步扩大合作社的规模，整合当地的合作社资源，成立联合社。

现在合作社的产品涉及苹果、草莓、粉条加工等，既有有机绿色高端农产品，也有大众化的无公害农产品。文登区远峰果蔬专业合作社于2011年1月份加入了中农信达的文登分站。

通过几年的发展，该合作社整合资源，网聚力量，先后在全市范围内注册成立了七家分社，截至2012年3月30日，总社有注册农户2 850户，果园5 321亩（约355万平方米），蔬菜基地520亩（约35万平方米），注册了“远峰”“黑五类”“东汤村”等商标。

省去流通环节的优势
——鄞州区农乐果蔬专业合作社

该合作社省去经销商、批发商等多道环节，当天清晨采摘的新鲜蔬果直接配送到超市出售，价格普遍比菜市场低10%左右。从2011年7月下旬开始，宁波市鄞州区农乐果蔬专业合作社、宁波方兴食品有限公司进驻利时生鲜超市南裕店，驻点销售肉类和果蔬。

这种农超对接的模式，采用“果蔬、肉类基地+超市+消费者”的“从田间到餐桌”的新型流通模式，让新鲜蔬菜以最快的速度、最低的成本摆上货架，让市民买菜就像在田间“摘菜”。

早上5点，一辆配送车在利时生鲜超市南裕店门口停下，车上装满了新鲜蔬菜、水果。随后，工作人员就忙起来了，超市6点半开门，工作人员要赶在超市开门营业前将他们摆上货架。

一阵忙碌后，近百种蔬菜、水果出现在货架上。“这些菜都是凌晨三四点采摘的，特别新鲜。”利时生鲜超市南裕店店长陆英介绍，超市里的蔬菜、水果由鄞州区最大的蔬果基地——农乐果蔬专业合作社直供，肉类则由区里最大的猪肉屠宰配送基地——宁波方兴食品有限公司驻点直供。

“因为采取了基地直供方式，超市价格低于市场价格10%，”陆英说，“如果出货量大，还可以随时从基地补货、调货，保证供应。”

讨论：

1. 果蔬合作社是如何体现生产运作管理体系的？
2. 当代新型的流通方式如何才能在农业企业中完美地展现出来？

海尔洗衣机

创立于1984年的海尔集团，经过多年的持续发展，已成为享誉海内外的大型国际化企业集团。1984年，海尔只生产单一的电冰箱，而截至2012年3月30日，它拥有白色家电、黑色家电、米色家电在内的96大门类15 100多个规格的产品群。海尔的产品出口到世界160多个国家和地区。2003年，海尔全球营业额实现806亿元。2003年，海尔蝉联中国最有价值品牌第一名。2004年1月31日，世界五大品牌价值评估机构之一的世界品牌实验室编制的《世界最具影响力的100个品牌》报告显示，海尔排在第95位，是唯一入选的中国企业。2003年12月，全球著名战略调查公司Euromonitor公布了2002年全球白色家电制造商排序，海尔以3.79%的市场份额跃升至全球第二大白色家电品牌。2004年8月号《财富》中文版评出“中国最受赞赏的公司”，海尔集团紧随IBM中国有限公司之后，排名第二位。

冰箱、空调、洗衣机等产品属于白色家电。作为在白色家电领域最具核心竞争力的企业之一，海尔有许多令人感慨和感动的营销故事。

1996年，四川成都的一位农民投诉海尔洗衣机排水管总是被堵，服务人员上门维修时发现，这位农民用洗衣机洗地瓜（南方又称红薯），泥土大，当然容易堵塞。服务人员并不推卸自己的责任，而是帮顾客加粗了排水管。顾客感激之余，埋怨自己给海尔的服务人员添了麻烦，还说如果能有洗红薯的洗衣机，就不用劳烦海尔的服务人员了。农民兄弟的一句话，被海尔的服务人员记在了心上。海尔营销人员调查四川农民使用洗衣机的状况时发现，在盛产红薯的成都平原，在红薯大丰收的时节，许多农民除了卖掉一部分新鲜红薯外，还要将大量的红薯洗净后加工成薯条。但红薯上沾带的泥土洗起来费时、费力，于是农民就动用了洗衣机。更深一步的调查发现，在四川农村，有不少洗衣机用过一段时间后，电机转速减弱，电机壳体发烫。向农民一打听才知道，他们冬天用洗衣机洗红薯，夏天用它来洗衣服。这令张瑞敏萌生了一个大胆的想法：发明一种洗红薯的洗衣机。1997 年，海尔为该洗衣机立项，成立以工程师李崇正为组长的 4 人课题组，于 1998 年 4 月投入批量生产。该款洗衣机型号为 XPB40-DS，不仅具有一般双桶洗衣机的全部功能，还可以洗地瓜、水果甚至蛤蜊，价格仅为 848 元。海尔首次生产了 1 万台投放农村，立刻被一抢而空。

一般来讲，每年的 6 至 8 月是洗衣机销售的淡季。每到这段时间，很多厂家就把促销员从商场里撤回去了。张瑞敏纳闷儿：难道天气越热，出汗越多，老百姓越不洗衣裳？调查发现，不是老百姓不洗衣裳，而是 5 公斤的洗衣机在夏天不实用，既浪费水又浪费电。于是，海尔的科研人员很快设计出一种洗衣量只有 1.5 公斤的洗衣机——“小小神童”。“小小神童”投产后先在上海试销，因为张瑞敏认为上海人消费水平高又爱挑剔。结果，上海人马上认可了这种世界上最小的洗衣机。该产品在上海热销之后，很快又风靡全国。在不到两年的时间里，海尔的“小小神童”在全国卖了 100 多万台，并出口到日本和韩国。张瑞敏告诫员工说：“只有淡季的思想，没有淡季的市场。”

在西藏，海尔洗衣机甚至可以合格地打酥油。2000 年 7 月，海尔集团研制开发的一种既可洗衣又可打酥油的高原型“小小神童”洗衣机在西藏市场一上市，便受到消费者欢迎，从而开辟出自己独有的市场。这种洗衣机 3 个小时打制的酥油，相当于一名藏族妇女三天的工作量。藏族同胞购买这种洗衣机后，可以告别手工打酥油这种繁重的家务劳动。

在 2002 年举办的第一届合肥“龙虾节”上，海尔推出的一款“洗虾机”引发了难得一见的抢购热潮，上百台“洗虾机”不到一天就被当地消费者抢购一空，更有许多龙虾店经营者纷纷交定金预约购买。这款海尔“洗虾机”因其巨大的市场潜力被安徽卫视评为“市场前景奖”。5 月是安徽当地特产龙虾（小龙虾）上市的季节。龙虾是许多消费者喜爱的美味，每到这个季节，各龙虾店大小排挡生意异常火爆，仅合肥的大小龙虾店就有上千家，每天要消费龙虾近 5 万斤。但“龙虾好吃清洗难”的问题一直困扰着当地龙虾店的经营者。龙虾生长在泥湾里，被捕捞时浑身是泥，清洗异常麻烦，一般的龙虾店一天要用 2 ～ 3 人专门手工刷洗龙虾，但常常一天洗的虾不及几个小时卖的多，而且人工洗刷费时又费力，还增加了人工成本。针对这一潜在的市场需求，海尔洗衣机事业部利用自己拥有的“大地瓜洗衣机”技术，迅速推出了一款采用全塑一体桶、宽电压设计的可以洗龙虾的“洗虾机”，不但省时省力、洗涤效果非常好，而且价格定位也较合理，极大地满足了当地消费者的需求。过去一个人洗 2 公斤龙虾需要 10 ～ 15 分钟，现在用“洗虾机”只需三分钟就可以搞定。

“听说你们的洗衣机能为牧民打酥油，还给合肥的饭店洗过龙虾，真是神了！能洗荞麦皮吗？”2003 年的一天，一个来自北方某枕头厂的电话打进了海尔总部。海尔洗衣机公司在接到用户需求后，仅用了 24 小时，就在已有的洗衣机模块技术上，创新地推出了一款可洗荞麦皮枕头的洗衣机，受到用户的极力称赞，更成为继洗地瓜机、打酥油机、洗龙虾机之后，在满足市场个性化需求上的又一经典之作。明代医学家李时珍在《本草纲目》中有一则“明目枕”的记载：“荞麦皮、绿豆皮……菊花同作枕，至老明目。”在我国，人们历来把荞麦皮枕芯视为枕中上品。荞麦皮属生谷类，具有油性，而且硬度较高，如果不常洗或者晒不干又容易滋生细菌，但荞麦皮的清洗与干燥特别费劲，因为荞麦皮自身体积微小，重量极轻，很难晾晒，如果在户外晾晒更容易被风刮走，荞麦皮的清洗和晾晒问题就成了荞麦皮枕头厂家及消费者的一大难题。海尔开发的这款既可以家庭洗衣，又可以洗荞麦皮枕头的“爽神童”洗衣机，除了洗涤、脱水等基本功能外，还独有高效的 PTC 转动烘干、自然风晾干两种干燥技术，同时专门设计了荞麦皮包装洗涤袋，加上海尔独有的“抗菌”技术，非常圆满地解决了荞麦皮枕头的清洗、干燥难题。

专家指出，洗衣机市场已进入更新换代、需求快速增长期。始终靠技术创新领先的海尔，通过多年以来的技术储备和市场优势的积累，在快速发展的洗衣机市场上占尽先机。世界第四种洗衣机——海尔“双动力”是海尔根据用户需求，为解决用户对波轮式、滚筒式、搅拌式洗衣机的抱怨而创新推出的一款洗衣机，由于集合了洗得净、磨损低、不缠绕、15 分钟洗好大件衣物、省水省时各一半等优点于一身，迎合了人们新的洗衣需求，该产品上市一个月就创造了国内高端洗衣机销量、零售额第一名的非常业绩，成为国内市场上升最快的洗衣机新品。该产品在第 95 届法国列宾国际发明展览会上一举夺得了世界家电行业唯一发明金奖。

赛诺市场研究公司 2004 年 4 月份的统计数据显示，海尔洗衣机市场份额继续高居全国第一，尤其在我国华北、东北、华东、西北、中南、西南 6 大地区市场上分别稳居第一，且与竞争对手的距离进一步拉大。在西北地区，海尔洗衣机的市场份额已接近 40%，超出第二名近 3 倍；在其他 5 大地区，海尔洗衣机的市场份额也都有明显上升，均超出了第二名近两倍。

讨论：

1. 海尔公司在市场营销方面的哪些做法可以应用到农业企业中？
2. 试评价一下海尔公司的市场营销策略。

第八章　农业企业财务决策及分析与农业企业文化

小故事

独立自主

某公司在决定开展企业文化建设后，成立了由公司党群部、宣传部、市场部组成的企业文化建设小组，开始开展独立自主的企业文化建设。

企业文化建设小组首先在全公司开展了大规模的企业文化问卷调查，并派出了多批人员参加各类企业文化培训和论坛。

经过半年的工作后，该小组向公司高层提交了企业文化体系草案。公司高层认真地研究了草案，书记、总经理等八位公司班子成员提出了非常具体的修改建议。拿到这些建议后，党群部部长开始头痛了，意见都提得很具体，特别是书记和总经理在一些关键理念上还不一致，很难统一。第一次修改历经了三个月。修改稿提交后，有五位班子成员向党群部要自己上次的修改意见来对照，总经理还专门找党群部部长谈了一次，最后汇集的意见不但没有减少，反而矛盾更加尖锐。部长向书记建议，是否班子开会时研究一下，书记当即表示：“意见没有统一，怎么研究？”

时间一天天过去，第三稿还是没有出来，企业文化建设小组已经不再开会了。

知识要点

了解农业企业生产经营过程的实质和财务决策活动的全过程；了解农业企业财务活动的发展过程；明确资本预算决策及计算，掌握各种投资指标和计算，尤其是现金、应收账款及存货的最佳量决策；掌握各种融资形式的特点及成本估算；能够对财务活动进行必要的分析，以控制其风险；了解农业企业文化的形成与发展，基本内涵和特征，以及农业企业文化建设应遵循的基本原则和程序。

第一节　农业企业财务决策

一、农业企业财务决策概述

农业企业财务决策是对农业企业财务方案、财务政策进行选择和决定的过程。农业企业财务决策的目的在于确定最令人满意的财务方案。只有确定了效果好且切实可行的方案，农业企业财务活动才能获得好的效益，才能完成农业企业价值最大化的财务管理目标。因此，农业企业财务决策是整个财务管理的核心。决定方案取舍的既有货币化、可计量的经济标准，又有非货币化、不可计量的非经济标准，所以决策方案往往是多种因素综合平衡的结果。

二、农业企业财务决策的分类

（一）投资决策

投资决策是投资者为了实现其预期的投资目标，运用一定的科学理论、方法和手段，通过一定的程序对投资的必要性、投资目标、投资规模、投资方向、投资结构、投资成本与收益等经济活动中的重大问题进行的分析、判断和方案选择。

投资决策是农业企业所有决策中最为关键、最为重要的决策，一个重要的投资决策失误往往会使一个企业陷入困境。财务管理的一项极为重要的职能就是为农业企业当好参谋，把好投资决策关。它是农业企业对某一项目（包括有型、无形资产、技术、经营权等）投资前进行的分析、研究和方案选择。投资决策分为宏观投资决策、中观投资决策和微观投资决策三部分。

投资决策主要解决农业企业资金应投向哪里和如何投的问题，它是农业企业最为重要的财务决策之一。它通过预计项目整个寿命周期内的现金流量的情况，采用农业市场的价值观念，科学地评价项目所创造的价值，使投资决策建立在经济合理的基础之上，并实现农业企业资源效益的最大化。

投资决策基本决定了农业企业生产经营所需投入的资源的种类、规模、形态，这些因素在很大程度上决定了产品的生产数量、成本等，投资决策对农业企业收益具有长期、重要的影响。

农业企业往往还拥有一定数量的金融资产，这些金融资产的投资涉及收益、风险、流动性、期限、所得税等因素，必须运用现代投资学理论和方法在众多因素中权衡得失，决定金融投资的规模、种类、期限以及各种避险措施。

此外，在农业企业的长期发展战略中，为了加速规模经济的实现和农业市场占有份额的扩大，同时为了减少经营风险，农业企业有时候面临兼并、收购某目标公司的重大投资问题。

（二）融资决策

农业企业在明确了投资项目以后，必须先筹集资金。融资决策的目的是获取满足投资需要的资金并使项目投资所创造的价值最大化。农业企业所筹集的资金不仅在数量上要满足需要，而且要使各种来源的资金的成本和风险最低。

融资决策的具体内容包括融资方式的选择、资本结构的确定等。融资决策的内容是相互联系和相互制约的，制定融资方案时要综合考虑相关因素的影响。

农业企业融资渠道和融资方式的关系见表 8.1。

表 8.1　农业企业融资渠道和融资方式的关系

融资渠道 融资方式	国家财政资金	银行信贷资金	非银行金融机构资金	其他单位资金	职工或民间资金	企业自留资金	外商资金
吸收国家投资	√						
吸收其他单位投资				√			
农企内部资金积累							
发行股票	√	√	√	√	√		√
利用外资							√
长期借款		√	√				
发行可调换债券		√	√	√	√		√
融资租赁			√				
商业信用				√			
发行债券		√	√	√	√		√

（三）收益分配决策

农业企业要维持一个连续不断的货币循环和周转过程，不仅需要不断地投入资金用于生产和发展，而且需要支付投资者（股东）合理的报酬，满足他们的投资报酬要求，这两方面既相互矛盾又有一致性。当收益一定时，分给股东的利润越多，农业企业留存的利润越少，用于发展的资金则越少，当然，也有相反的情况。但是从长远发展来看，农业企业留存的利润越多，再投入的规模越大，农业企业收益的增加越多，股东权益的增加也会越多。收益分配决策的任务就是综合考虑股东和农业企业之间长、短期的利益要求，确定一定时期的合理分配政策。

收益分配决策的主要内容包括是否分配股利和股利分配的形式等。

从职能上可以把财务决策划分为三项独立决策，这些决策是一个有机的整体，它们相互联系，相互制约，组成一个完整的货币循环过程，如图 8.1 所示。

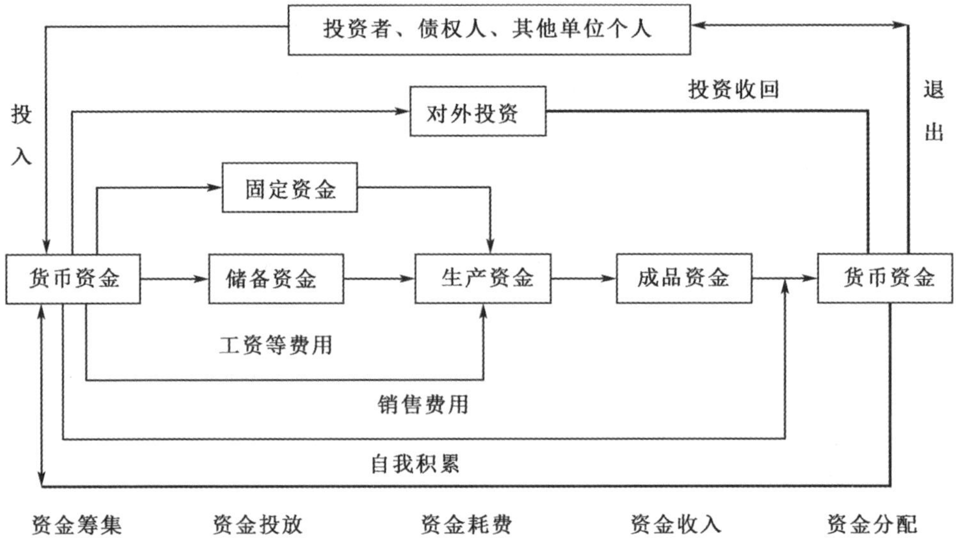

图 8.1　货币循环过程

三、农业企业财务决策的目的

所有财务决策的目的都是使农业企业目标最优化。对于农业企业财务决策来说，由于决策的影响是短期的，因此对于战略的因素考虑较少，而主要注重收益最大化，或在收入不变的情况下寻求成本最低。

农业企业财务决策的第一步是确认最优化的目标——收益最大或成本最小；第二步是在目标的制约下，根据资源和机会设计备选方案；第三步是运用各种定性和定量的方法分析各方案的影响及其能够达到的目标；最后一步是比较各备选方案，选择其中最优的方案。这一最优的方案就是使目标最优化的方案。

决策是面向未来的，而未来含有许多不确定性因素，因此良好的预测是决策的基础，是决策科学化的前提。没有准确、科学的预测，就不可能做出符合客观实际的科学决策。同时，决策是规划的基础，没有具体的决策结论，就无法做出相应的计划和预算，也无法进行相应的控制和考核。

四、农业企业财务决策的作用

（一）农业企业财务决策能使农业企业加强预见性、计划性，减少盲目性

农业企业财务决策运用一系列科学的决策方法，能够洞察决策对象的本质，不被其表面现象所迷惑，否定那些似是而非的方案，肯定那些表面上看起来似乎错误的方案，提高计划的准确性。计划的节约是最大的节约，计划造成的浪费是最大的浪费，计划准确能增加农业企业盈利，避免重大损失，真正做到防患于未然。财务决策对于制订正确的计划具有重要的作用。

（二）农业企业财务决策是农业企业财务活动的依据

农业企业财务管理包括财务决策、财务预算、财务控制等内容。在农业企业财务管理中，在农业企业现有资源条件的限制下，使农业企业的价值最大化等一系列重大财务问题都由财务决策完成。财务决策在财务管理中占有举足轻重的地位。

（三）农业企业财务决策可以评价和选择农业企业的经营决策

农业企业的大部分经营决策都涉及资金和盈利问题。在农业企业的一些重大经营活动中，经营决策和财务决策往往互相交织在一起，只不过对同一个经营活动的着眼点不同而已。二者殊途同归，都是为了求得农业企业的生存与发展，提高农业企业的经济效益。为了全面地看问题，这些经营决策都应最终汇总于财务决策，通过财务决策对这些经营决策进行评价和选择，确定各种经营决策的优劣

及正确与否，以便决定经营方案的取舍。财务决策对正确进行经营决策起到检查、把关的作用，可以对经营决策进行评价和选择，保证经营决策的正确性与最优化。

（四）农业企业财务决策可以合理配置农业企业的各种资源

农业企业的一切生产经营活动都离不开各种资源。只有从实物形态与价值形态的结合上合理配置各种资源，才能使农业企业获得较优的经济效益。从价值形态上配置各种资源实际上是在资金合理分配的基础上实现的，这项工作只有通过财务决策才能完成。财务决策能使各种资源得到合理配置，从而为农业企业卓有成效地利用有限的资源创造极为有利的条件。

第二节　农业企业投资决策

一、农业企业投资决策概述

（一）投资的含义

投资指国家、企业或个人为了特定的目的与对方签订协议，促进社会发展，实现互惠互利，输送资金的过程，是为了在未来可预见的时期内获得收益或资金增值，在一定时期内向一定领域投放足够数额的资金或实物的货币等价物的经济行为。投资可分为实物投资、资本投资和证券投资等。

（二）投资决策的种类

1. 按投资的性质划分

（1）确定性投资决策

确定性投资决策指影响项目价值的财务变量是已知和确定的，决策时已经能够准确地得知项目的价值。

（2）风险性投资决策

风险性投资决策指影响项目价值的财务变量不能完全确定，其发生的可能性（概率）能够准确得知。

风险性投资决策的基本方法是把风险转换成价值，再按照确定性投资决策的方法进行决策，这种方法要比确定性投资决策复杂得多。

（3）不确定性投资决策

不确定性投资决策指影响项目价值的财务变量不仅不能完全确定，其发生的可能性也无法估计。由于信息不充分，无法准确评价项目的价值，所以这种决策是农业企业最难处理的一种财务决策。许多农业企业经常使用主观概率、敏感性分析、场景分析等方法处理不确定性决策。

对于确定性投资决策，一般不需要再去观察实际的投资过程。对于风险性投资决策，尤其是不确定性投资决策，应密切关注项目实际的投资过程，考察实际发生的财务变量与预期的情况是否一致及其差异大小，不断地进行重新评价和决策，以防止决策失误。

2. 按投资资产的形态划分

（1）资本预算决策

资本预算决策也叫固定资产投资决策，是农业企业投资于土地、厂房、机器设备等固定资产的决策。固定资产投资具有以下特点。

①投资回收的时间长。一般情况下，固定资产投资的数额巨大，需要很长时间才能收回。

② 变现能力差。固定资产投资形成的厂房、设备属于生产资料，用途专一，价格高，很难出售，变现能力较差，具有不可逆转性。

③ 实物形态和价值形态分离。固定资产的实物形态一直参与农业企业的生产过程直到报废，而其价值形态根据磨损程度以折旧的形式不断转移到产品的成本中。

④ 占用资金相对稳定。在规模一定时，固定资产占用的资金逐年缓慢减少，资金占用比较稳定。

（2）流动资产投资决策

流动资产投资决策是农业企业投资于现金、应收账款、存货等资产的决策。相对于固定资产投资，流动资产投资具有以下特点。

① 投资回收的时间短。流动资产投资一般在一年或者一个经营周期内就可收回。

② 变现能力强。流动资产项目都是变现能力较强的资产，资金短缺时可以迅速变卖，获取现金。

③ 占用形态经常变动。在一个资金周转中，流动资产一般在现金、材料、在产品、产成品、应收款和现金之间依次转化，其实物形态不断变化。

④ 占用资金波动大。流动资产占用的资金经常随销售的变化而变化，波动较大。

（3）无形资产投资

无形资产是农业企业长期使用且没有实物形态的资产，一般指没有实物形态的可辨认的非货币性资产，主要包括专利权、土地使用权、非专利技术等，其特点包括以下几个方面。

① 投资的无形资产不具有实物形态，属于“精神资产”。

② 无形资产投资能在较长时期发挥作用，为企业带来超额收益。

③ 无形资产投资在计价评估上不明晰。

④ 无形资产投资所形成的收益具有不确定性。

⑤ 无形资产投资具有一定的垄断性和排他性。

3. 按增加利润的途径划分

按增加利润的途径划分，可将投资决策分为扩大收入的投资、降低成本的投资和双重性投资。

（三）投资决策的程序

投资决策是财务决策的核心，是资金周转决策中最为重要的环节，为了使决策科学、有效，建立严格的决策程序是十分必要的。

1. 分析投资环境

投资环境是指影响投资项目的外部环境因素。分析投资环境可以使农业企业了解农业市场的供需变化以及各种农业资源的供应状况，掌握行业发展变化的基本趋势和宏观经济走向，发现环境中可以被利用的投资机会，为农业企业提出投资建议做好充分的准备。

2. 提出投资建议和方案

农业企业要创新、要发展，必须投入资金改善原有的生产能力或者建立新的生产能力。决策前，农业企业要先拟订出各种可行方案。

3. 进行投资决策

进行投资决策的目的是选择出能够给农业企业创造最大价值的投资方案，有以下具体步骤。

①估算出项目的相关现金流。

②估算项目的贴现率。

③选择合适的项目评价指标和方法。

④进行项目决策。

4. 再评价和决策

经过上述程序选择出投资方案后，投资决策并没有结束，还需要在投资方案的实施过程中根据实际情况验证当初的预期参数，并不断地对项目进行重新评价和决策，直到项目结束。财务评价是用预测和量化的方法进行项目评价的，而实际状况可能与预期并不相符，重新评价有助于弥补和修正先前决策的失误。

二、农业企业资本预算决策

（一）风险性投资决策

风险性投资决策的基本方法是把风险量转换成价值量，然后按照确定性决策的方法进行决策，常用的方法有调整贴现率法和调整现金流法。

1. 调整贴现率法

这种方法把项目的风险转化成风险报酬率，然后调高贴现率，按照确定性决策的方法，采用一定的决策指标进行方案决策。

风险调整后的项目贴现率＝无风险贴现率＋风险报酬率

2. 调整现金流法

这种方法把风险性的现金流用约当系数调整为等价的无风险的现金流，然后再进行决策。

所谓约当系数是指无风险现金流与预期风险现金流的比值，它与预期现金流的风险密切相关，常常按年估计。约当系数 α 通常在 0 和 1 之间变化，系数为 0 时表示风险无穷大，系数为 1 时表示无风险。

$$\alpha = \text{无风险现金流} \div \text{预期风险现金流}$$

对于调整以后的项目，就可按照确定性决策的方法进行评价。

采用调整现金流法评价项目的关键是约当系数的估计是否准确。在实际工作中，约当系数的估计主要由评价人员根据以往的经验进行判断，因此这种方法的随意性较大，限制了它的使用范围。

现金流量是指项目投资所引起的农业企业现金收入和现金支出增加的数量。这里的“现金”是指广义的现金，不仅包括项目所涉及的货币资金，而且包括所涉及的农业企业原有的非货币资源的变现价值等。

现金流量包括现金流入量、现金流出量和现金净流量。现金流入量是项目投资所引起的农业企业现金收入的增加数量；现金流出量是项目投资所引起的农业企业现金支出的增加数量；现金净流量是现金流入量与现金流出量的差额。

（二）项目现金流量的估算

1. 项目现金流量的构成

（1）初始现金流量

初始现金流量指项目开始投资时发生的现金流量，主要有：① 垫支的营运资金；② 固定资产支出；③ 原有固定资产的变价收入；④ 其他费用。

（2）营业现金流量

营业现金流量指项目投入使用直到报废之前所带来的现金净流量，其估算公式为

$$
\begin{aligned}
\text{年（净）现金流量} &= \text{营业收入} - \text{付现成本} - \text{非付现成本} - \text{所得税} + \text{非付现成本} \\
&= \text{税后利润} + \text{折旧（非付现成本）} \\
&= \text{营业收入} - \text{付现成本} - \text{所得税}
\end{aligned}
$$

（3）终结现金流量

终结现金流量指项目终结时的现金流量，主要有：① 垫支的营运资金的收回；② 停止使用的土地的变价收入等；③ 固定资产残值收入。

2. 现金流量的估算方法

项目现金流量的估算是项目评价中最重要且最困难的一项工作。现金流量估算是以项目投资所引起的农业企业现金流量的变化（增量）进行估算的，它不仅指项目本身的现金流量。建立现金流量的增量概念是非常重要的，它能够使人们更真实地看到项目的投入、产出以及所带来的效益。

（三）投资决策的指标

投资决策的指标分为非贴现的指标和贴现的指标。非贴现的指标是不考虑资金的时间价值的，主要有投资回收期、平均报酬率。贴现的指标考虑资金的时间价值，主要有净现值、现值指数、内含报酬率。投资决策的指标从不同的角度评价项目优劣，一般在评价时，可根据需要选择一个或几个指标进行综合评价。

1. 投资回收期

投资回收期指收回初始投资所需要的时间，一般按年计算。以投资回收期作为方案决策的指标，应选择回收期较短或者符合要求的方案。

在原始投资一次支出和每年现金净流入量相等时，回收期＝原始投资额 ÷ 每年现金净流入量。

如果现金流入量每年不等或原始投资是分几年投入的，则要求出收回总投资所需要的年限。

2. 平均报酬率

平均报酬率（会计收益率）是指投资项目寿命周期内平均的年报酬率。以平均报酬率作为决策的指标，一般认为平均报酬率应高于必要的平均报酬率。平均报酬率的计算公式为

平均报酬率＝年平均净利 ÷ 初始投资额 ×100%

3. 净现值

所谓净现值是指特定方案未来现金流入的现值与未来现金流出的现值的差额。按照这种方法，所有未来现金流入和流出都要按预定贴现率折算为它们的现值，然后再计算它们的差额。

净现值指投资项目所创造的价值，它等于投资项目未来报酬的现值与初始投资支出的差额。净现值大于零的项目是可选项目，净现值越大，项目创造的价值越大。其计算公式为

$$NPV=\sum_{t=0}^{n}\frac{a_t NCF_t}{(1+i)^t}$$

式中　NPV——净现值；

NCF_t——第 t 年的净现金流量；

i——贴现率（资金成本率或者最低报酬率）；

n——项目的预计使用年限；

a——初始投资。

4. 现值指数

现值指数指投资项目未来报酬的现值与初始投资额的比值，是未来现金流入现值与现金流出现值的比率。它是衡量资金效益的一个相对指标。现值指数大于1的项目是可选项目。比较项目时，现值指数越大，资金的使用效益越高。其计算公式为

现值指数＝未来报酬的现值 ÷ 初始投资额

即

$$PI=\sum_{R=a}^{n}\frac{I_R}{(1+i)^R}+\sum_{R=a}^{n}\frac{O_R}{(1+i)^R}$$

式中 PI——现值指数；

n——期限；

I——利息；

R——整数期；

i——利率；

O——原始投资额。

现值指数法用现值指数作为评价方案的指标，其主要优点是可以对独立投资机会获利能力进行比较。现值指数可被看作1元原始投资有望获得的现值净收益，因此可以作为评价方案的一个指标。它是一个相对数指标，反映投资的效率；而净现值指标是绝对数指标，反映投资的效益。

5. 内含报酬率

所谓内含报酬率是指能够使未来现金流入量现值等于未来现金流出量现值的贴现率，或者说是使投资方案净现值为零的贴现率。内含报酬率的计算通常需要运用“逐步测试法”。先估计一个贴现率，用它来计算方案的净现值。如果净现值为正数，说明方案本身的报酬率超过估计的贴现率，应提高贴现率后进一步测试；如果净现值为负数，说明方案本身的报酬率低于估计的贴现率，应降低贴现

率后进一步测试。经过多次测试，找出使净现值接近于零的贴现率，即为方案的内含报酬率。其计算公式为

$$NPV=\sum_{t=0}^{n} NCF_t(1+IRR)^{-t}=0$$

式中　*NPV*——内涵报酬率；

NCF——第 t 年的净现金流量；

IRR——最低报酬率；

t——实际期限。

三、农业企业流动资产投资决策

流动资产投资决策与固定资产投资决策的目的是一样的，都是找出能够产生最佳资金效益的投资方案。按照流动资产实物形态的不同，可以把流动资产投资决策分为以下内容。

（一）现金的管理

现金是企业可以立即用于各种支付的交换媒介，包括现金以及准现金形式的银行存款、票据等，是流动资产中支付能力最强的资产。在企业经营过程中，现金收入与现金支出在时间和数量上常常不一致，为了满足正常的经营需要，防止不能支付的情况发生，企业必须持有一定数量的现金。但是以现金形式存在的资金没有投入周转，不能给企业带来利润。所以，现金管理的目的是在满足生产经营需要的条件下，寻求最低的现金持有量，以使资金的效益最大化。确定最佳现金持有量的方法主要是存货模型法。这种方法把计算存货经济批量的方法用于最佳现金持有量的确定上。存货模型规定了企业现金收支的假设条件：①现金支出是均匀发生的；②现金收入立即投资于短期有价证券；③出售有价证券补充需要的现金；④转换成本、总现金需求量、证券的收益率等是常量。

图 8.2 所示为现金的存货模型。

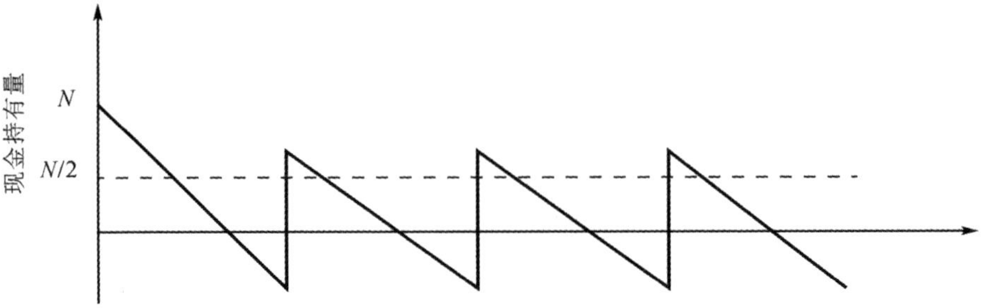

图 8.2　现金的存货模型

一定现金持有量的年总成本计算公式为

$$TC = \frac{Ni}{2} + \frac{Qb}{N}$$

式中　Q——全年现金需要量；

b——有价证券转换为现金的交易成本；

i——有价证券的年收益率；

N——有价证券转换为现金的数量，即现金持有量；

TC——年总成本。

在总成本中，前一项为持有现金的成本，与 N 成正比例变化；后一项为现金转换的成本，与 N 成反比例变化。

TC 对 N 求导后即可求出最佳现金持有量为

$$N = (2Qb \div i)^{\frac{1}{2}}$$

（二）应收账款的管理

农业企业应收账款投资的原因是扩大销售，增加利润，而这种投资是要付出成本的，因此农业企业要权衡应收账款投资所带来的利润是否大于由此产生的成本。

与应收账款投资相关的成本有以下三个方面。

①机会成本：指投资占用的资金丧失了有价证券投资的收益。

②管理成本：指调查客户的信用以及记账、收账的费用。

③坏账损失：指应收账款无法收回的成本。

应收账款投资的规模是由企业的信用政策决定的，农业企业在决策时应评价某种政策能否给农业企业带来效益。

信用政策主要有以下内容。

1. 信用标准

信用标准是农业企业同意向客户提供商业信用的最低要求。

2. 信用条件

信用条件是农业企业给予客户的支付赊销款的条件，包括信用期限、折扣期限和现金折扣。信用期限是规定的最迟的付款期限；折扣期限是可以享受现金折扣的付款期限；现金折扣是客户在折扣期限付款得到的优惠。信用条件的表示方法为“1/20，n/40”，它的含义是 20 天之内付款，给予 1% 的折扣，40 天之内必须付款。

3. 收账政策

收账政策是农业企业对过期的应收账款的收回对策，主要体现在收账费用的支出上。

（三）存货的管理

农业企业持有存货的目的是维持生产销售的正常秩序，提高经营效率。但是，存货投资同样要占用资金和发生相应的费用，因此存货管理的目的是在满足生产经营需要的前提下，尽可能地减少存货的占用水平和成本。

存货管理所涉及的成本有：①采购成本，包括买价和运杂费；②订货成本，即订购材料发生的成本，一般与订购次数有关；③储存成本，即材料在储存过程中发生的费用，如保险费、仓储费等，一般与材料的数量呈正比例关系；④缺货成本，即材料短缺造成的生产、销售损失。存货总成本的计算公式为

存货总成本＝采购成本＋订货成本＋储存成本＋缺货成本

1. 订货成本、储存成本与存货的关系

假设存货需求是均匀稳定的，订货成本与订货的次数成正比例关系。当需求一定时，订货量越大，订货次数越少。要想降低存货成本，农业企业应多订货。储存成本与订货的数量成正比例关系，订货量越大，储存量越大，储存成本越高。

从降低储存成本的角度看，企业应减少订货量。可见，存货水平过高和过低都不合适，如图 8.3 所示。

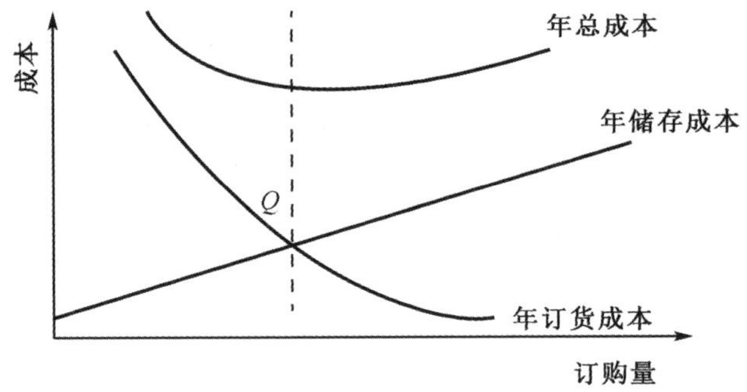

图 8.3 订货成本、储存成本与存货的关系

可以找出使储存成本和订货成本最低的订货量，即经济订货量，计算公式为

$$Q=(2Ab\div c)^{\frac{1}{2}}$$

式中 Q——经济订货量；

A——材料全年需要量；

c——单位材料的全年储存成本；

b——一次订货成本。

2. 采购成本与经济订货量

采购成本指与采购原材料部件相关的物流费用，包括采购订单费用、采购计划制订人员的管理费用、采购人员管理费用等。

经济订货量是通过平衡采购进货成本和保管仓储成本核算，以实现总库存成本最低的最佳订货量。

例：某企业全年需要材料 1 000 件，一次订货成本为 80 元，单件材料全年的储存成本为 1 元，单价为 10 元。求：①经济订货量；②如果一次订货 600 件，买价优惠 5%，则订货量为多少？

解：

$$Q=(2Ab\div c)^{\frac{1}{2}}=(2\times 1\,000\times 80\div 1)^{\frac{1}{2}}=400\text{（件）}$$

订货 400 件的总成本＝采购成本＋储存成本＋订货成本

＝ 1 000×10 ＋ 400÷2×1 ＋ 1 000÷400×80

＝ 10 400（元）

订货 600 件的总成本＝ 1 000×10×（1 － 5%）＋ 600÷2×1 ＋

1 000÷600×80

＝ 9 933（元）

因此，经济订货量应为 600 件。

3. 缺货成本

由于需求和交货期不确定，为避免缺货发生，一般应设置保险储量，使缺货成本为零。保险储量的水平与存货需求及交货期的不确定性、存货短缺的成本、存货的价值相关。存货需求及交货期的不确定性越大　存货短缺的成本越大，存货的价值越大时，保险储量应越高。

订货点是发出新的订单时原有存货的水平（数量），其计算公式为

订货点（M）＝交货期 × 每日耗用量＋保险储量

在正常情况下，不动用保险量，存货的最高储量为 H，最低为 L。

第三节　农业企业融资决策

一、农业企业资本市场的作用

（一）联结资金供需双方的作用

资本市场是一种特殊商品的交易市场，这种特殊商品是以资金使用权为买卖对象的金融商品。在社会经济的运行过程中，总是存在一些经济单位或个人，他们的资金剩余大于资金需求——成为资金的净供应者；而另外一些经济单位或个人，他们的资金剩余小于资金需求——成为资金的净需求者。资本市场可以把许

多个别资金供应者的短期、少量的资金汇集成长期、大量的符合不同资金使用者需要的各种资金，从而实现整个社会资金的供需平衡。

（二）提供资金交易的价格信号

资金的价值是由价格的波动体现出来的，尽管有时价格可能与价值相背离。资本市场上交易的金融商品通过买卖双方不断地竞价，最终达成一定时期内较为稳定的资金交易价格，这个价格就是资金价值的表现。交易价格的形成对农业企业理财活动具有重要意义，它为农业企业提供了基本的价值衡量手段，是农业企业进行财务决策的前提。

（三）降低资金的交易风险和成本

证券二级市场为有价证券的购买者提供了再次交易的机会，使有价证券的流动性大大提高，投资者可以迅速地实现证券的变现，这样就能够降低交易的流动性风险。

（四）分散企业的经营风险

当农业企业规模一定时，经营资金由多个投资者投入比由单一投资者投入承担经营风险的能力要强，因为多个投资者中每个人投入企业的资金较少，投入资金分散，抵御风险的能力就强。在农业企业经营环境变幻莫测的条件下，资本市场的这种分散风险的功能日益显露出来并发挥着越来越重要的作用。

（五）配置资源，促进经济的发展

资本市场通过价格信号的引导，使经营的稀缺资源——资金流向经营效益好的农业企业，实现社会资源合理、有效的配置和使用，从而推动整个社会经济的发展。一国经济的发展水平和发展速度与资本市场的发达程度是密切相关的。高效率的资本市场能够促使社会剩余资金迅速地流向生产部门，为社会创造出新的经济增长。

二、农业企业融资及其特征

（一）权益筹资及其特征

权益筹资是企业以出售权益而筹集资金（融资）的方式。权益代表持有人对企业资产及其收益的要求权利，位于债权之后，也称剩余索取全权。

常见的权益筹资的方式主要有公开发行股票和私募股本等。

1. 公开发行股票

公开发行股票是向社会公众公开出售股票的一种筹资方式。采用这种方式的农业企业必须具有良好的信誉和经营能力，符合有关的证券发行的法律规定，并向有关的证券管理部门取得发行资格。

（1）发行股票的条件

我国对农业企业发行股票有具体的规定，发行股票有以下条件。

①发起人认购的股本数额不少于企业拟发行股本总额的 35%。

②在企业拟发行股本总额中，发起人认购的部分不少于人民币 3 000 万元。

③向社会公众发行的部分不少于企业拟发行股本总额的 25%。

④符合国家规定的股票发行的其他相关规定。

（2）发行股票的价格决策

股票发行价格有平价、市价、中间价三种。平价是指发行价与票面面值相等；市价是指根据市场上类似股票的价格进行定价；中间价是介于平价和市价之间的定价。

股票也可以采用估值模型进行定价，基本的模型为

每股股价（市价）=未来股息的现值之和

$$\sum p_0 = d_r / (1+k)^t$$

式中　d_r——未来各年的股息；

k——股票的最低报酬率。

2. 私募股本

私募股本是向特定的单位和个人出售一定比例的股本的筹资方式。这种方式对农业企业的要求较低，比较灵活，只要投资和筹资双方协商一致即可进行，避免了烦琐的发行程序。

在一般情况下，筹资的农业企业需要制订一份详细的商业计划书，供投资人分析、判断是否进行投资。私募股本的定价方法与公开发行是一样的，不过，由于风险较大、股本不公开流通等问题，一般采取低于估定的价格发行。

3. 权益筹资的特征

①灵活性大：以权益方式筹集的资金无须还本，也无固定的利息负担，股息分配由农业企业自定。

②风险小：权益筹资无须还本付息，农业企业不能偿付的支付风险较小。

③分散农业企业的控制权。

④资本成本较高：由于投资者购买股票的风险较大，因此要求有较高的投资报酬率，同时因为股息没有抵税的效应，所以股票的成本较高。

（二）债务筹资及其特征

债务筹资是农业企业以出让债权筹集资金（融资）的方式。债权也称优先索取权、固定收益权，是对农业企业资产及收益的要求权利，这种权利优先于股权。债务筹资的主要方式有借款、发行债券等。

1. 借款

借款指农业企业向银行或非银行金融机构借入的资金。借入资金的利率受借款的期限、违约风险、流动性以及资金供求关系影响。

2. 发行债券

债券是一种债权凭证。农业企业发行债券必须符合国家规定的条件。

债券发行决策的主要内容是价格决策。发行价格必须根据事先确定的债券的面值、票面利率、期限、偿还方式等进行决策，可采取溢价、平价、折价的方式发行。

$$债券的发行价格=面额的现值+利息的现值$$

3. 债务融资的特征

①资金成本较低：债权人投入的资金风险小、利息低而且能够抵税，所以成本低。

②无须分散股权。

③财务风险大：债务融资必须还本付息，经营状况不佳或不能支付时农业企业可能破产。

（三）混合性筹资及特征

债务融资或权益融资作为一种单纯的筹资方式使用时有着自身无法克服的缺

点。人们在理财实践中不断创新出具有这两种筹资方式的优点，同时又尽量避免两者缺点的筹资方式——混合性筹资方式。

可转换公司债是一种由农业企业发行的，持有人可以在一定条件下以特定价格转换成若干本农业企业普通股股票的债券。可转换公司债是由农业企业债券和附加的认股权组成的。可转换公司债兼具债务资本和权益资本的特征。如果债券被转成股票，则无须偿还债券本金，转换后成为纯粹的权益资本，具有认股权。

可转换公司债有以下特征。

①利率低。这种方式给投资者分享资本收益的机会（认股权），其利率比同期的一般债券利率要低，而且限制性条款少。

②以较少的股本筹集较多的资金。转换价格一般要高于发行时普通股市价的15% ~ 20%，一旦转换成功，则说明农业企业以比发行时的普通股市价还要高的价格出售了股份。

③通过赎回条款可以控制融资成本的上涨幅度。

④通过债券票面利率和回售条款的规定保证投资者的最低报酬，降低发行风险。

⑤受股票二级市场的影响很大。如果农业市场比较完善，能反映出股票价值，那么发行可转换公司债券易成功，否则农业企业可能会因发行失败而陷入债务危机。

三、农业企业资本结构决策

（一）农业企业资本成本的估算

资本成本是决定投资项目价值的重要参数，其估算直接影响投资项目的评价和决策，因此合理地估算资本成本对于正确的决策是非常重要的。筹资费是获取资金时所花费的一次性支出；占用费是使用资金所花费的支出，一般以年计。资本成本率的估算公式为

$$资本成本率=占用费\div（筹资额-筹资费）\times 100\%$$

1. 债务资本成本率的估算

债务资本成本率的估算通过以下例子进行说明。

例1：某企业拟借款100万元，借款的利率是7%，期限是5年，筹资费为1

万元，每年付息到期还本，所得税为 40%。这笔资金的资本成本率是多少？

解：

资本成本率＝资金的占用费 ÷（筹资额－筹资费）×100%

＝[100×7%×（1 － 40%）÷（100 － 1）]×100% ＝ 4.24%

由于利息具有抵税作用，故资金成本率低于名义利率。

例 2：某企业发行债券筹资，债券的发行价格为 120 万元，发行总面额为 100 万元，期限为 5 年，票面利率是 8%，发行费是发行价格的 2%，所得税率是 40%，试计算资本成本率。

解：

资本成本率＝ [100×8%×（1 － 40）÷（120 － 120×2%）]×100% ＝ 4.08%

2. 权益资本成本率的估算

权益资本成本率的估算通过以下例子进行说明。

例：某企业拟发行普通股股票筹集资金，每股的发行价为 10 元，发行股数为 100 万股，发行费为 3%，预期每年的股利率为 9%，则权益资本的成本率是多少？

解：

资本成本率＝资金占用费 ÷（筹资额－筹资费）×100%

＝ [10×100×9%÷（10×100 － 10×100×3%）]×100%

＝ 9.3%

3. 综合资本成本率的估算

企业以不同的方式筹集一笔资金时，综合资本成本率的计算公式为

$$综合资本成本率=\sum W_i K_i$$

式中 W_i——某种方式融资的比例；

K_i——某种融资方式的资本成本率；

i——融资方式。

资本成本的估算不是以历史为基础的，而是以现在和未来为基础的，因此权数和价格应以市场价值或者未来价值进行估算。

（二）资本结构决策

资本结构是指长期资金中债务资本和权益资本的比例关系。资本结构决策是财务决策中最为重要的内容之一,它是影响股东收益和风险的最基本的财务因素。那么，资本结构是如何影响股东收益的，其根本原因是什么呢？假设某企业的资产规模为1 000万元，企业可以采取不同的筹资方案满足资产需要：①全部使用权益资本；② $\frac{1}{3}$ 为债务资本，利率是8%，其余为权益资本；③ $\frac{2}{3}$ 为债务资本，利率是8%，其余为权益资本。

以投资收益率为15%为例，三种方案中股东的收益分别为

股权收益率1 ＝[(息税前收益－利息)×(1－所得税)÷权益资本]×100%
＝[(1 000×15%－0)×(1－40%)÷1 000]×100%
＝9%

股权收益率2 ＝[(1 000×15%－1 000×1÷3×8%)×(1－40%)]÷(1 000×2÷3)×100%
＝11.1%

股权收益率3 ＝[(1 000×15%－1 000×2÷3×8%)×(1－40%)]÷(1 000×1÷3)×100%
＝17.4%

不同投资收益水平下的股权收益率见表8.2。

表8.2 不同投资收益水平下的股权收益率

方案	息税前收益/万元	增长率/%	股权收益率(税后)/%	增长率/%
1	100		6	
	150	50	9	50
	250	67	15	67
2	100		6.6	
	150	50	11.1	68
	250	67	20.1	81
3	100		8.4	
	150	50	17.4	107
	250	67	35.4	103

可见，在同一负债水平下，股权收益率以比息税前收益增长率更快的速度增加或者减少，这种现象即所谓的财务杠杆效应。它的主要原因是增加的收益减去固定的负债成本后的剩余收益全部归权益资本。随着负债比例的提高，这种杠杆作用更加突出。

财务杠杆效应由财务杠杆系数（DFL）来衡量，即

$$\text{DEL}=\frac{\text{股权收益率变化的百分比}}{\text{息税前收益变化的百分比}}$$

具体决定资本结构时，应考虑以下因素。

①经营风险：农业企业所处的行业和经营方式存在较大的风险时，不宜采用具有较大杠杆效应的融资方案，以免加大风险。

②经营环境：环境不利时，应减小财务杠杆系数；环境有利时，可加大财务杠杆系数。

③偿债能力：偿债能力越强，越可以采用较大的财务杠杆系数。

④税收状况：税率越高的农业企业，利用杠杆产生的效应越大。

⑤农业企业的控制权：丧失控制权的可能性越小的筹资方式越容易被采用。

⑥此外，还要考虑行业特征以及管理者、债权人、股东的态度等。

第四节　农业企业财务分析与财务管理

一、农业企业财务分析的意义和内容

农业企业财务分析是根据农业企业财务报表等信息资料，采用专门方法，系统地分析和评价农业企业财务状况、经营成果以及未来发展趋势的过程。

农业企业财务分析以相关资料为主要依据，对农业企业的财务状况和经营成果进行评价与剖析，反映农业企业在运营过程中的利弊、得失和发展趋势，从而为改进农业企业财务管理工作和优化经济决策提供重要财务信息。

（一）财务分析的意义

1. 可以判断农业企业的财务实力

通过对资产负债表和利润表等相关资料进行分析，计算相关指标，可以了解

农业企业的资产结构和负债水平是否合理，从而判断农业企业的偿债能力、运营能力及盈利能力等财务实力。

2. 可以评价和考核农业企业的经营业绩

通过对指标的计算、分析和比较，能够评价和考核企业的盈利能力及资金周转状况，揭示其经营管理的各个方面和各个环节的问题。

3. 可以寻求提高农业企业经营管理水平和经济效益的途径

农业企业进行财务分析的目的不仅仅是发现问题，更重要的是分析问题和解决问题。农业企业应保持和进一步发挥生产经营管理中成功的经营，对存在的问题提出解决的策略和措施，以达到扬长避短、提高经营管理水平和经济效益的目的。

4. 可以评价农业企业的发展趋势

财务分析可以判断农业企业的发展趋势，预测其生产经营的前景及偿债能力，从而为农业企业领导层进行生产经营决策、投资者进行投资决策和债权人进行信贷决策提供重要的依据，避免因决策错误给其带来重大的损失。

（二）财务分析的内容

财务分析信息的需求者主要包括农业企业所有者、农业企业债权人、农业企业经营决策者和政府等。不同主体出于不同的利益考虑，对财务分析信息有着各自不同的要求。

农业企业所有者作为投资人，关心其资本的保值和增值状况，因此较为重视农业企业盈利能力指标，主要进行农业企业盈利能力分析。

农业企业债权人因不能参与农业企业剩余收益分享，首先关注的是其投资的安全性，因此更重视农业企业偿债能力指标，主要进行农业企业偿债能力分析，同时也关注农业企业盈利能力分析。

农业企业经营决策者必须对农业企业经营理财的各个方面予以详尽的了解和掌握，主要进行各方面综合分析，并关注农业企业财务风险和经营风险。

政府兼具多重身份，因此政府对农业企业财务分析的关注点因所具身份不同而异。

二、农业企业财务分析的方法

农业企业财务分析的方法有很多种，主要包括趋势分析法、比率分析法、因素分析法。

（一）趋势分析法

趋势分析法又称水平分析法，是将两期或连续数期财务报告中的相同指标进行对比，确定其增减变动的方向、数额和幅度，以说明企业财务状况和经营成果的变动趋势的一种方法。

趋势分析法的具体运用主要有以下三种方式。

1. 重要财务指标的比较

它是指将不同时期财务报告中的相同指标或比率进行比较，直接观察其增减变动情况及变动幅度，考察其发展趋势，预测其发展前景。

对不同时期财务指标的比较，可以有以下两种方法。

（1）定基动态比率法

它以某一时期的数额为固定的基期数额计算动态比率，计算公式为

$$定基动态比率=分析期数额 \div 固定基期数额$$

（2）环比动态比率法

它以每一分析期的前期数额为基期数额计算动态比率，计算公式为

$$环比动态比率=分析期数额 \div 前期数额$$

2. 会计报表的比较

会计报表的比较是将连续数期的会计报表的金额并列起来，比较其相同指标的增减变动金额和幅度，据以判断农业企业财务状况和经营成果发展变化的一种方法。

3. 会计报表项目构成的比较

这是在会计报表比较的基础上发展而来的。它以会计报表中的某个总体指标作为100%，再计算出其各组成项目占该总体指标的百分比，从而比较各个项目百分比的增减变动，以此来判断有关财务活动的变化趋势。

但在采用该方法时，必须注意以下问题。

①用于进行对比的各个时期的指标，在计算口径上必须一致。

②剔除偶发性项目的影响，使被分析的数据能反映正常的经营状况。

③应用例外原则，应对某项有显著变动的指标做重点分析，研究其产生的原因，以便采取对策，趋利避害。

（二）比率分析法

比率分析法是利用财务报表中两项相关数值的比率揭示农业企业财务状况和经营成果的一种分析方法。

1. 构成比率

构成比率又称结构比率，是某个经济指标的各个组成部分与总体的比率，反映部分与总体的关系。其计算公式为

构成比率＝某个组成部分数额 / 总体数额

2. 效率比率

它是某项经济活动中所费与所得的比率，反映投入与产出的关系。利用效率比率指标，可以进行得失比较，考察经营成果，评价经济效益。

3. 相关比率

它是根据经济活动客观存在的相互依存、相互联系的关系，以某个项目和与其有关但又不同的项目加以对比所得的比率，反映有关经济活动的相互关系。

其优点是计算简便，计算结果容易判断，而且可以使某些指标在不同规模的农业企业之间进行比较，甚至也能在一定程度上超越行业间的差别进行比较。使用该方法时应注意以下几点。

①对比项目的相关性：计算比率的子项和母项必须具有相关性，把不相关的项目进行对比是没有意义的。

②对比口径的一致性：计算比率的子项和母项必须在计算时间、范围等方面保持口径一致。

③衡量标准的科学性：运用比率分析，需要选用一定的标准与之对比，以便对企业的财务状况做出评价。通常而言，科学合理的对比标准有预定目标、历史标准、行业标准、公认标准等。

（三）因素分析法

因素分析法也称因素替换法、连环替代法，它是用来确定几个相互联系的因素对分析对象——综合财务指标或经济指标的影响程度的一种分析方法。采用这种方法的出发点在于，当有若干因素对分析对象发生影响作用时，假定其他各因素都无变化，顺序确定每个因素单独变化所产生的影响。

三、农业企业经营成果分析

（一）经营成果综合分析

农业企业可以从不同的投入、产出角度分析其经营成果，主要有以下分析指标。

1. 权益收益率

权益收益率这个指标是从股东的角度评价企业业绩的综合性指标。其计算公式为

权益收益率＝（税后利润 ÷ 股东权益）×100%

比率越大说明农业企业的业绩越好。

2. 投入资本（资产）收益率

投入资本（资产）收益率这个指标是衡量经营者使用投入资本所带来的效益。它与企业的经营决策密切相关。该比率越大，说明投入资本的效益越高。其计算公式为

投入资本收益率＝（息税前利润 ÷ 投入资本）×100%

投入资本＝短期借款＋长期负债＋权益资本
＝营运资本＋固定资产净值＋现金

投入资本收益率涉及除融资决策以外的所有经营决策，换句话说，任何经营决策都会在投入资本收益率的变化上表现出来，因此这个比率对于分析农业企业的经营状况是非常重要的。分析时，息税前利润也可以用税后利润加利息替代。

（二）经营成果因素分析

1. 权益收益率的影响因素

权益收益率的计算公式为

权益收益率＝（税后利润 ÷ 销售收入）×（销售收入 ÷ 总资产）×（总资产 ÷ 股东权益）×100%
＝销售净利率 × 总资产周转率 × 权益乘数
＝资产收益率 × 权益乘数

（1）销售净利率

销售净利率是衡量农业企业获利能力的一个指标。销售净利率与农业企业的价格策略、销售量（市场占有率）、生产产品的成本与费用等经营决策和税率有关。

（2）总资产周转率

总资产周转率是衡量资产使用效率的指标，它的含义是单位资产所实现的销售收入。当资产规模一定时，实现的销售收入越多，表明资产的效率越高。影响总资产周转率的因素主要有存货周转率、应收账款周转率和固定资产周转率。

①存货周转率：一般存货周转率越高，存货资产的效率越高，但是比率过高有可能存在缺货的危险。其计算公式为

$$存货周转率=（年销货成本 \div 平均存货）\times 100\%$$

平均存货是期初和期末存货的平均值。

②应收账款周转率：一般应收账款周转率越高，应收账款的效率越高。应收款的效率应与企业的信用政策结合分析。其计算公式为

$$应收账款周转率=（年赊销额 \div 平均应收账款）\times 100\%$$

③固定资产周转率：此比率越高，固定资产的效率越高。资本密集程度越高的企业，固定资产周转率越低。其计算公式为

$$固定资产周转率=（年销售收入 \div 平均固定资产净值）\times 100\%$$

销售净利率与总资产周转率往往是反向变动的。一般高利润率的农业企业需要巨额资产的投资，因此资产周转率较低；而低利润率的农业企业为了获取平均资产利润率，资产的使用效率较高。

（3）权益乘数

权益乘数是财务杠杆的另外一种表示方法，它在提高财务业绩的同时，也给股东带来财务风险。

2. 投入资本收益率

$$\begin{aligned}投入资本收益率&=（息税前收益 \div 销售收入）\times（销售收入 \div 投入资本）\times 100\%\\&=息税前销售利润率 \times 投入资本周转率\end{aligned}$$

息税前销售利润率是指1元销售收入实现的息税前利润，它是衡量获利能力的指标；投入资本周转率是指 1 元投入资本所带来的销售收入，它是衡量投入资

本效率的指标。

投入资本收益率的具体分析方法与资产收益率的思路一样。与资产收益率相比，投入资本收益率剔除了融资决策对业绩的影响，有利于农业企业对经营活动的评价和控制。

四、农业企业财务风险分析

农业企业财务分析不仅要评价农业企业是否取得了良好的经营业绩，而且要分析获取业绩的安全性。在农业企业经营中，任何片面地追求高业绩或者低风险的行为都可能给农业企业带来损失，风险与成果分析是相对应的。

（一）短期财务风险分析

短期财务风险是农业企业不能偿付1年以内到期的债务的可能性，一般用流动比率和速动比率衡量。通常比率越高，偿债能力越强，财务风险越小。其计算公式分别为

$$流动比率=（流动资产 \div 流动负债）\times 100\%$$
$$速动比率=（速动资产 \div 流动负债）\times 100\%$$

速动资产等于流动资产扣除存货等变现能力差的资产。但是，流动比率与速动比率只是财务风险大致的衡量方法，有时并不可靠，需要结合运营效率的比率（如存货周转率、应收账款周转率）进行分析、判断。

目前，衡量短期财务风险较多地使用易变现率这个指标。它和营运资本需求的计算公式分别为

$$易变现率=[（长期融资额-固定资产净值）\div 营运资本需求]\times 100\%$$
$$营运资本需求=（应收账款+存货+预付费用）-（应付账款+预提费用）$$

从易变现率可以看出，短期财务风险与满足营运资本需求的长期融资密切相关。在营运资本需求中，长期融资满足的比例越大，流动性越强，短期的财务风险越小。

与流动比率和速动资产两个指标相比，易变现率可以更好地揭示影响短期财务风险的基本因素，对理财实践有着较强的指导作用。

（二）长期财务风险分析

长期财务风险是农业企业不能偿还长期债务的可能性，它与资本结构决策相

关。常用的衡量指标有负债比率、产权比率、利息保障倍数等。

负债比率＝（负债总额 ÷ 资产总额）×100%
产权比率＝（负债总额 ÷ 权益总额）×100%

一般这两个比率越大，财务风险越大。

利息保障倍数＝息税前利润 ÷ 利息费用
偿债倍数＝息税前利润 ÷[利息＋本金偿还 ÷（1 －税率）]

以上两个倍数越大，意味着财务风险越小。

除了使用比率进行量化的分析之外，还应注意非量化因素，如或有负债、担保责任、融资能力等对财务风险的潜在影响。

五、农业企业财务管理

（一）含义

农业企业财务管理是在一定的整体目标下，关于资产的购置、资本的融通和经营中现金流量，以及利润分配的管理。农业企业财务管理是农业企业管理的一个组成部分，它是根据财经法规制度，按照财务管理的原则，组织农业企业财务活动，处理财务关系的一项经济管理工作。简单地说，财务管理是组织农业企业财务活动、处理财务关系的一项经济管理工作。

（二）农业企业财务管理的十项原则

①风险收益的权衡——对额外的风险需要有额外的收益进行补偿。

②货币的时间价值——今天的一元钱比未来的一元钱更值钱。

③价值的衡量要考虑的是现金而不是利润。

④增量现金流——只有增量是相关的。

⑤在竞争市场上没有利润特别高的项目。

⑥有效的资本市场——市场是灵敏的，价格是合理的。

⑦代理问题——管理人员与所有者的利益不一致。

⑧纳税影响业务决策。

⑨风险分为不同的类别——有些可以通过分散化消除，有些则否。

⑩道德行为就是要做正确的事情，而在金融业中处处存在着道德困惑。

（三）农业企业财务管理的注意事项

在现代农业企业管理当中，财务管理是一项涉及面广、综合性和制约性都很强的系统工程，它是通过价值形态对资金运动进行决策、计划和控制的综合性管理，是农业企业管理的核心内容。较为普遍的问题主要有以下几个方面：

1. 事前预算不力，事后分析不到位

很多农业企业管理者事前没有采集数据进行认真分析并编制预算，在事中执行过程中也没有对预算完成情况进行严格考核，事后评价和分析不到位也是企业面临的重要问题。

2. 信息化程度不高，缺乏财务创新

在现代农业企业管理当中，很多农业企业财务管理模式受网络技术的限制，采用较分散的管理模式，电子化程度不高，财务信息上下级之间无法共享，监管信息反馈滞后，工作效率低下，没有开发出能适应电子商务环境的财务管理信息系统。

3. 财务架构不健全，组织机构设置不合理

大部分农业企业财务机构的设置中间层次多，效率低下，还有部分农业企业管理者在财务机构设置方面不够科学，有的甚至未设置专门的财务机构。

4. 内控体系不完善，缺乏风险管理意识

部分农业企业财务运行不够规范，权责不到位，内部控制制度等基本财务管理制度不健全。部分农业企业缺乏风险管理和控制机制。

5. 费用管理不规范，资产管理散乱

在费用开支上，部分农业企业管理不严，未建立或未实行“一支笔”审批制度。在资产管理上，部分农业企业没有定期对资产进行盘点，资产实物与登记簿不符，实物管理和账务管理都有很多漏洞。

6. 成本核算粗放，成本控制不严

有的农业企业成本核算十分粗放，将各种产品成本笼统汇总核算，不利于加强成本控制；有的农业企业管理者只注重生产过程的成本控制，事前、事中控制能力较弱，造成不必要的浪费。

（四）农业企业财务管理问题的防范措施

1. 建立财务危机预警系统

农业企业财务危机预警系统作为一种成本低廉的诊断工具可预知财务风险的

征兆，当可能危害农业企业财务状况的关键因素出现时，财务危机预警系统能发出警告，以提醒经营者早做准备或采取对策以减少财务损失。农业企业的经营者、管理者应随时加强对财务风险指标的分析，适时调整农业企业营销策略，合理处置不良资产，有效控制存贷结构，适度控制资金投放量，减少资金占用，还应注意加速存货和应收账款的周转速度，使其尽快转化为货币资产，减少甚至杜绝坏账损失，加速农业企业变现能力，提高资金使用率。

2. 建立财务风险意识

农业企业要时刻关注国家宏观政策的变化，管理层应对农业企业投资项目、经营项目、筹借资金、经营成本等方面可能产生的负面效应进行提早预测，以便及时采取措施。管理层要关注农业市场供需关系的变化，防止农业企业成本费用及资金需求增加使财务成本上升和资金链中断而出现经营亏损或资不抵债的财务危机。农业企业经营者要根据政策因素变化及时调整经营策略和投资方向，在销售方面注重产销衔接，以销定产，及时调整营销策略，积极开拓新渠道，培育新用户，加速货款回笼，加强业务整合，提高农业企业整体抵抗风险的水平。

3. 建立内部审计制度

内部审计是评价一个农业企业内部经济活动和管理制度是否合规、合理和有效的独立评价系统。内部审计在企业中应保持相对独立性，应独立于其他经营管理部门，确保审计部门发现的重要问题能送达治理层和管理层。不具备条件的农业企业可聘请外部审计机构和人员进行内部审计。

4. 建立内部控制和会计控制制度

农业企业要建立农业企业内部控制制度和会计控制制度：实施内部牵制制度，对不相容的岗位实行相互分离、相互制约；建立回避制度；会计负责人的直系亲属不得担任出纳人员；严禁擅自挪用、借出货币资金；严禁收入不入账；严禁一人保管支付款项所需的全部印章；不得由同一部门或个人办理采购与付款、销售与收款业务的全过程；销售收入要及时入账。

六、农业企业财务分析与财务管理的关系

（一）职能与方法不同

农业企业财务分析的职能与方法的着眼点在于“分析”；农业企业财务管理

的职能与方法的着眼点在于“管理”。管理包含预测、决策、计划、控制、分析、考核等，但是农业企业财务管理中的财务分析往往只局限于对财务报表的比率分析，不是财务分析的全部含义。

（二）研究财务问题的侧重点不同

农业企业财务分析侧重于对财务活动状况和结果的研究；农业企业财务管理则侧重于对财务活动全过程的研究。

（三）结果的确定性不同

农业企业财务分析结果具有确定性，因为它以实际的财务报表等资料为基础进行分析；农业企业财务管理的结果通常是不确定的，因为它的结果往往是根据预测值及概率估算的。

（四）服务对象不同

农业企业财务分析的服务对象包括投资者、债权人、经营者等所有相关人员；农业企业财务管理的服务对象主要是企业内部的经营者和所有者。

第五节　农业企业文化

一、企业文化

（一）企业文化的定义

企业文化（或称组织文化）是由价值观、信念、仪式、符号、处事方式等组成的某个企业（组织）特有的文化形象，是企业生产经营和管理活动在一定的条件下创造的具有该企业特色的精神财富和物质形态，简而言之就是企业（组织）在日常运行中表现出的各个方面。它包括价值观念、农业企业精神、农业企业道德规范、团体意识、农业企业形象、农业企业制度等。

（二）农业企业文化

中国是个农业大国，以农业为主要收入来源的人口占很大比例。我国农产品国际竞争力不足、农村资源与环境保护的压力增加、地区之间差异明显等问题日益突出，这对发展中的农业企业是一个巨大的挑战。中国加入世界贸易组织对农业企业的影响主要通过关税减让、进口关税配额、停止对农产品的出口补贴等表现出来。在应对全球化挑战的问题上，我们不仅要看到农产品和农业企业受到的影响，更要看到全球化对农民就业和收入可能产生的影响。

企业文化经营是相对于生产经营、资本经营而言的。以实物形态为核心分析、运作和管理农业企业的经营活动称为生产经营；以价值形态为核心分析、运作和管理农业企业的经营活动称为资本经营；以企业文化为核心全面、系统地分析、运作和管理企业的经营活动称为文化经营。

农业企业的生命力在于创新，即在弘扬我国传统农业企业文化的基础上，汲取国外企业文化的精华，逐步建立适应我国农业企业经济形态、反映农业企业文化特征的价值观体系和企业精神，使其稳定、有效地渗透到农业企业文化行为过程中，形成具有中国特色、充满活力、富有个性特征的农业企业文化模式。

企业文化是促进企业健康发展、创造企业最大经济效益的精髓所在。农业企业与其他类型的企业不同，虽然制约农业生产顺利进行的因素是多方面的，但是关键因素还是人的主观能动性。农业企业要想使员工工作的主观能动性得到有效的调动，就应加强企业自身的文化建设工作，使员工遵守共同的行为规范，从而使企业拥有具备企业特色的精神财富，使企业的凝聚力得到加强，为企业竞争力的加强及经济效益的提升奠定扎实的基础。

二、我国农业企业文化的发展现状

（一）我国农业企业文化的特点

在中国，粮食与纺织原料都是通过单一的种植业（如种粮、种桑）而获得的，畜牧业在人们的衣食所需中不具有决定性地位，而西方国家的纺织原料主要是通过养羊业提供的，畜牧业在农业整体中具有重要的地位，因此西方传统农业始终沿着农牧并重的方向发展，形成了种植业与畜牧业并重的农业生产结构。

近年来，我国各地积极探索利益联结机制，增强带动农户的能力，亮点频现。农民专业合作经济组织的发展提高了农民进入市场的组织化程度，其人员素质高，科研力量强，为我国广大农业企业的发展起到科技先导和示范作用。农业科技企业作为一种新型的企业模式，往往具有“两头大、中间小”的特点。“两头大”

是指企业职工中研发人员和产品销售人员所占比例大,“中间小”是指企业管理人员所占比例小。这种新型模式的引入,使得企业能够集中力量搞科研和市场开发,提高资源的利用效率,促进科技与市场的连接。

(二)我国农业企业文化建设的要点

企业精神一旦形成，便形成一种群体心理定势，既可以通过明确的意识支配人的行为，也可以潜移默化地影响人的行为，大大提高员工主动承担责任、修正个人行为的自觉性，从而使员工主动地关注企业的前途，维护企业的声誉和形象，为企业贡献自己的全部力量。

1. 培育富有生命力和时代感的企业道德文化

在继承和发扬“艰苦奋斗”“无私奉献”“敢打敢拼”等优良传统的基础上，农业企业文化建设应充分体现市场要求的“竞争意识”“效率意识”“法律精神”，培育富有生命力和时代感的道德文化，培养“重质量、贵诚信”的企业道德，把“质量第一”“用户至上”和“为社会造福”作为企业员工必须遵守的最高道德准则，注重职业道德建设，提高员工职业道德水准。

2. 培育内涵丰富、被广泛认同的企业形象文化

在现代企业竞争中，良好的企业形象是一个企业的无价之宝，是企业占据竞争优势的重要因素。塑造良好的企业形象是企业文化建设的关键，也是取信于市场和社会的首要内容。

3. 培育现代农业企业精神

农业企业精神是企业文化的核心，它源于企业生产经营者的实践，与企业的经营活动不可分割。企业的发展需要全体员工具有强烈的向心力，需要将所有人的聪明才智都集中到企业的经营目标上来。现代企业管理特别强调人的因素，现代农业企业精神正是这样一种共同的理想，它将全体员工凝聚在一面大旗下，最大限度地发挥人的主观能动性，既给人信心、鼓励，也给人约束。

三、农业企业文化的内容

(一)价值观念

价值观念是人们基于某种功利性或道义性的追求而对人们本身的存在、行为和行为结果进行评价的基本观点。人生就是为了追求价值，价值观念决定着追求行为。价值观不是人们在一时、一事上的个别观念，而是在长期实践活动中形成的关于价值的观念体系。

农业企业的价值观是指农业企业职工对企业存在的意义、经营目的、经营宗旨的价值评价，以及为之追求的整体化、个异化的群体意识，是农业企业全体职工共同的价值准则。有了正确的价值目标，才会有奋力追求价值目标的行为，农业企业才有希望。只顾农业企业自身经济效益的价值观会偏离社会主义方向，不仅会损害国家和人民的利益，还会影响农业企业形象；只顾眼前利益的价值观会急功近利，搞短期行为，使农业企业失去后劲，导致灭亡。在经营过程中，农业企业应严把商品进货关，保证商品质量；控制进货成本，提高商品附加值；提倡"需要理解的总是顾客，需要改进的总是自己"的观念，提高服务档次，促进农业企业的发展。

（二）农业企业精神

农业企业精神是企业基于自身特定的性质、任务、宗旨、时代要求和发展方向，经过精心培养而形成的企业成员群体的精神风貌。农业企业精神要通过农业企业全体职工有意识的实践活动体现出来，因此它又是农业企业职工观念意识和进取心理的外化。

农业企业精神是农业企业文化的核心，在整个农业企业文化中起到支配的作用。农业企业精神以价值观念为基础，以价值目标为动力，可以说，农业企业精神是企业的灵魂。

通常，用一些既富有哲理又简洁明快的语言表达农业企业精神，便于职工铭记在心，时刻激励自己，也便于企业对外宣传，在人们脑海中留下深刻印象，从而树立个性鲜明的农业企业形象。

（三）农业企业道德规范

农业企业道德规范是调整本企业与其他农业企业之间、农业企业与顾客之间、农业企业内部职工之间关系的行为规范的总和。它从伦理关系的角度，以"善与恶""公与私""荣与辱""诚实与虚伪"等道德范畴为标准来评价和规范企业。

农业企业道德规范与法律规范和制度规范不同，不具有强制性和约束力，但具有积极的示范效应和强烈的感染力，被人们认可和接受后具有自我约束的力量，因此它具有更广泛的适应性，是约束农业企业和职工行为的重要手段。

（四）团体意识

团体即组织，团体意识是组织成员的集体观念。团体意识是农业企业内部凝聚力形成的重要前提。农业企业团体意识的形成使农业企业的每个员工把自己的工作和行为看作实现农业企业目标的一个组成部分，使他们为自己是农业企业的成员感到自豪，因农业企业的成就而产生荣誉感，从而把农业企业当作自己利益的共同体和归属。

（五）农业企业形象

农业企业形象是农业企业通过外部特征和经营实力表现出来的，被消费者和公众认同的企业总体印象。由外部特征表现出来的农业企业形象称为表层形象，给人以直观的感觉，容易给人留下印象；由经营实力表现出来的形象称为深层形象，它是农业企业内部要素的集中体现。

（六）农业企业制度

农业企业制度是在生产经营实践活动中形成的，对人的行为有强制性规范，并能保障其一定权利的各种规定。农业企业制度作为职工行为规范的模式，使个人的活动得以合理进行，使内、外人际关系得以协调，使员工的共同利益受到保护，从而使农业企业有序地运行，为实现农业企业的目标而努力。

四、农业企业文化的功能

（一）导向功能

所谓导向功能就是通过它对农业企业的领导者和员工起引导作用。农业企业文化的导向功能主要体现在以下两个方面。

1. 经营哲学和价值观念的引导

经营哲学决定了农业企业的经营思维方式和处理问题的法则，这些方式和法则指导领导者进行正确的决策，指导员工采用科学的方法从事生产经营活动。农业企业共同的价值观念决定农业企业的价值取向，使农业企业的领导者和员工为实现他们认定的价值目标采取行动。

2. 农业企业目标的引导

农业企业目标代表农业企业发展的方向，没有正确的目标，企业就会迷失方向。完美的农业企业文化应从实际出发，以科学的态度制定农业企业的发展目标，确保该目标具有可行性和科学性。

（二）约束功能

农业企业文化的约束功能主要通过完善的农业企业制度和道德规范来实现。

1. 农业企业制度的约束

农业企业制度是农业企业文化的内容之一。农业企业制度是农业企业内部的法规，农业企业的领导者和员工必须遵守及执行农业企业制度，从而形成约束力。

2. 道德规范的约束

道德规范从伦理关系的角度约束企业领导者和员工的行为，因为人们违背道德规范的要求会受到舆论的遣责，会感到内疚。

（三）凝聚功能

农业企业文化以人为本，尊重人的感情，从而在农业企业中营造一种团结友爱、相互信任、和睦的气氛，强化团体意识，使农业企业员工之间形成强大的凝聚力和向心力。共同的价值观念形成共同的目标和理想，使职工把农业企业看作一个命运共同体，把本职工作看作实现共同目标的重要组成部分，整个农业企业步调一致，形成有机的整体。

（四）激励功能

共同的价值观念能够使每个员工都找到其存在和行为的价值，自我价值的实现是人类最高精神需求的一种满足，这种满足必将产生强大的激励作用。例如，领导对员工的关心会使员工感到受人尊重，自然会振奋精神，努力工作。农业企业精神和农业企业形象对农业企业员工有着极大的鼓舞作用，特别是农业企业文化建设取得成功并在社会上产生影响时，农业企业员工会产生强烈的荣誉感和自豪感，他们会加倍努力，用自己的实际行动维护企业的荣誉和形象。

（五）辐射功能

农业企业文化不止在企业中发挥作用，也能通过各种渠道对社会产生影响。农业企业文化（文化力）辐射的渠道很多，主要包括媒体、公共关系活动等。

五、农业企业文化的发展趋势

在知识经济条件下，信息革命推动了经济的全球化，世界已经变成了“地球村”，世界各国的“距离”越来越近，联系越来越频繁，文化与经济的一体化，以及各国在竞争中的合作、联盟使企业不断面临多元文化。

农业企业文化变革需要时间、耐心和不懈的努力。它不同于追逐短期、迅即收效的月度利润这种自然的企业本能，但是只要坚持下去，农业企业就能实施一切会带来巨大效用的文化变革。如今，农业企业文化的变革呈现由传统文化向团队文化转变的趋势，具体表现在以下几个方面。

（一）由等级化转向平等化

大部分农业企业一直表现为等级化，它们有许多管理层面：在管理者和员工以及不同等级的管理者之间有着严格的界限；地位等同于人们自认为拥有的资源数量和受管理的人员的数量；决策权高度集中并且受到严密的控制。而现在，农业企业正逐渐由等级化转向平等化。

（二）由分裂状态转向结合状态

在传统的农业企业中，人们形成并保留了各自为政的“小团队”文化。在各自的部门中，人们通常记不清上级公司制定的目标，也不明白各部门通过何种方式为达到这一目标做出了哪些贡献，生产或提供服务的工作经常被割裂，以致人们感受不到工作与结果之间的责任联系。团队文化要求农业企业所有人员与农业企业利益相关者们在制订、实施计划和评估结果方面进行更密切的合作，以更大的包容性和协调配合打破这些“小团队”。农业企业的所有人需要变得更乐于分享和调配资源，促进部门间的协作，更好地认识公司的总目标和各部门的作用及贡献，从而实现较为平稳的移交，以及提供服务和货物的连续性。

（三）由独立状态转向互相依靠状态

以往，农业企业一直寻求合适的个人，并一直鼓励及促进各个专家、部门独立和自治的行为。与此相反的是，团队的构建看重人们之间的互相依靠。这意味着团队中的所有人需要更频繁地进行横向联系，以便联合起来协调力量。同样，这意味着农业企业必须重新调整和平衡对团队行为、个人成绩方面的承认及奖励制度。

（四）由竞争状态转向协调合作状态

过去，等级意识、“小团队”意识和个人主义，以及人与人、部门与部门、机构与机构间的竞争呈固定化状态，这一切现象对客户一直是不利的。假如一家农业企业中的不同部门都想根据各自的目标“赢取”资源而展开竞争，那么客户就无法从农业企业处获得最好的结果。

团队文化拥护内部客户和外部客户的合作伙伴关系，农业企业的所有人必须做到在达成农业企业大目标的过程中协调合作，乐于自我奉献。

（五）由经验处事方式转向勇于开拓的处事方式

人们在很大程度上依据以往的经验和成绩来规划未来的发展方向，或对发展过程中的阻碍做出反应。团队文化要求人们乐于对尚不明了的事物进行探究，乐于探查未被发现的领域。农业企业不能一直依据以往的经验处理问题，必须勇于开拓，在解决问题的过程中表现出首创性，从而在面对未知的未来时，即便处于逆境也能充满自信。

案例分析

海尔集团是在1984年引进德国利勃海尔电冰箱生产技术成立的青岛电冰箱总厂基础上发展起来的集科研、生产、贸易及金融各领域于一体的综合性国家特大型企业。在公司总裁张瑞敏提出的“名牌战略”思想指导下，通过技术开发、精细化管理、资本运营、兼并控股及国际化等手段，一个亏空147万元的企业迅速成长为中国家电第一名牌，一度成为中国家电集团中产品品种最多、规格最全、技术最高、出口量最大的企业。1997年8月，海尔被国家经贸委确定为中国6家首批技术创新试点企业之一，重点扶持冲击世界的500强之一。集团产品有电冰箱、冷柜、空调器、洗衣机、彩电、计算机、微波炉等 42 个门类、8 600 多个规格品种，批量出口到欧美、日本等发达国家和地区。1998 年，集团出口创汇达 7 665 万美元，集团内销售收入过亿元的企业就有 11 个。1999 年 1 ~ 5 月份，集团销售收入 82.3 亿元，利税总额实现 5 亿元，创汇 5 510 万美元，分别比上一年同期增长 29%、43%、127%。

海尔的发展经历了两个阶段：第一阶段为 1984 年至 1991 年，即以质量为根本，通过技术开发、精细化管理创名牌阶段；第二阶段为 1991 年 12 月至 1998 年 12 月，即实施资本营销，通过低成本进行兼并扩张战略阶段。海尔先后兼并了原青岛空调器厂、冰柜厂、武汉希岛、红星电器公司（以下简称红星）等 18 家大中型企业，盘活存量资产达 15.2 亿元之多，集团资产已从 20 世纪 80 年代的几千万元发展至 66.6 亿元，成为中国家电第一特大型企业。1997 年，海尔在低成本扩张方面有较大的行动：3 月，海尔集团以控股投资的方式与广东爱德集团公司合资建起顺德海尔电器有限公司；4 月，控股青岛市第三制药厂；8 月，控股山东莱阳家电总厂；9 月，海尔与西湖电子共同出资，在杭州经济技术开发区组建杭州海尔电器有限公司，合作开发生产大屏幕数字电视；年底，海尔又相继兼并了安徽黄山电子 294 企业文化有限公司，控股贵州风华电冰箱厂。海尔 13 年来兼并国内企业 18 家，是行业规模最大的一支“联合舰队”。

1999 年起，集团开始实施国际化战略，全面向 500 强冲刺。在被合并的 18 家企业中，海尔对红星电器公司的兼并是最成功的一次，兼并过程中海尔没有投入一分钱，首次用自己的品牌、管理和企业文化等无形资产使红星厂扭亏为盈，并且成为海尔洗衣机驻设本部的重要组成部分。这次兼并在短时间内就使中国家用洗衣机行业快速发展，1995 年的总产量达到约 950 台，全国 35 个主要城市的家用洗衣机拥有率约为 89%，这是一个潜伏了巨大商机的市场。一般而言，家用洗衣机可分为单桶、双桶半自动及全自动洗衣机，而全自动又可分为波轮、滚筒及搅拌式。单桶洗衣机为原始类型，1995 年时大多数厂商已不再生产。双桶半自动洗衣机较全自动洗衣机便宜，是当时中国市场的主流，而滚筒洗衣机在欧洲较为普遍，但在亚洲以波轮洗衣机更为常见。对于当时总容量达 900 多万台的洗衣机市场，海尔 70 多万台的产量显然只是一个不大的数目。而且海尔洗衣机当时以滚筒为主，产品结构比较单一，要想扩大自己在洗衣机市场上的份额，就必须调整产品结构，扩大生产能力。

原红星电器公司的状况

1995 年的青岛红星电器公司拥有员工 3 240 人，到 1995 年 6 月，资产负债率高达 143.65%，资不抵债 1.33 亿元。红星电器公司有 30 年的历史，原来是一家手工作坊式的集体小企业，原名是煤气用具厂。20 世纪 80 年代，该厂抓住机遇，从白手起家发展到第一代大容量洗衣机的定点生产厂，是国内最早、最大的双桶洗衣机生产企业。该企业在 20 世纪 80 年代曾走在行业前列。但是，由于经营不善，到了 1995 年，红星电器公司机构臃肿，产品质量大幅度下降，市场销量从全国第二位跌至第七位。许多工人对公司的管理有意见。在技术方面，红星电器公司不重视新产品开发，生产的产品品种单一，十几年不变，经营风险较大，连换四任经理，但均无起色，而且企业每况愈下，至 1995 年 6 月亏损已达 750 万元。

兼并的利益比较

——能量的落差：海尔有品牌优势和较好的管理模式，红星虽有 100 万台的生产能力，但没有名牌效应，红星要发展必须借海尔的品牌和管理优势。

——技术的互补：海尔 1994 年引进了意大利滚筒洗衣机技术，1995 年初推出了 20 世纪 90 年代先进的欧洲式的滚筒洗衣机。但是，海尔没有亚洲式的波轮洗衣机，海尔要体现自己的“市场细分化”原则，就必须设法生产波轮洗衣机，以满足各个消费层次的需求。如若生产波轮机，兼并显然能比立项投资更快地抢占市场。红星是当时国内生产亚洲式波轮洗衣机的三大厂商之一，拥有日本 20 世纪 90 年代的最新技术。尽管被兼并前经营状况很差，但设备硬件还比较好。但是，红星机构臃肿，产品单一，负债率高，市场信誉不好，要改变这一切，困难很多，风险也很大。

海尔的“吃休克鱼”理论

人们习惯将企业间的兼并比作“鱼吃鱼”，或者是大鱼吃小鱼，或者是小鱼吃大鱼。

从国际上看，企业间的兼并重组可以分成三个阶段。

首先是“大鱼吃小鱼”。这时技术含量尚未成为竞争的决定因素，企业的资本存量、经营规模决定着竞争的成败，兼并重组的主要形式是大企业兼并小企业。

其次是“快鱼吃慢鱼”。这时技术含量的作用已经超过资本的作用而成为决定性因素，谁占领了技术制高点，谁就在竞争中赢得了主动权。兼并重组的趋势是资本向技术靠拢，新技术企业兼并传统产业。

最后是“鲨鱼吃鲨鱼”。这时的“吃”已经没有一方击败另一方的意义，而是所谓的“强强联合”。这是资本高度集中、技术飞速发展、世界经济日趋一体化的今天，企业兼并重组的最高形式。波音和麦道的合作就是“鲨鱼吃鲨鱼”的典型案例。

海尔吃的是什么“鱼”？海尔人认为，他们吃的不是“小鱼”，也不是“慢鱼”，更不是“鲨鱼”，而是“休克鱼”。海尔集团总裁张瑞敏说：“我们的国情决定了中国的企业搞兼并重组不可能照搬国外的模式。由于体制的原因，小鱼不觉其小，慢鱼不觉其慢，各有所倚，自得其乐，缺乏兼并重组的积极性、主动性。所以大鱼不可能吃小鱼，也不可能吃慢鱼，更不能吃掉鲨鱼。活鱼不会让你吃，吃死鱼你会闹肚子，因此只有吃‘休克鱼’。”

什么叫“休克鱼”？张瑞敏的解释是：鱼的肌体没有腐烂，比喻企业的硬件很好，而鱼处于休克状态，比喻企业的思想、观念有问题，导致企业停滞不前。这种企业一旦注入新的管理思想，有一套行之有效的管理办法，很快就能够被激活。

吃“休克鱼”的理论为海尔选择兼并对象提供了现实依据。海尔看重的不是兼并对象现有的资产，而是潜在的市场、潜在的活力、潜在的效益，如同在资本市场上买期权而不是买股票。在上文所述的海尔18件兼并案中，被兼并企业的亏损总额达到5.5亿元，而最终盘活的资产为15.2亿元，实现了低成本扩张。在海尔看来，红星厂属于“休克鱼”，海尔要以自己的企业文化激活“休克鱼”。

统一企业文化，无形盘活有形

1995年7月4日，在青岛市政府的支持下，红星厂整体划归海尔，连同所有的债务。海尔对红星厂的改造分两步走：第一步在海尔企业文化中心的指导下，教育新员工接受海尔的企业文化，从原咨询认证中心派出质量控制人员；第二步，提高工作效率，海尔派出质量保证体系审核小组检查工厂的所有环节。

海尔集团认为盘活资产的关键在于盘活人，要“以无形资产盘活有形资产”。

所以张瑞敏相信他找到了改变原红星员工观念的捷径：大力宣传海尔的文化价值及行为规范，当然，最大的困难是让他们认识并统一到海尔企业文化的目标上来。在给新员工做过几次介绍海尔企业文化的讲话之后，企业文化中心主任认为，对被兼并企业员工的重要工作是“你告诉他们什么是对的，什么是错的”，下一步就是找出好的和坏的行为例子，并将其转化为《海尔人》报纸上的故事，这样员工们就能记住和讨论。

虽然原红星电器公司已到了难以维持之际，但管理人员和一部分工人对海尔的兼并仍有抵触情绪。红星的销售人员早已沉沦，毫无改变工厂面貌之意。按其中一人的说法，一到“淡季”(每年6月到9月这段时间)，几个月就闲着没事干，只是空等待，而不直接到销售点去。海尔领导认为“销售人员必须彻底改变他们的思维方式与行为方式”。

红星的105位中层干部形成了另一个挑战。由于没有明确的职责，他们行事既不准确，也缺乏责任心。其结果是公司内部形成臃肿的小官僚圈子，一些人不对企业负责，不对市场负责，而是拉关系、谋私利。

更糟的是，红星洗衣机质量如此之差，以至于堆积下大量存货，当时有约11万台没销售出去，许多是被退回来需要修理的，这同海尔的一般标准都差得很远。实际上，这意味着红星的品牌已遭受严重影响。虽然很多商家欠红星的账，但商家认为退回低质量产品已伤害了他们的利益并赔了钱。商家们永远不想再进红星洗衣机了。

1995年7月5日——划归的第二天，海尔集团常务副总裁杨绵绵带领海尔的原咨询认证中心、资产管理中心、规划发展中心、财务中心及企业文化中心五个部门的负责人抵达红星。他们向全体员工讲了话，解释了海尔的企业精神：“敬业报国，追求卓越”。杨绵绵这位一直抓管理、抓质量的海尔高层领导讲述了海尔强调个人职责，追求最高质量信誉并实行岗位责任制。她表明只有通过公开竞争，原红星管理人员才能生存下去，重申工人们不应该由于红星的衰落而受到指责，管理人员要负至少80%的责任。

1995年8月，张瑞敏亲自向公司中层干部阐述了同样一个问题。他给他们讲了人力资本是生产力中最重要的因素。他概述了中层干部在企业发展中的职责，引述了“80/20”原则，即企业中重要的20%的人员领导着其他80%的人员。张瑞敏号召大家立即行动起来，在每个营运环节(每个人及每笔交易)做好计划。他也概括了海尔洗衣机战略的几个要点：

——以市场为导向，海尔洗衣机应销售信誉，而不是廉价品，采取的每个步骤均要以客户需求为导向。

——降低成本，提高收入，产出最大化，投入最小化。

——每个人必须制定切实的计划和明确的目标，在2～3年中朝着将海尔洗衣机厂建成中国洗衣机第一制造商的总目标奋斗。

派到红星任总经理的柴永森先生于1984年毕业于上海机械学院。1995年他只有32岁，这位年轻干部思路敏捷，行动迅速，能够准确地理解、执行海尔决策层改变红星面貌的战略部署。

为鼓舞士气，柴永森让海尔洗衣机员工们投入到新产品的开发项目中，在第一个月就做出了36种新产品样品，很快有两种新产品受到市场欢迎：

——“小神童”：一种面向国内市场的全自动洗衣机(传统上全自动洗衣机只向国际市场出售)。

——“小神泡”：一种大容量、气泡型双桶洗衣机。

在销售及分销前沿，柴永森的动作也同样快。为了推动销售人员而使其行动起来，他宣布他们的工资完全取决于自己的工作成效，这完全断绝了他们“淡”“旺”季的想法。虽然重建同经销商的关系在某种程度上更加困难，但是柴永森最终说服商家再给海尔洗衣机一次机会，作为对海尔承诺收回或修理所有红星不良商品的回报，批发商们同意还清他们前面的欠款，海尔的信誉再一次铺平了开拓市场的道路。不久，柴永森就表扬、重奖了海尔洗衣机的有些销售人员，这些销售人员有可贵的奉献精神，他们中有的顾不上照顾家中的病人，有的克服了其他困难，努力拓宽销售渠道，主动延长工作时间，柴永森号召全体销售人员向他们学习。

1995年底，海尔洗衣机废除了几种老式产品，以便集中精力研究、开发和生产已受欢迎的型号。他们的目标是每个月开发出一种新产品。之后的事实证明，他们每年开发的新产品远远超出了这个目标。

“范萍事件”与海尔文化的推进

海尔管理上有个“80/20原则”。企业里发生的任何一件过错，管理者都要承担80%的责任。兼并后的一周内，海尔集团公司对红星电器公司的方方面面进行了初探。红星的不少干部深有感触地说，企业要发展，关键在于人，人的问题关键在于干部，红星厂干部的问题关键在于从来没有动真格的。

1995年7月12日，已经更名的海尔洗衣机有限总公司公布了一项处理决定：质检员范萍由于责任心不强，造成选择开关插头插错和漏检，被罚款50元。这时的洗衣机产品开箱和社会返修率与“第一家电名牌”的要求还有很大的差距。海尔管理者认为这绝不是范萍一个人造成的，主要是管理上的漏洞，使范萍由“偶然”变为“必然”。海尔要求掌握全局的管理干部要承担责任，先检查管理上的问题，即范萍的上级要负责任，只有这样才能使“范萍们”的错误减少。

《海尔报》在1995年7月19日点名指出“范萍的上级应负什么责任？”“范萍事件”在原红星工人中引起强烈震动。在此之前，该厂从未因产品质量出问题而追究过其上级领导的责任，其他工作也一样，从未有过“80/20原则”的思路。当然，多数工人认为这样做公平，因为“领导就必须承担领导责任”。海尔洗衣机分管质量的负责人触动很大，决定自罚300元，并做了书面检查，同时制定措施，从体系上对洗衣机的质量进行整改。这样，没有采用简单的撤换管理人员的办法，而是采用公开监督、披露信息的办法，促使海尔OEC管理模式在红星建立起来。

在海尔全新理念的导向下，原红星电器公司的一切工作都围绕市场展开：

——建立、健全了质量保证体系，建立了行之有效的奖罚制度，使产品走向市场有了可靠的保证。

——建立高效运作机制，全面调整内部机构。撤销原来的34个处室，成立销售部、财务部、制造部、技术质量部、综合部和科研所，实行“5部1所”管理。按照“公开竞争，择优上岗”的原则，中层干部105人减至45人。尽管精简干部这一工作难度很大，但柴永森总经理还是坚持按海尔的文化模式调整了基层管理班子。

——改革干部制度，变“相马”式的干部提拔制度为“赛马”式的竞争制度。公开招聘、选拔一流人才，充实各部门的干部岗位，仅销售部门就招聘了50多位大专学历以上的营销人员。崭新的用人观念调动了干部的积极性，给企业人才市场注入了活力，也使洗衣机营销系统寻找到新的启动点。

——调整销售战略，重塑市场信誉。根据国内市场和消费者的需求，克服种种困难，加大产量，将过去单纯面向国际市场的全自动洗衣机也投放国内市场，并冠以朗朗上口的“小神童”新品牌；新开发了一种适销对路、大容量的气泡双桶洗衣机，起名为“小神泡”。两种新品牌产品投放全国各地市场后，一炮打响，供不应求，重新赢得了失去的洗衣机市场。

海尔集团扭转了原红星厂营销人员在开拓市场方面的被动思想，指出“只有淡季思想，没有淡季市场，越是淡季越应该做工作，越是淡季做工作越能收到效果”，转变营销人员在夏季前后的洗衣机销售淡季常常待在企业里轧账、囤积的旧习惯。公司临时筹措出差资金，发动营销人员在淡季走向全国各地市场，强大的“淡季攻势”果然使沉寂的洗衣机市场红火起来了。最成功的例子是“小小神童”洗衣机的研制开发。每年 6 ~ 9 月是洗衣机销售的淡季，但是夏天人们不是不需要用洗衣机洗衣服，而是之前的洗衣机容量太大，多数为 5 公斤型，换下一件衬衣扔到容量为 5 公斤的洗衣机里，要浪费很多水，所以不会用洗衣机洗。针对这一点，海尔开发了一个“小小神童”洗衣机，1.5 公斤容量，3 个水位，最小水位洗两双袜子。这种洗衣机开发出来后，开拓了一个淡季洗衣机市场，当其他洗衣机产销量下降时，海尔“小小神童”却直线上升。

昔日“休克鱼”今日成“巨鲸”

“没有思路就没有出路”，海尔总裁张瑞敏认为，开拓市场重要的是思路。经过一系列的工作，原红星的干部员工已经开始体会并看到海尔文化的神奇之处与其产生的市场效应。

红星划归后不久，通过引进海尔竞价模式，每台海尔 5 公斤洗衣机的配套成本降低 15.3 元，按每年 60 万台产量计算，1 年可降低成本近 1 000 万元。在划归后的第三个月里，公司实现扭亏为盈：9 月盈利 2 万元，10 月盈利 7.6 万元，11 月盈利 10 多万元，12 月一个月盈利 150 多万元，企业呈现了越来越好的发展态势。据国家权威部门统计，该公司洗衣机销量已从 1995 年 7 月的全国第 7 位上升为 1995 年底的第 5 位；全国市场占有率增长 3.7%。截至 1995 年 12 月底，该公司出口洗衣机 8.2 万台，创汇 1 230 万美元，位居全国洗衣机行业之首。

1996 年，海尔洗衣机发展势头更猛，一次性顺利通过了 ISO 9001 国际质量认证，并囊括了洗衣机行业几乎所有的最高荣誉，荣获中国洗衣机“十佳品牌”

第一名，出口量全国第一，仅一个出口日本的品种就占日本进口总量的61%，占中国出口日本的91%。1996年，其产品出口瞄准南非、埃及、智利等国际市场。“小神童”仅在智利就占其50%的市场份额。当时，中国每出口两台全自动洗衣机就有一台是海尔出口的。海尔在当时国家质量抽检中连续两年荣登榜首，其中全自动洗衣机无故障运行突破了7 000次大关，达到国际新水准，荣获“全国消费者欢迎产品”第一名、“97购物首选品牌”第一名；在中国消费者协会投诉率调查活动中，海尔洗衣机成为唯一一家投诉率为零的企业。当时，海尔集团拥有8大系列50多种规格的洗衣机产品，成为中国也是世界上唯一一家同时规模生产欧、亚、美三种风格洗衣机的企业。

全国249家大型商场的销售报告(《中国经营报》，1998年3月4日)表明，在中国的洗衣机行业中，海尔处于领先地位，是中国洗衣机的第一品牌。1997年底，即兼并两年后，海尔洗衣机就已经实现了1995年的初步战略目标，并在中国市场上打败了国外名牌。在1998年1 ~ 12月、1999年1 ~ 4月全国600家大商场洗衣机份额排行榜中，海尔每月均稳居第一位。

讨论：

1. 海尔集团在企业文化方向上有哪些过人之处？
2. 在经营过程中，海尔集团有哪些值得农业企业借鉴的地方？

小　结

农业企业财务决策是为了科学、有效地组织农业企业的货币循环和周转过程所做出的各种评价与选择，它是农业企业运用货币的价值手段对生产经营活动及其过程所进行的综合性管理工作。农业企业财务决策的根本目标是使财务决策活动所形成的货币资金循环和运动创造出最大的价值。

农业企业资金时间价值是指一定数量的资金的价值随着时间的推移会发生自然的增值。资金的时间价值是资金周转使用所创造的价值的一部分。农业企业资金因承担了风险而超过资金时间价值的那部分报酬就叫资金的风险价值。

农业企业投资决策从不同的角度可分为不同的类别，其决策方法各有不同。融资可分为权益筹资和债务筹资两种，其不同的特性决定了其使用途径和效果的差异。农业企业资本成本是决定投资项目价值的重要参数，其估算直接影响投资项目的评价和决策，因此合理的估算资本成本对于正确的决策是非常重要的。农业企业资本成本是农业企业获取和使用资金所付出的代价。

农业企业财务分析是依据财务报表所反映的信息，对农业企业经营活动的成果以及财务安全所做的分析与评价。它既是农业企业过去财务活动的总结，也是未来农业企业财务活动的基础。财务分析不仅要评价农业企业是否取得了良好的经营业绩，而且要分析获取业绩的安全性。

农业企业变革的原因大致可以分为两类。外因有政策和法律的改变、经济环境的变化、科学技术的变化、行业文化的变化等；内因有农业企业经营危机、农业企业的发展、农业企业战略的转变、农业企业领导人的更替等。

思考题

1. 如何进行农业企业的财务分析？
2. 正确的财务决策对于一个农业企业来说意味着什么？
3. 农业企业文化对于一个企业有着怎样的作用？

参 考 文 献

[1] 李亚民 . 企业管理 [M]. 北京 : 科学出版社，2010.

[2] 陈春叶 . 农业企业经营管理 [M]. 重庆 : 重庆大学出版社，2016.

[3] 李玉明 . 农业企业经营管理 [M]. 哈尔滨 : 哈尔滨工程大学出版社，2012.

[4] 葛文光，董谦 . 农业企业经营与管理 [M]. 北京 : 中国农业科学技术出版社，2013.

[5] 吴坚 . 农业企业经营与管理 [M]. 昆明 : 云南大学出版社，2014.

[6] 蒋立亮 . 农业企业经营与管理 [M]. 北京 : 中国社会出版社，2006.

[7] 蔡根女 . 农业企业经营管理学 [M].3 版 . 北京 : 高等教育出版社，2014.

[8] 许开录 . 农业企业经营管理 [M]. 北京 : 中国农业出版社，2017.

[9] 肖祥伟 . 企业管理理论与实务 [M]. 广州 : 中山大学出版社，2007.

[10] 周三多，陈传明，刘子馨，等 . 管理学：原理与方法 [M].7 版 . 上海 : 复旦大学出版社，2018.

[11] 王钊 . 农业企业经营管理学 [M].2 版 . 北京 : 中国农业出版社，2011.

[12] 何忠伟 . 农业企业经营管理学 [M]. 北京 : 中国农业出版社，2011.

[13] 杨中昭 . 企业管理 [M]. 郑州 : 河南科学技术出版社 ，2013.

[14] 胡情祖，陈忠莲，周朋 . 现代农业生产与经营管理 [M]. 北京 : 中国农业科技出版社，2016.

[15] 陈继祥 . 企业战略管理 [M]. 北京 : 清华大学出版社，2010.

[16] 陈志军，张雷 . 企业战略管理 [M]. 北京 : 中国人民大学出版社，2016.

[17] 张卿 . 现代企业管理 [M]. 北京 : 机械工业出版社，2014.

[18] 王成荣 . 企业文化管理 [M].4 版 . 北京 : 中国人民大学出版社，2014.

[19] 徐君 . 企业战略管理 [M].2 版 . 北京 : 清华大学出版社，2013.

[20] 苗莉 . 企业战略管理 [M]. 北京 : 北京交通大学出版社，2010.
[21] 陈春花，曹洲涛，李洁芳 . 企业文化 [M]. 北京 : 机械工业出版社，2013.
[22] 袁竹，王菁华 . 现代企业管理 [M].2 版 . 北京 : 清华大学出版社，2015.
[23] 肖智润 . 企业战略管理：方法、案例与实践 [M]. 北京 : 机械工业出版社，2014.
[24] 庄贵军 . 企业营销策划 [M].2 版 . 北京 : 清华大学出版社，2012.
[25] 陈文汉 . 现代企业管理 [M]. 北京 : 中国电力出版社，2012.
[26] 闫彦 . 企业管理 [M]. 北京 : 清华大学出版社，2010.
[27] 王丹 . 现代企业管理教程 [M].2 版 . 北京 : 清华大学出版社，2011.
[28] 张国梁 . 企业文化管理 [M].2 版 . 北京 : 清华大学出版社，2014.
[29] 王粤 . 企业经营管理 [M]. 北京 : 清华大学出版社，2006.
[30] 季辉 . 现代企业管理 [M]. 重庆 : 西南师范大学出版，1995.
[31] 赵锡斌 . 企业环境研究的几个基本理论问题 [J]. 武汉大学学报：哲学社会科学版），2004（1）:13–18.
[32] 杨金凤 . 企业管理理念创新及其运用 [J]. 领导科学，2007（5）:55–56.
[33] 吴群 . 现代企业管理新理念刍议 [J]. 企业经济，2007（10）:24–26.
[34] 杨名远 . 农业企业经营管理学 [M]. 北京 : 中国农业出版社，1997.
[35] 杨英茹，车艳芳 . 现代农业生产技术 [M]. 石家庄 : 河北科学技术出版社，2014.
[36] 吴沛良 . 现代农业建设迈上新台阶 [M]. 南京 : 江苏人民出版社，2015.
[37] 方振邦，鲍春雷 . 管理学原理 [M]. 北京 : 中国人民大学出版社，2014.
[38] 刘欣 . 农业企业管理 [M]. 北京 : 中国农业大学出版社，2014.
[39] 刘仲康 . 企业经营战略概论 [M]. 武汉 : 武汉大学出版社，1996.
[40] 徐二明 . 企业战略管理 [M]. 北京 : 中国经济出版社，1998.
[41] 蒋爱先，陈靖莲 . 人力资源开发与管理 [M]. 大连 : 大连理工大学出版社，2009.
[42] 伍劲峰 . 中小企业型客户关系管理 [D]. 武汉 : 武汉大学，2005.
[43] 方博亮 . 管理经济学原理与应用 [M].5 版 . 北京 : 北京大学出版社，2016.

[44] 尤建新，邵鲁宁 . 企业管理概论 [M].6 版 . 北京 : 高等教育出版社，2018.
[45] 路宏达 . 管理学基础 [M].4 版 . 北京 : 高等教育出版社，2018.
[46] 冯占春，吕军 . 管理学基础 [M].2 版 . 北京 : 人民卫生出版社，2013.
[47] 苏艳芳 . 管理学基础与应用 [M].2 版 . 北京 : 中国财富出版社，2015.
[48] 张永良 . 管理学基础 [M].3 版 . 北京 : 北京理工大学出版社，2018.
[49] 郑雪玲 . 管理学基础 [M].2 版 . 厦门 : 厦门大学出版社，2019.
[50] 汪凤桂 . 管理学基础 [M]. 广州 : 广东高等教育出版社，2015.
[51] 孙铁玉，乔平平 . 企业经营管理 [M].3 版 . 北京 : 电子工业出版社，2019.
[52] 何海怀 . 企业管理基础 [M].2 版 . 北京 : 电子工业出版社，2011.
[53] 汪永太 . 企业经营与管理 [M].3 版 . 北京 : 电子工业出版社，2015.
[54] 张建伟 . 现代企业管理 [M].2 版 . 北京 : 人民邮电出版社，2017.
[55] 刘新智，黄燕萍 . 企业管理学 [M]. 北京 : 科学出版社，2015.
[56] 彭璧玉 . 中小企业战略管理 [M]. 北京 : 科学出版社，2011.
[57] 赵向阳，孙舒平 . 北师大 MBA 管理案例精选 : 第一辑 [M]. 北京 : 北京师范大学出版社，2015.
[58] 王建庄，杨中昭 . 现代企业管理 [M]. 北京 : 北京师范大学出版社，2011.
[59] 李友俊，王艳秋，牛东旗 . 现代企业管理 [M]. 哈尔滨 : 哈尔滨工业大学出版社，2014.
[60] 王绚皓，陈江波，于欣 . 企业战略管理 [M]. 哈尔滨 : 哈尔滨工业大学出版社，2011.
[61] 刘治江 . 企业战略管理：知识技能与应用 [M]. 哈尔滨 : 哈尔滨工业大学出版社，2011.
[62] 刘庆元 . 企业战略管理 [M].2 版 . 北京 : 中央广播电视大学出版社，2006.
[63] 蔡世刚 . 企业管理 [M]. 西安 : 西安交通大学出版社，2017.
[64] 刘炳南 . 现代企业管理 [M]. 西安 : 西安交通大学出版社，2010.
[65] 樊技飞，杨娜 . 现代企业管理 [M].2 版 . 西安 : 西安交通大学出版社，2013.
[66] 张国良 . 企业战略管理 [M]. 杭州 : 浙江大学出版社，2011.
[67] 林宏，余向平 . 现代企业管理 [M]. 杭州 : 浙江大学出版社，2004.

[68] 祝宝江，蒋景东 . 企业文化 [M].3 版 . 杭州 : 浙江大学出版社，2012.

[69] 杨孝海，翟家保 . 现代企业经营管理 [M]. 成都 : 西南财经大学出版社，2015.

[70] 宋宝莉，黄雷 . 企业战略管理 [M]. 成都 : 西南财经大学出版社，2016.

[71] 王德中 . 企业战略管理 [M].4 版 . 成都 : 西南财经大学出版社，2016.

[72] 李成文 . 企业战略管理 [M]. 成都 : 西南财经大学出版社，2009.